AF346691

MESSIRE PIERRE DE BOURDEILLE
SEIGNEUR DE BRANTOME.

I. v. Schley sculp. 1740.

OEUVRES

DU SEIGNEUR

DE BRANTOME:

NOUVELLE EDITION,

Considérablement Augmentée,
& accompagnée de Remarques
Historiques & Critiques.

TOME QUINZIEME,

CONTENANT

La Généalogie des Bourdeilles,
et la Vie de Brantome,

A LA HAYE,
Aux Dépens du Libraire,
M. DCC. XL.

REMARQUE

SUR

L'ANCIENNETE'

ET LES

ARMOIRIES

DE LA

FAMILLE

DE

BOURDEILLE,

tirée du

Théatre de la Nobleſſe Françoiſe,
par le R. Pere

FRANÇOIS DINET,
Recollect.

L A Famille de BOURDEILLE eſt non ſeulement illuſtre entre toutes les autres du Périgord & de l'Aquitanie en Proſpéritez temporelles, mais encore eſt remarquable en

Tome XV.   A   An-

Antiquité par la Valeur de ſes Ancêtres.

LE Roy Charlemagne témoigna
bien qu'il en faiſoit grand Etat, lorſque, fondant en Périgord la belle Abbaye de BRANTOSME, il deſira avoir pour
Adjoint en cette pieuſe Action LE
SEIGNEUR DE BOURDEILLE, afin qu'é-
tant avec luy Fondateur de cette
Maiſon, il en fût le Protecteur, & obli-
geât ſa Poſtérité à veiller pour la Def-
fendre contre tous ceux qui voudroient
moleſter ſes Religieux en la Jouyſſan-
ce de leurs Biens.　Il eſt porté par
Titre de cette Fondation, que, dès-
lors, la Famille de BOURDEILLE é-
toit notable en Richeſſe, & en Zele
pour la Religion.

SI nous donnons Créance à l'Ancienneté des Pancartes qui ſe trouvent en
cette Maiſon, nous luy accorderons
un des premiers Rangs parmy celles qui
ſe vantent d'être deſcendues des Roys,
puiſqu'elle rapporte ſon Origine à
MARCOMER, Roy de France, & à TI-
LOA BOURDELIA, Fille d'un Roy d'Angleterre.

LES mêmes vieux Titres racontent,
que NICANOR, Fils de ce Marcomer,
appellé par les Aquitanois, afin de les
aider pour ſecouer le Joug de la Ser-
vi-

vitude Romaine, étant venu près
de Bourdeaux avec une Armée navale,
fut contraint de reculer, poussé de la
Violence des Romains plus forts que
luy, & d'une horrible Tempête qui
s'éleva tout-à-coup sur Mer.

IL mouilla l'Ancre en une Isle in-
habitée, à cause des divers Animaux
sauvages dont elle étoit peuplée, &
singulierement de certains *Griffons*,
Animaux à quatre Pieds, ayant la Tête & les Aîles comme des Aigles.

IL n'eut plutôt mis Pied à Terre
avec ses Gens, qu'il leur fallut combattre ces Monstres.

ENFIN, après avoir longuement bat-
taillé, non sans beaucoup de Perte
de ses Soldats, il en vint à bout. Il
tua de sa Main le plus grand & le plus
furieux de tous, auquel il coupa les Ser-
res. Cette Victoire resjouyt grande-
ment tout le Pays du Voisinage,
qui avoit reçu beaucoup de Dommage
de ces Bêtes.

A CAUSE de cela, du depuis, NICA-
NOR fut surnommé *le Griffon*, & hon-
noré d'un chacun ; comme le fut
des Gentils Hercule, pour avoir ex-
terminé les Oyseaux Symphalides, vi-
vans de Chair humaine.

A 2

VOILA'

VOILA' l'Origine des Armes que portent aujourd'huy les Seigneurs de BOURDEILLE ; sçavoir est, *d'Or, à deux Pattes de Griffon de Gueules, onglées d'Azur, posées en Contrebande.*

PREUVES

DE LA

GENEALOGIE

DE LA MAISON

DE BOURDEILLE,

*Depuis François II, Pere de Bran-
tofme, jufqu'à Claude de Bourdeille, Comte de Montréfor, le
dernier de la Branche aînée de
cette Maifon, qui eft tombée
dans la Branche de Matas-
Bourdeille, exiftante feule aujourd'huy:*

TIRE'ES DU CABINET

DE Mr. CLERAMBAUD.

A 3

PREUVES

DE LA
GENEALOGIE

DE LA MAISON
DE BOURDEILLE,

DEPUIS LE PERE
DE BRANTOME.

FRANÇOIS DE BOURDEILLE,
II. DU NOM,
PREMIER VICOMTE
DE BOURDEILLE.

RANÇOIS, Baron & premier Vicomte DE BOURDEILLE, II du Nom, fut élevé Page de la Reine Anne de Bretagne, & au sortir de Page servit dans les Guerres de-là les Monts (*).

A 4

IL

(*) Hommes Illuftres de Brantome, Tome *VI*, page 270.

IL eſt ſans doute le même Seigneur de Bourdeille, dont la Colombiere fait honorable Mention dans ſon *Théatre d'Honneur*, Tome I, où eſt rapporté le Tournoy fait à Paris au Mois de Novembre 1514, par le Duc de Valois, qui depuis a été le Roy François I, à l'Occaſion du Couronnement de Marie d'Angleterre, troiſiéme Femme du Roy Louis XII. Il y eſt dit, Page 197 : Le Mercredy troiſieſme Journée, Bourdeille a rompu de Croiſée contre Bayard (qui étoit le fameux Chevalier ſans Reproche ,) & ont très-bien rompu tous deux. Page 205. &c, le Lundy 27 Novembre ſeptieſme Journée, Bourdeille à l'Eſpée contre Boqual, & ont bien combattu. Il paroît, par le Recit de ce Tournoy, que le Seigneur de Bourdeille fut toujours des Aſſaillans & de la Bande du Duc de Valois ; ce qui donne lieu de croire, qu'il étoit encore le même François de Bourdeille, Homme d'Armes de la Compagnie des Ordonnances ſous Monſeigneur (Duc de Valois cy-deſſus,) & qui, en cette Qualité, eſt nommé dans les Monſtres faites au Stabat (ancienne Ville de Dauphiné, qu'on dit être

à

à préſent le Bourg de Moneſtier Briançon,) le 26 Octobre 1512; &, à
Noyon, le 24 Fevrier 1514.

APRE's l'Avenement du Duc de Valois à la Couronne de France, ſa Compagnie d'Ordonnance paſſa ſous le
Commandement du Bâtard de Savoye,
Comte de Villars, ſous les Ordres duquel François de Bourdeille continua
de ſervir en la même Qualité d'Homme d'Armes, ſuivant les Monſtres
faites à Bourges le 24 May 1515,
& le 3 Septembre de cette Année au
Camp de Sturbigo en Italie.

AU-RESTE la plupart des Hommes
d'Armes de cette Compagnie étoient
Gens de Qualité, tels que François de
Mareuil, Guy de Laval, François
d'Eſcars, François de Polignac, Fia-
cre de Salignac, Jacques de Cham-
bray, Artus de Vivonne, Jacques de
Clermont, Antoine de la Roche-Chan-
dry, & quantité d'autres, dont le
Nombre ſeroit trop long à rapporter.
Auſſi trouva-t-on, parmy les Combat-
tans du Tournoy du Mois de Novembre
1514, la plupart des Noms des Hommes d'Armes de la Compagnie du Duc
de Valois.

C'EST donc à ce François de Bour-

deil-

deille, II du Nom, qu'il faut de même attribuer ce que dit Brantofme, que François de Bourdeille, étant encore jeune, fit le Voyage de Naples, qu'il fe trouva à la Journée de Gariglian fous le Capitaine Bayard, & qu'il fut fort bleffé à la Battaille de Pavie. Tous ces Faits arrivérent fous les Regnes de Louis XII, & de François I.

CERTAINEMENT, François Baron de Bourdeille, I du Nom, n'étoit plus dans la premiere Jeuneffe lors des Guerres d'Italie fous Louis XII, puis qu'on l'a vû qualifié Efchanfon des Comte & Comteffe d'Angoulême dès l'Année 1467, & marié en 1482. Il devoit même être plus que fexagenaire, lors du Tournoy de 1514, & moins touché du Plaifir de pareils Exercices, que des Soins d'une Mort prochaine, comme le prouve fon Teftament du 2 Novembre 1515, par lequel il inftitua François II, qui forme ce Degré, fon Fils aîné, pour fon Héritier univerfel dans la Baronie de Bourdeille, avec les Terres & Seigneuries de la Tour-blanche, de Gréfignac, Couftures, Celles, & Bertrie; le chargeant de retirer les Terres de Douzillac & de Beuronne des Mains des Seigneurs

&

& Dames de Saint-Aulaire, qui en jouïſſoient par Engagement de Dotte.

D'ailleurs, on ne peut ſe diſpenſer de convenir, que la Dignité de Chevalier qu'on n'accordoit alors qu'en Conſidération de Services Militaires, & dont cependant François de Bourdéille, II du Nom, étoit revêtu dès l'Année 1518, démontre bien clairement, que toutes les Actions, cy-deſſus rapportées, le regardent perſonnellement, & ne ſçauroient être attribuées à ſon Pere, qu'on ne trouve nulle part avec la Qualité de Chevalier, & qui ne vivoit plus en 1518.

NOBLE & puiſſant Meſſire FRANÇOIS DE BOURDEILLE, Chevallier, Baron de Bourdeille, Seigneur des Chaſtellenies, Terres, & Seigneuries de la Tour-blanche, de Gréſignac, Celles, Bertrie, & Couſtures, ſe faiſant fort de ſa Mere alors Veuve, eſt ainſi qualifié dans ſon Contract de Mariage, paſſé au Château d'Enville le 9 de Mars 1518 avec Damoiſelle ANNE DE VIVONNE, Fille aînée de noble & puiſſant Meſſire André de Vivonne, Chevallier, Seigneur de la Chaſtaigneraye, d'Enville, & d'Ardelay, Conſeiller & Chambelan ordinaire du Roy, Séneſchal de Poictou ; & de Dame Louise de Daillon.

La Damoiselle de Vivonne fut dottée de la Somme de 18 mille Livres pour tous ses Droits. Elle étoit Niece à la Mode de Bretagne de Claudine de Brosse, morte Duchesse de Savoye en 1513 ; & Cousine du troisiéme au quatriéme de René de Brosse dit de Bretagne, Comte de Penthievre, tué à la Battaille de Pavie en 1524. Les Généalogies des Maisons de Vivonne, & de Daillon, sont rapportées dans *l'Histoire des grands Officiers de la Couronne*, Tome VIII, pages 189, & 762.

Ce Mariage augmenta l'Attachement du Baron de Bourdeille pour le Séjour de la Cour, d'autant plus aisément, qu'il en goûtoit les Amusemens, & que le Seigneur de Vivonne, son Beau-Pere, y fut en grand Credit pendant quelque Tems. Aussi le trouve-t-on employé sous le Nom de François de Bourdeille, depuis l'An 1520, jusqu'en 1530, au Nombre des Pannetiers du Roy, à 400 liv. de Gages, dans un Etat de la Maison du Roy François I, de l'Année 1515 à 1546. Il ayoit, suivant cet Etat, pour Collegues dans la même Charge, Antoine de

la

la Roche Foucault Seigneur de Saint-Amant, André de Cruſſol Séneſchal de Beaucaire, Jean de Levis Seigneur de Mirepoix, Louis de Roche-chouart Seigneur de Mortemart, & quantité d'autres Seigneurs, qui tous regardoient cet Employ bien differemment de ce qu'on en pourroit penſer de nos Jours.

LE Baron de Bourdeille parut dans la Bande de l'Admiral de Bonnivet au Tournoy qui ſe fit le 11 Juin 1520, lors de l'Entrevûë du Roy avec le Roy d'Angleterre entre Ardres & Calais. Il ſervit enſüite en Guyenne ſous le Maréchal de Châtillon Coligny; &, après la Mort de ce Maréchal, arrivée à Acqs le 24 Août 1522, le Roy écrivit à Monſieur de Bourdeille une Lettre dattée de Blois le 8 Août ſans Datte d'Année, par laquelle Sa Majeſté, après luy avoir témoigné qu'elle eſt inſtruite des bons Secours qu'il luy a donné ſous ce Maréchal, ſon Lieutenant en Guyenne, elle le prie de ſe rendre près le Maréchal de Chabannes, qu'elle envoye remplacer le Deffunt, & qu'elle aura bonne Souvenance de ſes Services, ainſi que de ceux cy devant faits.

A 7

LE

LE Baron de Bourdeille paſſent a Italie, où il fut bleſſé à Mort à la Battaille de Pavie en 1524, étant auprès Mr. de la Trimouille, qui y perdit la Vie. Leur Union étoit fondée ſur la Recognoiſſance qu'avoit la Maiſon de la Trimouille de la Reſtitution que le Cardinal de Bourdeille luy avoit fait faire de la Vicomté de Thouars par le Roy Louis XI: Brantoſme, *Hommes Illuſtres*, Tome VI, page 133. Mais, il faut s'en tenir à ce qui en a eſté rapporté cy-devant à l'Article du Cardinal de Bourdeille. On ne connoit les Services qu'il y rendit, que par ce qu'on en a dit cy-deſſus d'après Brantoſme ; mais, on ne ſçauroit douter qu'il fut alors abſent du Périgord. Le Contract de Mariage, du 21 d'Octobre 1523, de ſon Frere Gabriel, en eſt la Preuve, ne faiſant aucune Mention de luy, quoy que ce Gabriel fût celuy de ſes Freres avec lequel il paroît avoir eu le plus d'Union.

LE Baron de Bourdeille avoit arrenté le 12 Mars 1522 la Tour dite de Bourdeille ſituée en la Châtellenie d'Agonac à Jean de Lagut, Seigneur de Montardit. On a vû cy-devant, que, dès l'Année 1044, Helie, Seigneur

en

en partie de Bourdeille, possédoit
des Biens dans la Châtellenie d'Agonac ; que ses Successeurs en jouïrent ;
& que l'un d'eux, aussi nommé Helie de Bourdeille, en rendit Hommage l'An 1246. à l'Evêque de Périgueux, qui le reconnut pour son
Chevalier : Dignité, qui paroît avoir
été le Fondement du Droit des Barons de Bourdeille d'occuper la premiere Place de Baron à l'Entrée des
Evêques de Périgueux. Cependant,
en 1525, après le Retour du Baron de
Bourdeille de son Voyage d'Italie, la
Contestation des quatre Barons du
Périgord pour la Presséance se renou-
vella, à l'Occasion de l'Entrée de Jean
de Plas, nouvel Evêque de Périgueux.
Cette Presséance fut encore adjugée
au Baron de Bourdeille, qui se trouvoit alors en Périgord, suivant le
Gallia Christiana, Edition de 1720,
Tome II, page 1483. D. Sur-quoy on
peut faire les Observations suivantes,
afin que le Lecteur décide luy-même
du Droit du Baron de Bourdeille.

I. On ne trouve, chez les Seigneurs
de Mareuil, la Qualité de Baron
que dans le XV Siécle. D'ailleurs,

la Minorité du Baron de Mareuil en 1525 n'étoit pas une Raison valable de le priver de son Droit de Prééminence, s'il en avoit eu ; d'autant plus qu'il luy fut permis, ainsi qu'aux autres Barons, de faire leurs Fonctions par Procureurs.

II. Dans un grand Nombre de Titres du XIV Siécle des Seigneurs de Beinac en Périgord, on ne voit point énoncée la Qualité de Baron. Depuis ce Tems, en trouve, entre autres Actes, une Quittance originale, & scellée du dernier Mars 1407, après laquelle est Pons de Beinac, qui se qualifie Seigneur de Beinac & de Commarque Chevalier ; c'est apparemment ce même Pons, qui, étant Chevalier Banneret, servoit dès 1418 à 1420 sous les Ordres d'Arnaut de Bourdeille, Chevalier-Banneret, & Sénéschal de Périgord, & qu'après la Mort de ce Sénéschal disputa sa Charge à Goufier Hely Seigneur de Villac, comme on l'a vû cy-devant.

III. Il semble donc, qu'il n'y avoit que le Baron de Biron, qui pût disputer la Prefséance au Baron de Bourdeille. Or, la Baronie de Biron, ainsi que les autres Terres de Pierre de

Gon-

Gontaud, ne furent transferées qu'en 1343 dans le Reſſort de la Sénef-chauſſée de Périgord, de celuy de la Sénefchauſſée d'Agenois où elles é-toient auparavant. *Hiſtoire des grands Officiers de la Couronne*, Tome VII, page 299, 300. Ainſi, comme Helie de Bourdeille étoit en Poſſeſſion de la Qualité de Baron avant l'An 1346, comme le prouve ſon Teſtament, & que d'ailleurs ſa Terre de Bourdeille étoit de tous Tems ſituée dans le Périgord; ſon Droit paroiſſoit le meilleur, & ne pouvoit être conteſté que par le Baron de Biron. Auſſi cette Preſſéance ſe trouve-t-elle confirmée en Faveur du Baron de Bourdeille, par le Procès verbal de l'Aſſemblée des trois Etats du Périgord, tenue les 18 Janvier, 4 & 18 Fevrier, & 3 Juin 1525, & 1526, dans lequel Meſſire Fran-çois Baron de Bourdeille **y** eſt nom-mé le premier des quatre Barons de Périgord. Cependant, on fit dans la Suite quelques Tentatives pour favoriſer le Baron de Biron, dont la Naiſſance, & les Services, mé-ritoient autant d'Egard que le Ba-ron de Bourdeille; mais, ces Tenta-tives ne réuſſirent pas.

CE

CE fut à ce Baron de Biron , nommé Jean de Gontaud, que le Baron de Bourdeille ceda ses Droits sur la Châtellenie de Monferrand , pour la Somme de 8000 Livres : ce qu'on apprend par le Procès qu'il soutint contre Jean de Bourdeille, son Frere, sur la Succession de leur Pere : Procès , qui ne fut terminé qu'en 1527 , & qu'on a rapporté à l'Article de ce Jean de Bourdeille. On n'a point encore descouvert avec Certitude le Fondement de ces Droits des Barons de Bourdeille sur la Châtellenie de Monferrand, quoy qu'ils fussent depuis long-tems dans leur Maison : & tout ce qu'on en peut croire, c'est qu'ils étoient apparemment une Suite des Promesses de la Dotte de Faès de Biron , Femme d'Helie de Bourdeille, quatriémes Ayeuls de François II, laquelle étoit Fille de Guillaume de Biron, Seigneur de Monferrand , dont l'Heritiere par plusieurs Degrez étoit Mere de ce Jean de Gontaud Baron de Biron.

DAMOISELLE Hilaire du Fou , par son Testament du 25 Septembre 1529, institua le Baron de Bourdeille son Fils aîné l'un de ses Heritiers universels & Exécuteurs Testamentaires : &

Da-

Damoiselle Anne de Vivonne, sa Femme, stipula pour luy dans cet Acte; ce qui prouve, qu'il étoit alors absent.

Le Roy François I. écrivit une Lettre dattée de Dijon, le 22 Janvier 1529, à Mr. de Bourdeille pour luy ordonner de se rendre au plutôt près du Roy de Navarre, son Lieutenant-Général & Gouverneur en Guyenne ; de faire ce qui luy sera commandé par ce Prince ; & de se garder sur la Vie d'y faire Faute. Le Stile de cette Lettre peut faire soupçonner, qu'il avoit perdu les bonnes Graces du Roy. Aussi le Baron de Bourdeille n'étoit plus Pannetier du Roy en 1530, comme on l'a vû cy-devant; & on le voit depuis ce Tems occupé de Discussions continuelles qu'on luy suscita de différents Côtez : mais, on ne connoit point la Raison de cette Disgrace, à moins de l'attribuer aux Discours peu respectueux que le Seigneur de Vivonne, son Beau-Pere, avoit tenus à la Mere du Roy & Régente, sur le Refus de quelque Grace, & qui auroient pu influer sur le Gendre. Ces Discours sont rapportez dans les *Mémoires de Castelnau* de l'ancienne
Edi-

Edition, Tome II. page 828, &c. & font entendre, que cette Princeſſe, étant Comteſſe d'Angoulême, en uſoit familierement avec ce Seigneur de Vivonne; qu'elle l'appelloit alors ſon Couſin & bon Voiſin; mais que, lorſqu'elle ſe vit Régente, le Changement de ſon Etat fit auſſi changer ſes Sentimens à l'Egard du Seigneur de Vivonne.

FOUCAUD de Bonneval, ayant ſuccédé dans l'Evêché de Périgeux à Jean de Plas, fit renaître la Querelle des quatre Barons de Périgord ſur la Preſſéance à ſon Entrée. Cette Affaire devint plus vive qu'elle ne l'avoit encore été : car, quelques-uns des Barons ſe préparérent à ſe rendre en Armes à cette Entrée, accompagnez de leurs Vaſſaux, Parens, & Amis; & le Nombre de ces Gens armez étoit de trois à quatre mil Hommes, s'il en faut croire une Sentence du Lieutenant-Général de la Séneſchauſſée de Périgueux du 30 Décembre 1531, portant Deffenſe de ces Voyes de Fait ſous Peines aux Contrevenans d'être punis comme Tranſgreſſeurs des Commandemens du Roy, de ſes Ordonnances, & de la Juſtice.

IL

IL y fut auſſi ordonné, à la Requiſition du Procureur du Roy, que, pour cette fois ſeulement, & ſans Préjudice aux Droits de chacun des quatre Barons, on les nommeroit tout à la fois, ſans dire leurs Noms & Surnoms, ſous l'Appellation générale des quatre Barons de Périgord ; & que l'Evêque ſeroit porté à ſa nouvelle Entrée par quatre autres Perſonnages choiſis à cet Effet.

LE Baron de Bourdeille fit ſa Proteſtation par Procureur le 1 Janvier 1531, contre la Réſolution de l'Evêque de ſe conformer à cette Sentence : & déclara, que, comme premier Baron, la Place la plus honorable, qui étoit celle de la Main droite, luy appartenoit ; qu'il étoit prêt de faire ſes Fonctions ; & que, ſi ce Prélat luy en faiſoit Refus, c'eſt qu'il vouloit favoriſer aucun des Barons ſon Allié. En Effet, le Baron de Biron avoit épouſé en 1519 Renée-Anne de Bonneval, Niece du nouvel Evêque de Périgueux.

ON ne ſçait point quelle fut la Fin de cette Diſcuſſion ; mais, en 1534, à la Convocation faite le 15 de May de cette Année pour le Ban & Arriere-
Ban

Ban de Périgord par le Sénefchal de ce Pays, le Baron de Bourdeille prétendit qu'il devoit y être nommé, non feulement le premier des quatre Barons, mais même immédiatement après le Comte de Périgord ; au lieu, qu'entre ce Comte & luy, on avoit appellé, ainfi qu'il s'étoit pratiqué en 1525, les Vicomtes de Thurenne, & de Gurfon. Le Baron de Bourdeille n'obtint que la Moitié de fes Prétentions ; c'eft-à-dire, qu'il fut appellé comme prefent le premier des quatre Barons, mais après les Vicomtes de Thurenne, de Ribeirac, & de Gurfon. Le même Sénefchal donna auffi, aux Procureurs des trois autres Barons, Acte de leurs Proteftations contre la Prefféance accordée au Baron de Bourdeille. Ainfi, cette Difficulté ne fut point encore terminée.

Il eft dit dans ce Procès verbal, que le Baron de Bourdeille monte & arme un Homme d'Armes ; le Baron de Biron un Homme d'Armes & un Archer ; le Baron de Mareuil un Homme d'Armes & deux Archers, & le Baron de Beinac avec fes Aides au nombre de huit & un Homme d'Armes. Si on jugeoit du Droit de Preffeanséance de chacune des quatre Baronies par la quote Part qu'elles devoient pour le Service, il est vray que celle de Bourdeille ne paroissoit pas la premiere, comme la plus forte ; mais, cette Difference de Contribution pour le Service ne semble point devoir porter Préjudice à l'Ancienneté qu'avoit la Baronie de Bourdeille dans le Comté de Périgord sur les trois autres Baronies.

Le Baron de Bourdeille, occupé de soutenir son Droit de Presséance, se presenta monté & armé, comme premier Baron de Périgord, devant le Lieutenant pour le Roy du Séneschal de ce Pays: luy déclarant, qu'il étoit prêt de servir Sa Majesté suivant la Nature de son Fief; & en eut Acte le 15 Septembre 1541. Le Lieutenant-Général de cette Séneschauffée luy donna pareillement un Acte, le 12 Avril 1542, portant que le-dit Messire François de Bourdeille, Chevalier, Seigneur, & Baron du-dit Lieu, étoit tenu, & avoit accoutumé ainsi que ses Prédécesseurs Barons de Bourdeille l'une des quatre Baronies de Périgord, & se disant le premier, de servir le Roy d'un Homme
d'Ar-

d'Armes, au Ban & Arriere-Ban de ce Canton, avec ses Freres & puis-nez.

La Châtellenie de la Tour-blanche en Angoumois suscita aussi une Affaire au Baron de Bourdeille , pour le Service de l'Arriere-Ban. Il fut rendu une Sentence, par Deffaut au Siége d'Angoulême , portant Saisie de cette Terre, Faute de Service. Le Procureur du Baron de Bourdeille fit sa Protestation , contre l'Exécution de cette Sentence , entre les Mains de l'Avocat du Roy de ce Siége le 29 Avril 1542 ; remontrant, que le Baron de Bourdeille n'étoit obligé de servir, que dans l'Arriere-Ban du Périgord, où il faisoit sa Résidence continuelle. Cependant , pour obtenir Main levée de cette Saisie, & prouver l'Obéyssance du Baron aux Ordres de Sa Majesté, ce Procureur presenta, pour Homme d'Armes destiné à faire ce Service, Helie de Brouillac, Escuyer ,Seigneur du dit Lieu. Mais, le Baron de Bourdeille , ayant comparu en Personne le 3 May de cette Année, desavoua son Procureur, & n'offrit qu'un Archer , pour remplir le Service exigé de sa Châtellenie de

la

la Tour-blanche. Son Offre fut accep-
tée, dans la Vûë d'éviter à l'avenir de
pareilles Contestations sur le Devoir de
cette Terre.

Il s'attacha à Charles, Duc d'Orléans & d'Angoumois, troisiéme Fils
du Roy François I : & il fut pourvû
d'une Charge de Pannetier ordinaire
de ce Prince, par ses Lettres dattées de Ligny le 7 Juillet 1542 ; dans
lesquelles le Duc d'Orléans le traitte
de son cher & bien-amé François de
Bourdeille, Seigneur & Baron du-dit
Lieu & de la Tour-blanche. En Conséquence des Privileges de cette Charge, égaux à ceux des Officiers de la
Maison du Roy, il fut déclaré exempt du Service du Ban & Arriere-
Ban, par le Lieutenant de la Séneschauffée de Périgord le 20 Octobre
1542, & ainsi de même en 1543 &
1544. Mais comme la Presséance sub-
sistoit toujours entre les quatre Barons de Périgord, on continua dans
ces Occasions de les appeller tous
les quatre à la Fois, sous la seule Dénomination des quatre Barons
de Périgord, sans dire leurs Noms
& Surnoms.

Vers ce même Tems, il accompagna, par Ordre du Roy, le Prince de Melfe, Carraccioli, que Sa Majesté avoit envoyé en Guyenne contre les Revoltez sur le Fait de la Gabelle. Brantosme, *Hommes Illustres*, Tome V, page 268. Cette Liaison avec le Prince de Melfe fut dans la suite favorable à ses Enfans, qui servirent en Piedmont sous les Ordres de ce Prince.

IL paroît bien, par ce que l'on vient de rapporter, que le Baron de Bourdeille avoit besoin de Protection pour vivre paisiblement dans ses Terres. Il obtint donc cette Tranquillité sur le Fait de l'Arriere - Ban par son Attachement au Duc d'Orléans, & tira de plus de grands Avantages du Credit d'Anne de Vivonne, sa Femme, qualifiée, dès l'An 1539, l'une des Dames, à 300 liv. de Gages, de Marguerite d'Orléans, Sœur du Roy François I, & Epouse de Henry d'Albret, Roy de Navarre, suivant un Etat de la Maison de cette Reine de 1529 à 1539.

LE Roy de Navarre voyoit avec Peine les Démembremens, que ses Peres & Prédécesseurs Comtes de Périgord, avoient fait dans ce Comté en Faveur des Barons de Bourdeille. Il
pou-

pouvoit même n'être pas content de ce que François de Bourdeille, qui forme ce Degré, avoit vendu les Paroisses de Celles & de Bertrie, faisant Partie de ces Démembremens, au Président de Calvimon, sur lequel à la vérité la Dame de Saint-Aulaire, Sœur du Baron de Bourdeille, avoit fait depuis un Retrait lignager de ces deux Paroisses, & en avoit pris Possession. Les Sentimens du Roy de Navarre, peu favorables au Baron de Bourdeille, se connoissent encore mieux par le Procès qui étoit pendant entre eux deux au grand Conseil.

Cependant, Anne de Vivonne trouva Moyen, non seulement de terminer ce Procès, mais elle obtint même de ce Roy des Lettres Patentes le 16 Octobre 1543, par lesquelles ce Monarque, comme Comte de Périgord, ceda à la Dame de Bourdeille, qu'il qualifie Femme de Corps de la Reine sa très-chere Compagne, tout le Droit & Action qu'il prétendoit avoir sur la Terre, Justice, & Baronnie de Bourdeille, de quelque Valeur qu'il pût être : & il la subrogea en sa Place elle & ses ayans Causes ; s'en réservant seulement l'Hommage à luy & à ses

Suc-

Succeſſeurs Comtes de Périgord. Le Baron de Bourdeille avoit donné ſa Procuration, dès le 21 Septembre de cette Année 1543, pour rendre ſon Hommage au Roy de Navarre.

MESSIRE François de Bourdeille, Chevalier Seigneur, & Baron de Bourdeille & de la Tour-blanche, fit, en ces Qualitez ſeulement, ſon Teſtament le 28 Janvier 1546, par lequel il donna l'Uſufruit de ſes Biens à Anne de Vivonne, ſa Femme, dont il reconnut avoir reçu pour Dot la Somme de 18000 Livres. Il légua à Madelaine de Bourdeille, leur Fille à marier, ſa Maiſon noble de la Feuillade avec des Rentes en la Paroiſſe de Chalvard; le tout rachetable par ſon Heritier univerſel, dans onze Années, pour la Somme de onze mille Livres : déclara, que Françoiſe de Bourdeille, leur autre Fille, n'avoit rien à prétendre dans ſa Succeſſion, attendu qu'il luy avoit donné une Penſion de trente Livres, lorſqu'elle avoit fait Profeſſion de Religieuſe à Sainte-Croix de Poitiers, & qu'il avoit payé ſes Bulles pour l'Abbaye de Ligueux, que luy avoit réſigné Dame Jeanne de Bourdeille, Sœur du Teſtateur. Il
légua

légua auſſi à Jean de Bourdeille, ſon Fils, Doyen de Saint-Yrier-la-Perche, au Dioceſe de Limoges, & Prieur de Saint Vivien près de Xaintes, la Somme de 5000 Livres pour tous ſes Droits ſeulement, en Conſidération des Dépenſes montant à plus de 3000 Livres, que le Teſtateur avoit été obligé de faire, tant pour le faire préſenter au Roy, que pour les Procès de ſes Bénéfices. Plus à Pierre de Bourdeille, autre Fils, ſa Juriſdiction de la Commarche, avec quelques Rentes. Et à Jean de Bourdeille, le plus jeune de tous ſes Fils, la Métairie de Lurquet : l'un & l'autre de ces deux Legs rachetables par ſon Héritier univerſel ſous l'Eſpace de onze Ans, chacun pour la Somme de 8000 Livres. Il permit à ſes Enfans de ſe faire inhumer dans l'Egliſe de Cercles, inſtitua pour ſon Héritier univerſel ANDRE' DE BOURDEILLE, ſon Fils aîné, le ſubſtituant à ſes Freres Pierre & Jean le jeune, & ſes Freres à luy, chacun à leur Rang ; à Condition que ſi Pierre & Jean de Bourdeille le jeune, cy deſſus nommez, venoient à recueillir la Succeſſion du Teſtateur, ils ſeroient tenus de donner chacun à leur tour, la Somme de 6000 Livres au

B 3

Doyen

Doyen de Saint-Yrier leur Frere, qu'il fubftitua auffi à leur Défaut: & il nomma pour Exécuteurs de ce Teftament, fa Femme, le Seigneur de la Force fon Beau-Frere, avec les Seigneurs de Lauzun, de la Douze, & d'Aubeterre.

CE Seigneur de la Force étoit François de Vivonne, Frere de la Dame de Bourdeille, & Seigneur d'Ardelay, qui fe trouvoit auffi Seigneur de la Force, par Philippe de Beaupoil, fa Femme, Dame de la Force, laquelle par un fecond Mariage porta enfuite cette Terre dans la Maifon de Caumont: mais, ce François de Vivonne fut encore plus connu fous le Nom de Seigneur de la Châtaigneraye qu'il portoit, lorfqu'en 1547 il fut tué en Combat fingulier par le Seigneur de Jarnac, en Préfence du Roy Henry II.

ON ignore le Tems de la Mort de ce Baron de Bourdeille, ainfi que le Fondement fur lequel on ajouta dans la Suite à fon Titre de Baron celuy de Vicomte de Bourdeille, qui fe trouve dans les Actes cy-après.

BRANTOSME dit de fon Pere, qu'il étoit Homme fcabreux, haut à la Main, mauvais Garçon, & fi familier
avec

avec le Maréchal de Montpezat, qui avoit épousé Mademoiselle du Fou, Cousine germaine du Baron de Bourdeille, qu'il avoit donné à ce Maréchal le Sobriquet de *Leche-Ecuelles de Cour* ; comme persuadé, que ce Maréchal avoit obtenu sa Dignité, plus par ses Importunitez & sa Résidence à la Cour, que par des Services importants. Brantôsine *Hommes Illustres François*, Tome VI, page 413.

La Dame de Bourdeille fut attachée à la Reine de Navarre Marguerite d'Orléans jusqu'à la Mort de cette Princesse, qui arriva en 1549 : & il paroît, que, du Service de la Mere, elle passa à celuy de sa Fille Jeanne d'Albret, Reine de Navarre, & Femme d'Antoine de Bourbon, comme on le peut juger par deux Certificats du Trésorier de cette Maison des 27 Juin 1548, & 10 Septembre 1551, qui portent, que la Dame de Bourdeille étoit l'une des Dames de Corps de la Reine de Navarre. Cependant, la Dame de Bourdeille est seulement nommée Anne de Vivonne, Veuve de feu Messire François de Bourdeille, Chevalier, Vicomte & Baron de Bourdeille, sans autre Qualité, dans le Testament du 23 Fevrier 1554 de

Louise

Louife de Daillon, Dame Douairiere de la Châtaigneraye, fa Mere, qui, la chargeant de l'Exécution de ce Teftament, luy fit auffi Donation de tous fes Biens, à Condition de payer fes Dettes, & de donner la Somme de 6000 Livres à Jeanne de Vivonne, autre Fille de la Teftatrice, & Veuve de Meffire Claude de Clermont, Chevalier, Vicomte de Brezy, pour Payement du Refte de fa Dot.

AU RESTE, le Credit de la Dame de Bourdeille, dans la nouvelle Cour de Navarre, non feulement fe foutint comme dans la précédente Cour, mais femble même avoir été en augmentant. Car, Jeanne d'Albret, & Antoine de Bourbon fon Mary, confirmérent la Ceffion, faite l'An 1543, en Faveur de la Dame de Bourdeille par le Roy Henry d'Albret, leur Pere, & ordonnérent par leurs Lettres, dattées de Nerac le 8 May 1556, à leur Procureur-Général en leur Cour de Périgord, de procéder à l'Enregiftrement & Infinuation de cette Confirmation pour leur très-chere & bien aimée Anne de Vivonne, Dame de Bourdeille. C'eft le Traittement qu'ils luy donnent dans ces Lettres. E⊤

ET la Dame de Bourdeille eſt qualifiée Anne de Vivonne, Dame d'Honneur de la Reine de Navarre, Veuve
de Meſſire François de Bourdeille,
Chevalier, Vicomte, Baron, & Seigneur de Bourdeille, de la Tour-
blanche, & de la Commarche, dans
le Teſtament qu'elle fit le 26 de May
1557. Par cet Acte, elle légua 200
Livres de Penſion viagere à Françoiſe
de Bourdeille, ſa Fille, Abbeſſe de Ligueux : 5000 Livres une fois payées à
Pierre de Bourdeille, ſon Fils, Doyen
de Saint-Yrier, & Abbé de Brantoſme :
1400 Livres à Jean de Bourdeille le jeune, ſon Fils : & ordonna, que ſi le-
dit Jean ne vouloit pas ſe contenter
de ce Legs, avec ce qui luy étoit
échu de la Succeſſion paternelle & de
celle de feu Jean de Bourdeille,
auſſi Fils de la Teſtatrice, on luy donneroit pour tous ſes Droits les Seigneuries d'Ardelay & de Natiers, ce-
dées cy-devant à la Dame de Bourdeille par Meſſire Charles de Vivonne, Seigneur de la Châtaigneraye, ſon
Neveu. Elle inſtitua pour ſon Héritier univerſel ANDRE' DE BOUR-
DEILLE, ſon Fils aîné, fit des Legs
à ſes principaux Domeſtiques, dont

 en-

entre autres étoit Hélie des Alles, Eſ-
cuyer, ſon Maître-d'Hôtel ; & elle nomma pour Exécuteurs de ce Teſtament
Meſſire François de Caumont, Chevalier, Vicomte & Baron de Lauzun,
Meſſire Charles de Vivonne, Chevalier, Seigneur de la Châtaigneraye,
Pierre de Salignac, Seigneur de l'Eguil-
lac, Prieur de Cercles, Protonotaire
Apoſtolique ; & Dame Jeanne de Vivonne, Dame de Dampierre, Sœur
de la Teſtatrice. On peut voir dans
les *Dames Galantes* de Brantoſme Tome II, page 323, & dans les *Dames
Illuſtres*, Tome I, page 245, la Confiance qu'avoit la Reine de Navarre Jeanne
dans la Dame de Bourdeille.

LES Enfans de FRANÇOIS DE BOURDEILLE, & d'ANNE DE VIVONNE, font donc :

ANDRÉ DE BOURDEIL-LE, qui fuit fous la Lettre

E

PIERRE DE BOURDEIL-LE, Abbé & Seigneur de Brantofme, qui fuis fous la Lettre

B

JEAN DE BOUR-DEILLE, qui fuit fous la Lettre

A

JEAN DE BOUR-DEILLE d'Ardelay, qui fuit fous la Lettre

C

MADELAINE DE BOUR-DEILLE, qui fuit fous la Lettre

D

FRANÇOISE DE BOURDEILLE, Religieufe profeffe au Monaftere de Ste. Croix de Poitiers, fut nommée à l'Age de 18 Ans Abbeffe de l'Abbaye de Ligueux en Périgord, fur la Démiffion de Jeanne de Bourdeille, fa Tante, par Brevet

B 6

du

du 27 Septembre 1545 , que le Roy
luy accorda à la Recommandation de
la Reine de Navarre. Le Baron
de Bourdeille, fon Pere, luy avoit affu-
ré une Penfion de 30 Livres : & il
paya les Fraix des Bulles de cette Abbaye. C'eft pourquoy il la pria, dans
fon Teftament du 28 Janvier 1546,
de fe contenter des Dépenfes qu'il a-
voit faites pour elle, & il ne luy laiffa
rien autre Chofe. Elle fut inftituée
Héritiere univerfelle du Capitaine Jean
de Bourdeille, fon Frere, par fon Teftament de 29 Juin 1553, dans lequel elle
eft qualifiée Noble & Religieufe Perfonne Dame Françoife de Bourdeille, Abbeffe de Ligueux en Périgord (*). La
Baronne de Bourdeille, fa Mere, luy
légua auffi une Penfion de 200 Livres
par fon Teftament du 26 May 1557.
Enfin, après avoir gouverné l'Abbaye de Ligueux pendant 20 Ans, elle
s'en démit l'An 1565 , quoy qu'elle
n'eût encore que 38 Ans , en Faveur
de Marguerite d'Efcars de Peyruffe ,
Religieufe de l'Abbaye de Bourbon
au Diocefe de Limoges. On ignore,
ce que devint Françoife de Bourdeille
après la Démiffion de fon Abbaye.

On

(*) *Gallia Chriftiana* , Edition de
1720, Tome H, page 1499. B.

ON ajoute aux Enfans mentionnez
fous ce Degré FRANÇOISE DE BOURDEIL-
LE, qu'on dit avoir époufé le Seigneur de
la Chapelle-Faucher en Périgord : & il
n'eft fait d'elle aucune Mention dans les
Titres de Famille de Bourdeille. Ainfi ,
à vérifier , & fçavoir , fi ce Seigneur de
la Chapelle-Faucher étoit du Nom de
Farges, ou de la Maifon de Chabans ,
tous en Périgord.

A

JEAN DE BOURDEILLE,

OU LE

CAPITAINE BOURDEILLE.

JEAN DE BOURDEILLE étoit Doyen de
Saint-Yrier-la-Perche, au Diocefe
de Limoges, & Prieur de Saint-Vivien
près de Xaintes, lorfque fon Pere ,
par fon Teftament du 28 Janvier 1546,
luy légua pour tous fes Droits la Somme de 5000 Livres feulement, attendu la
Dépenfe qu'il luy avoit déja caufée ,

mon-

montant à plus de 3000 Livres tant pour
le faire préfenter au Roy, que pour
pourfuivre les Procès de fes Bénéfices.
Il fut cependant fubftitué par ce même Teftament à fes Freres, mais à la
vérité le dernier de tous, quoy qu'il
parût être le fecond des Fils du Teftateur. C'eft pourquoy le Baron de
Bourdeille obligea les autres puînez,
en Cas que l'un deux recueillit la Succeffion, de payer à ce Doyen de Saint-
Yrier une Somme de 6000 Livres,
comme par Supplément de Partage.

La Vocation de ce Jean de Bourdeille à l'Etat Eccléfiaftique ne fecon-
da pas les Intentions de fon Pere. Car,
il quitta l'Etat Eccléfiaftique, pour
prendre celuy des Armes, & fut depuis connu fous le Nom du Capitaine
de Bourdeille. Voicy ce qu'en dit
le Seigneur de Brantofme, fon Frere,
dans fes *Hommes Illuftres.*

I. Tome V, page 271 & fuivantes : „ Il fut en Piedmont à l'Aage
„ de 18 a 19 Ans, & quoy qu'il fuft
„ haut à la Main & bouillant, le
„ Prince de Melfe, Carraccioli, qui
„ commandoit pour le Roy, ne le
„ fit jamais mettre en Prifon pour fes
„ Etourderies de Jeuneffe, & fe con-
„ ten-

,, tentoit de luy faire des Remont-
,, trances en particiculier, l'appellant
,, fon Fils ; & ce, en Confidération
,, de l'Amitié que ce Prince avoit pour
,, fa Grand-Mere & fes Pere & Mere:
,, de forte que, de Regret de la Mort
,, de ce Prince, auquel fucceda Mon-
,, fieur de Briffac, le Capitaine de
,, Bourdeille quitta le Piedmont,
,, s'en alla à la Guerre d'Hongrie &
,, de Parme, d'où il revint encore en
,, Piedmont, où il avoit une Com-
,, pagnie dans Montevis. Puis, quitta
,, encore ce Pays, & s'en vint à la
,, Guerre d'Allemagne, que le Roy
,, Henry dreffa, où il fut bleffé à Mort
,, devant Chimay, à l'Affaut : puis en-
,, core au Siége de Metz, bleffé de
,, trois grandes Arquebufades, dont il
,, penfa mourir, fans un bon Secours
,, qu'il eut ; &, pour la troifiefme
,, fois, il fut tué au Siége de Hefdin,
,, d'une Canonnade qui luy emporta la
,, Tefte.   ,,
   II. Tome V, page 268. ,, Lorfque
,, le Prince de Melfe étoit à la Cour,
,, il mangeoit très fouvent à la Table
,, de la Sénefchale de Poictou, Mada-
,, me de Vivonne, Dame d'Honneur
,, de la Reyne de Navarre, & avoit
                          ,, con-

,, connu le Pere de Brantofme en Péri-
,, gord, &c.   ,,

,,   III.   TOME IX , page 22: ,, Ce
,, Prince mourut en 1550. Au Retour
,, du Siége de Metz , où le Capitaine
,, Bourdeille avoit reçeu dans une Sor-
,, tie trois grandes Arquebufades ,
,, deux dans le Col, & l'autre au Mitan
,, du Bras, le Marefchal de Saint-André
,, luy fit donner par le Roy, fur l'Ef-
,, pargne , 1200 Efcus. ,,

,,   IV. TOME X , page 129: ,, Le Ca-
,, pitaine Bourdeille, fervant en Pied-
,, mont foubs les Ordres du Marefchal
,, de Briffac, fut tenté par le Capitai-
,, ne Vallefergues, qui en avoit desjà
,, desbauché d'autres, de paffer dans le
,, Service du Grand-Seigneur en Tur-
,, quie. Mais, il donna la Préféren-
,, ce à la Guerre qui commença dans
,, le Parmefan, & n'acquiefça pas aux
,, Propofitions du Capitaine Vallefer-
,, gues. ,, On fçait que Monfieur de Briffac fut fait Maréchal de France l'An
1550, & que ce fut dans ce Tems, que
commença la Guerre dans le Parmefan.

   V. Tome VII, page 260. ,, Le Capitaine
,, Hautefort (c'étoit Foucaud, Fils de
,, Jean Seigneur d'Hautefort, & de Ca-
,, theri-

„ therine de Chabanes,) ayant esté
„ séparé en se battant dans un Com-
„ bat singulier contre un Gentil Hom-
„ me Gascon, nommé Perrelongue,
„ pendant les Guerres d'Allemagne,
„ où l'Armée estoit commandée par le
„ Connestable, Hautefort fit appeller
„ de nouveau ce Gentil-Homme par
„ le Capitaine Bourdeille, parce que
„ Hautefort & Bourdeille estoient
„ grands Cousins, grands Amis, &
„ grands Confédérez dès le Piedmont,
„ d'où ils estoient les Rodomonts. Le
„ Connestable en ayant esté adverti,
„ défendit tout Combat à ces deux
„ Champions. Hautefort en fut si
„ outré, qu'il en devint fol pendant
„ quelque temps, jusqu'à ne plus por-
„ ter d'Armes, ny mesme d'Habillemens
„ décens. Cependant, Hautefort se
„ rendit enfin aux Remonstrances du
„ Capitaine Bourdeille, qui luy dit,
„ qu'il valoit mieux aller ensemble
„ attaquer une belle Escarmouche de-
„ vant Yvoy où ils estoient, & se
„ monstrer au Roy en brave Estat de
„ luy faire Service. Sur-quoy ils mon-
„ tèrent à Cheval tout les deux, fu-
„ rent attaquer l'Ennemy. Hautefort
„ y fut tué, & le Capitaine Bourdeil-
„ le

„ le bleſſé, ayant eu auſſi ſon Cheval
„ tué. „ Yvoy fut pris en 1552. La Preuve en eſt dans l'*Hiſtoire des 5 Roys*
in 8. Edition de 1599, page 24.

Dans la Généalogie faite par le
Seigneur de Brantoſme de ſa Maiſon,
il traitte le Capitaine Bourdeille de
grand Capitaine, & dit qu'il commanda dans les Guerres de Piedmont;
qu'il ſoutint avec ſon Frere André le
Siége de Metz ſous les Ordres de Mr.
de Guiſe; qu'il y fut bleſſé grande-
ment, & guéry par un habile Chiru-
gien de Bergerac en Périgord, nommé
Loys; qu'après la Levée du Siége de
Metz, ce Capitaine & ſon Frere André ſe jettérent dans Hédin, ainſi que
d'autres braves François ; & que le
Capitaine Bourdeille y fut tué, à l'A-
ge de 27 à 28 Ans, d'un Coup de
Canon qui luy emporta la Tête, & le
Bras dont il tenoit en Main un Ver-
re d'Eau qu'il buvoit ſur la Bréche.

Quoy qu'il paroiſſe un peu d'Exagé-
ration dans le Recit de Brantoſme, le
Fond en eſt véritable, & prouvé par
l'*Hiſtoire du Siége de Metz* in 4,
page 169, où il eſt dit, que les deux
Freres de Bourdeilles furent du Nombre des Seigneurs & Gentils-Hommes
qui

qui vinrent pour leur Plaifir à ce Siége, lequel fut levé par l'Empereur en Janvier 1552 : & le dernier Siége & Prife de Hédin eft du Mois de Juillet 1553. Voyez l'*Hiftoire des 5 Roys*, citée cy-deffus, page 31.

A L'EGARD du Commandement que le Capitaine Bourdeille eut en Piedmont, on ne fçauroit s'empêcher, attendu fa Jeuneffe, de le réduire à celuy d'une ou deux Compagnies de Gens de Pied: & le Titre de grand Capitaine femble devoir porter la même Signification que préfente aujourd'huy la Qualité de bon Officier qu'on applique aux Officiers généraux comme aux fubalternes. C'eft un Sentiment adopté par Brantofme-même, qui, dans les *Mémoires de fes Duels*, dit qu'on appelloit alors Capitaine un fimple Lieutenant. Ainfi, le Mot de Capitaine étoit générique, & s'appliquoit à tout Officier. Voicy le Recit qu'il fait de deux Combats finguliers de ce Capitaine Bourdeille (*).

„ Le Capitaine Bourdeille mon Fre-
„ re, brave & vaillant certes, (je
„ ne penfe point faillir, fi je le dis;
„ car,

(*) Duels de Brantome, *Tome XI,* page 259 & *fuiv.*

„ car, il eſtoit tel eſtimé de ſon Temps,)
„ eſtant en Piedmont, commandant
„ à des Gens de Pied, il avoit avec
„ luy un fort brave Soldat, qu'on
„ nommoit le Capitaine Tripaudiere
„ Gaſcon, qu'il avoit eſlevé, dreſſé,
„ entretenu avec luy, l'Eſpace de
„ ſix Ans, & fait voir ſon Monde
„ aux Guerres de Piedmont,
„ d'Hongrie, & de Parme, le me-
„ nant tousjours quant & luy, l'ay-
„ mant fort, & luy ayant appris
„ à tirer bien des Armes ; car,
„ mon-dit Frere les avoit très-belles
„ en la Main. Par Cas, ce Tripaudiere
„ fut ſuborné, & gaigné par Monſieur
„ Bonnivet, pour lors Colonnel en
„ Piedmont, pour eſtre avec luy l'un
„ de ſes Capitaines entretenus, dont
„ il laiſſa mon-dit Frere, qui, en eſ-
„ tant deſpité, le fit appeller ſur
„ le Pont du Pau, qui ne faillit
„ d'y aller, tant il s'eſtoit fait pre-
„ ſumptueux : mais, en y allant, il
„ fut rencontré par aucuns Ca-
„ pitaines, & retourné en la Ville
„ & mené à Monſieur de Briſſac, pour
„ empeſcher le Combat, qui envoya
„ querir mon-dit Frere, pour les ac-
„ corder. La Choſe fut fort diſpu-
„ tée

„ tée, & mesme des vieux Capitaines
„ de là, qui dirent n'y avoir aucune
„ Raison qu'un petit Capitaineau, en-
„ tretenu despuis trois Jours, se bat-
„ tist contre le Capitaine Bourdeille,
„ (qui ne vouloit que se battre, &
„ point s'accorder) ayant commandé
„ il y avoit long-temps ; de plus, qu'il
„ estoit Gentil-Homme de fort bon-
„ ne Part & bon Lieu, appartenant à
„ des plus Grands de la France. For-
„ ce Capitaines remonstrérent au Ca-
„ pitaine Bourdeille, veu ses Qua-
„ litez, qu'il se faisoit grand Tort, &
„ & à tous eux, de s'abaisser par trop,
„ que de vouloir se battre contre un
„ qui n'avoit pas trois Jours qu'il
„ n'estoit que son simple Soldat, sa
„ Créature, & fait Capitaine nou-
„ veau, encore de Gayeté de Cœur, &
„ sans Sujet. A quoy ne vouloit en-
„ tendre le Capitaine Bourdeille : car,
„ il estoit un jeune Homme esca-
„ breux, vieux Capitaine pourtant ;
„ Mais enfin, il fut tant persuadé
„ des grands & vieux Capitaines de par
„ de là, & de ses Compaignons, de
„ se contenter que le dit Capitaine
„ Tripaudiere luy fist une fort grande
„ Soubmission, & luy requerant fort
„ ses

,, ſes bonnes Graces & Amitié; à quoy
,, il s'accorda: mais, jamais, il ne
,, l'ayma plus, & en fit peu de Comp-
,, te; car, il eſtoit Ennemy d'un In-
,, grat. ,,

,, Le Capitaine Bourdeille (mon
,, Frere) eut auſſi en Piedmont une
,, Querelle contre le Capitaine Co-
,, bios, gentil & brave Soldat Gaſ-
,, con, & pourtant grands Amis au-
,, paravant (*). Ils s'appellérent ſur
,, le Pont du Pau, à Turin. La For-
,, tune voulut que mon Frere bleſſaſt
,, Cobios à la Main de l'Eſpée qui luy
,, eſchappa auſſi-toſt: mais, le Capitai-
,, ne Bourdeille, pourtant, ne luy
,, voulut courir ſus, ains luy dit: *A-*
,, *maſſez voſtre Eſpée,* Capitaine Cobios;
,, *car, je n'ay pas accouſtumé de pour-*
,, *ſuivre mon Ennemy ſans ſes Armes.*
,, Cobios luy reſpondit: *Je ne gaigne-*
,, *rois rien,* Capitaine Bourdeille, *de*
,, *l'amaſſer; puiſque je ſuis bleſſé à la*
,, *Main, & ne me ſeroit poſſible la*
,, *tenir. Or bien donc,* dit le Capi-
,, taine Bourdeille, *le Combat eſt a-*
,, *chevé;* & le prit, & le mena ſoubs
,, le

(*) Duels de Brantome, *Tome XI,*
pages 160 & 161.

,, le Bras à la Ville pour le faire pan-
,, fer, & attendant fa Guérifon pour
,, fe rebattre : mais Monfieur le Ma-
,, refchal les accorda. ,,

CE fut donc dans l'Intervalle qu'il y eut entre la Levée du Siége de Metz & la Prife de Hédin, que le Capitaine Bourdeille fit fon Teftament à Paris, le Jeudy 29 de Juin 1553, par lequel il eft qualifié Noble Homme Jean de Bourdeille, Efcuyer, demeurant au Pays de Pé-rigueux, étant de préfent à Paris, logé à l'Enfeigne de la Cage verte Fauxbourg St. Germain des Prez, fain de Corps & d'Entendement. Il inftitua pour feule Héritiere Noble & Religieufe Perfonne Dame Françoife de Bourdeille, fa Sœur, Abbeffe de Li-gueux en Périgord ; & nomma pour Exécuteur de fon Teftament Renaud de Vivonne, Efcuyer, Seigneur de Pi-fanny en Xaintonge, & noble Homme François des Martres, dit de Peri-gour, Seigneur en partie de la Roque St. Chriftophle. Il eft certain qu'il étoit mort, quand la Dame de Bourdeille fa Mere fit fon Teftament le 26 May 1557, puifqu'elle déclare dans cet Acte, que Jean de Bourdeille connu depuis fous le Nom de Seigneur d'Ardelay, avoit eu sa Part de la Succession de feu Jean de Bourdeille, qui étoit celuy qui a formé cet Article. Il ne paroît pas, que le Capitaine Bourdeille ait jamais été marié.

B

PIERRE DE BOURDEILLE,

Abbe' et Seigneur

DE BRANTOSME.

PIERRE DE BOURDEILLE, connu sous le Nom de Brantosme, s'est rendu célébre par ses *Mémoires* plus amusants que solides. On ignore le Tems de sa Naissance : & il n'a pas été possible d'en découvrir l'Epoque certaine, en rassemblant les différentes Actions de sa Vie répandues dans ses Oeuvres, dont voicy le Recit.

Il étoit le troisiéme des Enfans mâles de François Vicomte & Baron de Bourdeille, & d'Anne de Vi-
von.

vonne de la Châtaigneraye. Il fut élevé pendant son Enfance à la Cour de la Reine de Navarre Marguerite d'Orléans ou de Valois, Sœur du Roy François I, dont la Dame de Vivonne sa Mere étoit Dame d'Honneur (*). Cette Reine mourut en 1549.

LE Baron de Bourdeille son Pere, par son Testament du 28 Juin 1546, luy donna en Partage la Jurisdiction de la Commarche, avec quelques Rentes, & il le substitua immédiatement à André de Bourdeille, qui étoit l'aîné de tous les Enfans mâles, préférablement à Jean de Bourdeille, encore alors Doyen de Saint-Yrier, quoy que ce Jean, connu depuis sous le Nom de Capitaine Bourdeille, étant le second des Enfans mâles, auroit dû précéder Brantosme dans cette Substitution : & principalement, si Brantosme avoit été, comme il l'a prétendu, destiné par son Pere à l'Etat Ecclésiastique; ce qui ne se trouve point vérifié par ce Testament.

______

(*) Dames Illustres, *Tome I, pages* 341 & 342. Hommes Illustres Etrangers. *Tome V, page* 264.

ment. Il eſt vray , que Brantoſme n'y eſt ſimplement nommé que PIERRE DE BOURDEILLE , ſans autre Qualification ; mais, tout ce qu'on en peut conclure , c'eſt qu'il n'avoit alors embraſſé aucun Etat.

IL fut envoyé au College à Paris, étant encore fort petit Garçon , & il.y faiſoit ſes Etudes dans un Age peu avancé , lorſque le Capitaine Bourdeille ſon Frere arriva en cette Ville , revenant de la Priſe de Chimay , où il avoit reçu une Bleſſure à l'Epaule (*). On ſçait que la Ville de Chimay fut priſe en 1552.

IL paroît , que Brantoſme ne continua pas ſes Etudes à Paris : 1., parce que le Teſtament que le Capitaine Bourdeille ſon Frere fit en cette Ville le 29 Juin 1553 , ne fait aucune Mention de luy : 2. parce que Brantoſme étoit à Poitiers jeune Garçon étudiant , lorſque la Religion Prétendue Reformée s'y établit , & que la Femme d'un Avocat, nommée la belle Gotterelle , par Principe de Reli-

____

(*) Hommes Illuſtres François , *Tome VI,* pag. 37 & 38. *Tom. VII, page* 262.

Religion, se prostituoit aux Ecoliers qui donnoient dans les nouvelles Erreurs (*). On sçait que Calvin, ayant été obligé de sortir de Paris en 1533, se refugia d'abord à Angoulême, d'où il passa à Poitiers qu'il infecta de son Héréfie; & que, depuis l'An 1538, Calvin ne paru plus en France. Ainfi, en 1553, & même depuis, l'Etabliffement du Calvinifme à Poitiers pouvoit bien être encore regardé comme nouveau. A ces Anecdotes, on ajoutera encore celle-cy, que Brantofme étoit fort jeune à Poitiers, lorfque Antoine, Roy de Navarre, y faifoit prêcher fon Miniftre nommé David, que ce Prince mena enfuite à la Cour de France à Fontainebleau (†).

BRANTOSME poffédoit dès-lors le Doyenné de Saint-Yrier en Limofin, le Prieuré de Royan, & un autre Bénéfice fous le Titre de Saint-Vivien lès Xaintes, fur la Réfignation que luy en avoit fait le Capitaine Bourdeille fon Frere.

(*) Dames Galantes, *Tome II*, *page* 217 & 218.
(†) Hommes Illuftres François, *Tome VIII*, *page* 265.

APRE's la Mort de ce Frere, le Roy Henry II, en Confidération des Services du Deffunt, luy donna l'Abbaye de Brantofme, à la Sollicitation de Monfieur d'Auzances, que Brantofme appelle fon bon Coufin (*). C'étoit Jacques de Montberon, Seigneur d'Auzances, Fils de Madelaine de Mareuil, de la Branche de Montmoreau, lequel fut Chevalier de l'Ordre du Roy, & Gouverneur de Metz, &c. Le Vicomte de Bourdeille, fon Frere aîné, paroiffoit être encore alors Prifonnier de Guerre. Il fuccéda à Pierre de Mareuil, Abbé de ce Lieu, & Evêque de Lavaure, décédé le 20 Mars 1556, Oncle de Monfieur d'Auzances, & continua depuis ce Tems à porter le Nom de Brantofme. C'eft pourquoy on le trouve qualifié *Révérend Pere en Dieu Meffire Pierre de Bourdeille, Abbé de Brantofme, demeurant en l'Univerfité de Poitiers*, dans le Teftament du 26 May 1557 de la Dame de Bourdeille, fa Mere, laquelle luy légua pour tous fes Droits la Somme de 5000 Livres : & dans le Contract du premier Mariage de

Claude-

(*) Hommes Illuftres François, *Tome VI, page* 317.

Claude - Catherine de Clermont, fa Coufine germaine, depuis Ducheffe de Retz, avec Jean, Sire & Baron d'Annebaut, paffé à Poitiers le 28 Avril 1558, auquel il affifta ; ayant de plus la Qualité de Doyen de St. Pierre : Doyenné, qui, dans l'Extrait de cet Acte, peut bien avoir été confondu avec celuy de Saint-Yrier(*). Il ne prit cependant Poffeffion de cette Abbaye, que le 15 Juillet 1558, & la tint par luy - même jufqu'en 1583, & enfuite jufqu'à fa Mort fous le Nom de trois Confidentiaires dont l'un deux mourut de Poifon (†).

La Portion de la Terre & Seigneurie de Brantofme, qui avoit appartenue à la Maifon de Bourdeille, pendant plufieurs Siécles, avoit été donnée en Partage à Jean de Bourdeille, Seigneur de Saint-Juft & de Gréfignac, Oncle de Brantofme. On ignore ce que devint enfuite cette Portion, & comment Brantofme la fit rentrer dans fa Maifon.

Brantosme, ayant obtenu du Roy

la

______

(*) Hiftoire Généalogique de la Maifon de Gondy, *Tom. II, pag. 555,*
(†) *Gallia Chriftiana.* Edition 1710, Tome II. pag. 1494. E.

C 3

la Permiſſion de faire une Coupe de Bois dans la Foreſt de Saint-Yrier en Limoſin, il en eut 500 Eſcus, qu'il employa à faire ſon premier Voyage d'Italie en 1557, & ſervit en Piedmont (*). On trouve, dans ſes *Duels*, le Recit de différents Combats ſinguliers qu'il apprit en 1558 en paſſant dans la Ville de Gayette ; & il y en a quelques uns, dont il dit avoir été témoin (†).

Il ſe trouva à Rome (§) pendant la Vacance du Saint-Siége après la Mort du Pape Paul IV arrivée le 18 Août 1559, & exécuta cette Année l'Intention qu'a-voit eu Pierre de Mareuil, ſon Prédéceſ-ſeur, de réunir le Monaſtere de Bran-toſme à la Congregation de Chezal-Benoiſt. Les Conditions ſous leſ-quelles il conſomma cette Affaire, ne ſont point connues. Il paroît ſeule-ment par ſon Teſtament Olographe, qu'il n'eut par Sujet dans la Suite d'être content de ſes Religieux, & que mê-me ils le payérent d'Ingratitudes de tous les Services qu'il prétend leur avoir

ren-

(*) Hommes Illuſtres François, *Tome VII*, *page* 330.

(†) Duels de Brantoſme, *Tome XI, page* 107.

(§) Idem, *page* 75.

rendus en différentes Occasions.

QUOY QU'ON ait Raison de reprocher à Brantofme de s'être toujours trop abandonné à des Plaintes continuelles & générales, fouvent même peu fondées, il paroît d'autant moins permis de le taxer de ce Défaut à l'égard de fes Religieux, que l'Abbaye de Brantofme luy eft redevable de fon Exiftence, comme l'avoue le *Gallia Chriftiana* en faifant fon Eloge (*).

BRANTOSME, à fon Retour en France, commença à prendre luy-même le Gouvernement de fes Bénéfices, dont il avoit laiffé la Jouyffance pendant 12 Ans au Vicomte de Bourdeille fon Frere aîné, qui, jufqu'alors, ne luy en avoit donné que 400 Livres par An, quoy que la Valeur de ces Bénéfices, (non compris l'Abbaye de Brantôfme) fût de plus de 2000 Livres de Rentes. Ce Reproche, qu'il fait dans fon Teftament Olographe à fon Frere, mériteroit un Examen, & paroît venir de l'Humeur mordicante de Brantofme, qui n'épargnoit pas plus fes Parens que les autres : attendu, la Différence de l'Age, de la Situation,

&

(*) *Gallia Chriftiana*, Edition 1720, Tome II, pag. 494 E.

& des Services du Vicomte de Bourdeille, avec ceux de Brantofme, qui
ne faifoit encore que de naître à la
Cour ; comme il le témoigne luy-même, en avouant qu'il étoit trop jeune, lorfque le Maréchal Strozzy
mourut, pour n'avoir converfé avec
luy (*), & cette Mort arriva en 1559;
que, lorfqu'il commença à fréquenter
la Cour, il étoit encore trop jeune,
pour avoir remarqué & connu le Caractere des Dames qui la compofoient;
que ce ne fut que fur la Fin du Mariage de la Reine Catherine de Médicis, qu'il commença à les connoître; & qu'enfin, lors du Decès de
cette Reine, arrivé en 1589, il y
avoit 33 Ans qu'il fuivoit la Cour (†);
d'où il eft aifé de conclure, qu'il n'y
avoit été introduit que vers l'Année
1556, Temps auquel il obtint l'Abbaye de Brantofme.

EN EFFET, ce n'eft que depuis le
Retour de ce premier Voyage d'Italie,
que Brantofme parle de luy-même
comme Courtifan, & qu'il fait mieux
con-

(*) Hommes Illuftres Etrangers, *Tome*
V, *pag.* 277.
(†) Dames Illuftres, *Tome I. pag.* 99.

connoître son Attachement pour la Maison de Guise, luy donnant pour Fondement la Liaison qu'avoit eu le feu Seigneur de la Châtaigneraye, tué en 1547, son Oncle, avec le Duc de Guise François de Lorraine. Il paroît, qu'il étoit attaché encore plus particulierement à François de Lorraine, Grand Prieur de France, & Général des Galeres; déclarant, que ce Seigneur avoit été l'un de ses bons & premiers Maîtres, & qu'il avoit été avec luy en Italie, apparemment dans le Voyage que ce Seigneur y fit pour conduire à Rome le Cardinal de Guise en 1559 (*).

Depuis que Brantosme fut attaché à la Cour, il la suivit en 1559 & 1560, & se trouva, 1. à Amboise, lors de la Conjuration des Huguenots, & y vit pour la premiere fois Mr. de la Roche - du - Maine, âgé de 70 Ans, grand Ami de feu son Pere (†). 2. Il étoit aussi à Orléans, lorsque le Prince de

Con-

(*) Hommes Illustres François, Tome VII, pag. 439-458.
(†) Hommes Illustres François, Tome VII, pag. 232. Tome. VIII, pag. 169.

C 5

Condé y fut arrêté (*): & 3. à la Cérémonie faite à Poiſſy pour la Reception des Chevaliers de l'Ordre de St.-
Michel (†).

EN 1561 , après le Sacre du Roy
Charles IX , le Duc de Guiſe emmena
avec luy Brantoſme encore lors fort
jeune en ſon Chaſteau de Guiſe, pour
y faire quelque Séjour : mais, ils furent obligez de ſe rendre à Paris pour le
Jour de la Fête-Dieu , parce que la
Cour, craignant que les Religionnaires
ne profitaſſent de l'Abſence de ce Général pour commettre quelques Inſolen-
ces en cette Fête , le Roy envoya
Courriers ſur Courriers au Duc de
Guiſe , pour l'obliger de revenir à
Paris (§).

VERS la Fin de cette Année 1561,
François de Lorraine , Grand-Prieur
de France , ayant été chargé de conduire en Ecoſſe la Reine Marie Stuart,
Veuve du Roy François II , Brantoſme,
ain-

(*) Hommes Illuſtres François, *Tome
VIII*, *page* 236.
(†) Hommes Illuſtres François, *Tome
VI*, *page* 424.
(§) Hommes Illuſtres François, *Tome
VIII*, *page* 90.

ainsi que plusieurs autres Gentils-Hommes, l'accompagnérent dans ce Voyage, & eut par ce Moyen Occasion de voir la Cour d'Angleterre, ayant passé à Londres en revenant d'Ecosse (*).

IL arrivoit de ce Voyage, lorsqu'après le Colloque de Poissy, le Roy Charles IX accorda l'Edit de Janvier 1562, & qu'on ne voyoit à la Cour que des Ministres de la Religion Prétendue Reformée (†). La Guerre Civile s'étant renouvellée en cette Année, Brantosme, tenant le Party de la Cour, servit à la Prise de Blois, aux Siéges de Bourges & de Rouen (§): & ce fut en ce dernier Siége, que la Reine-Mere (Catherine de Médicis) luy donna des témoignages de Bonté, & même de Confiance, en luy parlant de différentes Affaires, & entre autres de celles de Portugal. Il se trouva aussi à la Battail-

(*) Dames Illustres, *Tome I, pag.* 138. Hommes Illustres François, *Tome VI, page* 293. *Tome VII, pages* 439-458. *Tome VIII, page* 151.

(†) Hommes Illustres François, *Tome VIII, pages* 268 & 269.

(§) Duels de Brantome, *Tome XI, pages* 341 & 353.

taille de Dreux, après laquelle il perdit le Grand-Prieur, qui mourut à
quelques Mois de là d'une Pleuresie.
Il paroît l'avoir d'autant plus regret-
té, que ce Seigneur l'aimoit fort, &
luy a fait plus d'Honneur qu'il ne mé-
ritoit à ce qu'il dit (*).

QUOY-QUE Brantosme eût embrassé
le Party des Armes, on ne luy connoît
encore jusqu'alors aucune Dignité
Militaire. Aussi le premier Testament du Vicomte de Bourdeille,
son Frere aîné, datté du 24
May de cette Année 1562, ne le qualifie simplement que Pierre de Bourdeille, Abbé de Brantosme. Par cet
Acte, il fut substitué, conjointement
avec le Baron d'Ardelay, aux Enfans
de ce Frere aîné.

LA Mort du Grand-Prieur de France ayant donné Occasion à Brantosme
de s'attacher davantage à François Duc
de Guise, son Frere, il le suivit au
Siége d'Orléans où ce Prince fut tué
par Poltrot en 1563 : &, quoy que Mr.
d'Aubeterre eût épousé la Niéce de
Brantosme, il ne laisse pas de l'accuser

(*) Hommes Illustres François, *Tome
VII, pages* 446, 458, *Tome VIII, page*
XXX.

ſer d'avoir participé à ce Meurtre par
ſes Conſeils.   C'eſt même un Reproche qu'il fit dans la Suite au Duc de
Mayenne, voyant que ce Duc préfe-
roit les Intérêts de Mr. d'Aubeterre
aux ſiens dans un Différend, qu'ils
eurent enſemble, & dont il n'a pas
voulu donner le Détail (*).

EN 1564, il ſervit à la Priſe de
Velez en Barbarie ſur les Côtes d'Af-
frique (*). Ce fut alors, que le Roy de
Portugal l'honnora de ſon Ordre de
Chriſt (†). Après cette Expédition, a-
yant paſſé à la Cour d'Eſpagne, la
Reyne Eliſabeth de France le fit préſenter au Roy ſon Epoux par le Duc
d'Albe, enſuite à Don Carlos, à la
Princeſſe, & à Don Juan (§). Il eut avec
cette Reyne pluſieurs Conférences, &
entre autres ſur Mr. de Bellegarde depuis Maréchal de France, pour lequel le Roy Charles IX demandoit à
Sa Majeſté Catholique une Commande-
rie

(*) Hommes Illuſtres François, *Tome
VIII*, *pages* 117, & 128.
(†) Hommes Illuſtres Etrangers, *Tome
V*, *page* 107. Hommes Illuſtres François,
Tome X, *page* 138.
(§) Dames Illuſtres, *Tome I*, *pages* 201
& 203.

rie de l'Ordre de Calatrava de 1500
Ducats de Rentes (*) : & Brantofme rapporte comme une Preuve de la Confidération que cette Reyne avoit pour
luy, qu'une Fluxion, caufée par l'Air
de la Mer, l'ayant empêché pendant
deux Jours de paroître à la Cour, Sa
Majefté ne manqua pas de s'informer
de fa Santé; & elle luy envoya même
fon Apotiquaire, qui le guérit fur le
champ avec certaine Herbe (†).

A son Retour en France, il fut le
premier à témoigner à la Reyne-Mere
l'Envie que la Reyne d'Efpagne, fa
Fille avoit de la voir: & le Roy Charles IX, luy ayant fait des Queftions fur
l'Etat de la Marine en Efpagne,
Brantofme luy en donna un Détail a-
vantageux pour l'Efpagne, & profita
de cette Occafion pour luy faire connoître la Néceffité d'une pareille Marine en France. Trois Mois après fon
Arrivée, il eut Ordre, ainfi que plufieurs autres d'aller au-devant de la
Reyne d'Efpagne, pour l'accompagner
à fon Entrée dans Bayonne. En 1565
Brantofme fut revoir fa Maifon, dont
il étoit abfent depuis deux Ans, &,
en-

(*) Hommes Illuftres François, *Tome
IX*, *page 265.*
(†) Dames Illuftres, *Tome I*, *pag.* 204.

enfuite , il entreprit le Voyage de Malthe (*).

Au Commencement de l'Année 1566, la Cour étant à Moulins, Brantofine, & fon Frere le Baron d'Ardelay , fe joignirent à 20 ou 30 autres Gentils-Hommes pour porter du Secours à Malthe affiégé par les Turcs. Ils choifirent pour leurs Généraux Meffieurs Strozzy & de Briffac, & emmenérent avec eux 800 Soldats. Mais, comme le Roy, pour des Raifons d'Etat, ne vouloit par permettre ouvertement ce Voyage, Monfieur de Strozzy, alors Meftre-de-Camp du Régiment des Gardes, fe fervit du Prétexte d'aller en Provence, & en obtint la Permiffion pour deux ou trois Mois. Ce fut dans ce Voyage ; que commença la Liaifon de Brantofine avec Monfieur du Gua. Ils portoient tous l'Arquebufe, & le Fourniment, & faifoient Actes de fimples Soldats. Ils prirent leur Route par Rome, où le Pape leur donna des *Agnus.* Etant arrivez à Malthe, ils y furent défrayez par le Grand-Maître, pendant trois Mois & demy (†).

BRAN-

(*) Hommes Illuftres François, *Tome* IX, *page* 266.

(†) Hommes Illuftres François, *Tome* X, *pag.* 154, 159. 161, 204, 239.

BRANTOSME eut alors Envie de se rendre Chevalier de cet Ordre. Mais, Monsieur de Strozzy, son Amy, l'en détourna, & luy représenta, qu'il ne devoit si fort dédaigner la Fortune qu'il trouveroit en France (*) (en effet, son Frere le Vicomte n'avoit point encore d'Enfans mâles.) En revenant de Malthe, il parcourut différentes Villes d'Italie, séjourna un Mois à Milan, pour apprendre à tirer des Armes d'un fameux Maître nommé le grand Tappe (†); &, étant à Rome, avec son Frere d'Ardelay, & près de 100 autres François, il parut vers Ostie des Bâtimens Turcs. Le Pape en fut allarmé, & les pria de rester pour le secourir au Besoin. Mais, sa Sainteté en fut quitte pour une simple Allarme (§).

PENDANT le Séjour que Brantosme fit alors à Rome, il dit avoir trouvé, par le Secours de bon Nombre d'Escus François, plus de Complaisance qu'à son premier Voyage, dans une Femme nommée Faustine, qui, en se mariant

(*) Hommes Illustres François, *Tome X, page* 138 *&* 139.

(†) Duels de Brantome, *Tome X, page* 225.

(§) Hommes Illustres François, *Tome X, page* 161.

riant, avoit fait agréer par son Mary la Condition de jouïr de la même Liberté dont elle usoit avant son Mariage, lorsqu'elle étoit Concubine (*).

IL trouva aussi en cette Ville un Comte du Royaume de Naples & riche de 12 mille Escus de Rentes, nommé le Comte Jean de Bourdella, ou Bourdelia, qui portoit même Nom & Armes que luy. Il en reçut beaucoup de Marques d'Amitié, & forma Liaison avec luy. Ce Comte luy dit, que ses Ancêtres étoient des Confins de la Gascogne, & avoient été attirez en ce Pays par les Guerres de Naples. Sur le Recit qu'en fit Brantosme à son Retour en France, son Frere le Vicomte de Bourdeille & luy cherchérent dans leurs Titres, & y trouvérent, qu'un Cadet de la Maison de Bourdeille, Frere du brave Arnaud de Bourdeille, Sénefchal de Périgord, & du Cardinal de Bourdeille, passa à Naples avec le Roy Louis dans le Tems des Guerres de ce Pays, & que depuis on n'en a plus entendu parler (†). Cette Origine paroît fondée, comme on le peut voir cy-devant à l'Article des Enfans

(*) Dames Galantes, *Tome II*, *pag.* 194 & 195.

(†) Hommes Illuftres François, *Tome X,* *pag.* 132. & *suiv.*

fans d'ARNAUD DE BOURDEILLE, I du Nom, où on a écrit que ces Comtes de Bordella ou Burdelia, avoient eu en 1710 la Comté de Buendia & le Marquifat de Podilla, par les Medina-Celi, qui defcendent des Roys de Caftille & de Léon.

AVANT d'arriver en France, Brantofme vifita la Cour de Savoye, & eut un Entretien avec le Duc fur les Troubles de Flandres (*). Au refte, l'Accueil, qu'on luy fit, ne répondit pas apparemment à fon Attente : car, il dit qu'un Jour, foupant avec la Dame de Pontcalier, Dame d'Honneur de la Ducheffe de Savoye, elle luy préfenta de la Part de la Ducheffe une Bourfe de 500 Efcus. Comme cette Dame ajouta, que c'étoit en Confidération de l'Amitié que cette Princeffe avoit pour la Dame de Dampierre Jeanne de Vivonne, Tante de Brantofme, il ne voulut pas accepter ce Préfent, & répondit, qu'il luy reftoit affez d'Argent pour fe rendre en France (†). Si ce Préfent luy avoit été offert,

pour

(*) Hommes Illuftres Etrangers, *Tome V*, *page* 192.
(†) Dames Illuftres, *Tome I*, *page* 357,

JEAN DE DAILLON, Seigneur du Lude, &c. Chambelan du Roy Louis XI, Gouverneur de Dauphiné, époufa MARIE DE LAVAL-MONTMORENCY.

1. JACQUES DE DAILLON, Seigneur du Lude, &c. Sénéchal d'Anjou, époufa JEANNE D'ILLIERS, Dame d'Illiers, &c.

LOUISE DE DAILLON DU LUDE, époufa ANDRE' DE VIVONNE, Seigneur de la Châtaigneraye, &c. Sénéchal de Poitou.

2. ANTOINETTE DE DAILLON DU LUDE, époufa GUY XV, Comte de Laval.

ANNE DE VIVONNE époufa FRANC,OIS Baron DE BOURDEILLE.

3. CHARLOTTE DE LAVAL, époufa GASPARD DE COLIGNY, Seigneur de Châtillon, &c. Amiral de France.

ANDRE' Vicomte DE BOURDEILLE, &c. époufa JAQUETTE DE MONTBERON, Dame de Maftas, d'Archiac, &c.

4. LOUISE DE COLIGNY, époufa GUILLAUME DE NASSAU, Prince d'Orange, &c.

CLAUDE DE BOURDEILLE, Baron de Maftas, &c. époufa MARGUERITTE DU BREUIL, Dame de Saint-Amand.

5. HENRY-FREDERIC DE NASSAU, Prince d'Orange, &c. époufa AMELIE DE SOLME.

BARTHELEMY DE BOURDEILLE, Comte de Maftas, &c. époufa ANNE DE COUTANCES, Dame de Baillou.

6. GUILLAUME DE NASSAU, Prince d'Orange, &c. époufa MARIE D'ANGLETERRE.

LOUISE DE NASSAU époufa FREDERIC-GUILLAUME, Marquis de Brandebourg, &c. Electeur de l'Empire.

CLAUDE DE BOURDEILLE, Comte de Maftas, &c. époufa MARIE BOUTET.

7. GUILLAUME DE NASSAU, Roy d'Angleterre, Prince d'Orange, &c. époufa MARIE D'ANGLETERRE, & mourut fans Enfans.

HENRY DE BOURDEILLE, Comte de Maftas, Sous-Lieutenant des Gardes Françoifes.

JEAN DE BROSSE, Seigneur de Sainte-Severe, de Boufflac, &c. Maréchal de France, époufa JEANNE DE NAILLAC.

1. JEAN DE BROSSE, Seigneur de Sainte-Severe, de Boufflac, &c., époufa NICOLE DE CHATILLON, dite DE BLOIS & DE BRETAGNE, Comteffe de Penthievre, &c.

MARGUERITE DE BROSSE, Dame de la Châtaigneraye, époufa GERMAIN DE VIVONNE, Seigneur d'Aubigné &c.

2. CLAUDINE DE BROSSE, dite DE BRETAGNE, époufa PHILIPPE, Duc de Savoye, II du Nom, Prince de Piedmont.

ANDRE' DE VIVONNE, Seigneur de la Châtaigneraye, &c. Sénéchal de Poitou, époufa LOUISE D'AILLON DU LUDE.

3. CHARLES III, Duc de Savoye, Prince de Piedmont, &c. époufa BEATRIX DE PORTUGAL.

PHILIPPE DE SAVOYE, Duc de Nemours, Comte de Genevois, &c. époufa CHARLOTTE D'ORLEANS DE LONGUEVILLE.

ANNE DE VIVONNE époufa FRANÇOIS DE BOURDEILLE, ron de Bourdeille, &c.

4. EMANUEL-PHILIBERT, Duc de Savoye, Prince de Piedmont, &c. époufa MARGUERITE DE FRANCE, Fille du Roy François I.

JACQUES DE SAVOYE, Duc de Nemours, &c. époufa ANNE D'EST, Fille d'Hercules d'Eft, Duc de Ferrare.

ANDRE' DE BOURDEILLE, Vicomte de Bourdeille, &c. ép. JAQUETTE DE MONTBERON, Dame de Maftas, d'Archiac.

5. CHARLES-EMANUEL, Duc de Savoye, Prince de Piedmont, &c. époufa CATHERINE D'AUTRICHE.

HENRY DE SAVOYE, Duc de Nemours, &c. époufa ANNE DE LORRAINE, Ducheffe d'Aumale &c.

CLAUDE DE BOURDEILLE, Baron de Maftas, époufa MARGUERITE DU BREUIL, Dame de Saint-Amand.

6. VICTOR-AMEDE'E, Duc de Savoye, Prince de Piedmont, &c. époufa CHRISTINE DE FRANCE, Fille de Henry IV, Roy de France.

CHARLES-AMEDE'E DE SAVOYE, Duc de Nemours, d'Aumale, &c. époufa ELISABETH DE VENDOME, Fille de Céfar Duc de Vendôme &c.

BARTHELEMY DE BOURDEILLE, Comte de Maftas, époufa ANNE DE COUTANCES, Dame de Baillou.

7. ADELAIDE-HENRIETTE DE SAVOYE époufa FERDINAND-MARIE, Duc de Baviere, Electeur de l'Empire.

CHARLES-EMANUEL, Duc de Savoye, Prince de Piedmont, &c. II du Nom, époufa MARIE-JEANNE-BAPTISTE DE SAVOYE DE NEMOURS.

MARIE JEANNE-BAPTISTE DE SAVOYE, époufa CHARLES-EMANUEL, Duc de Savoye, II du Nom, Prince de Piedmont, &c.

MARIE-ELISABETH-FRANÇOISE DE SAVOYE, époufa, 1. ALFONSE-HENRY, 2. PIERRE II du Nom, qui furent fucceffivement Rois de Portugal. Elle n'eut qu'une Fille qui eft morte fans avoir été mariée.

CLAUDE DE BOURDEILLE, Comte de Maftas, époufa Marie DE BOUTET.

8. MARIE-ANNE-CHRISTINE-VICTOIRE DE BAVIERE, époufa LOUIS DE FRANCE, Dauphin, Fils unique de Louis XIV, Roy de France.

VICTOR-AMEDE'E-FRANÇOIS, Roy de Sardaigne, Duc de Savoye, II du Nom, Prince de Piedmont, &c. époufa ANNE-MARIE d'Orléans, Petite-Fille de France.

HENRY DE BOURDEILLE, Comte de Maftas, &c., Sous-Lieutenant au Régiment des Gardes Françoifes.

9. LOUIS DE FRANCE, Duc de Bourgogne, & depuis Dauphin, époufa MARIE ADELAIDE DE SAVOYE.

PHILIPPE V, Roy d'Efpagne, époufa MARIE-LOUISE-GABRIELLE DE SAVOYE.

MARIE-ADELAIDE DE SAVOYE époufa LOUIS DE FRANCE, Duc de Bourgogne, & depuis Dauphin.

MARIE-LOUISE-GABRIELLE DE SAVOYE, époufa PHILIPPE V, Roy d'Efpagne.

JEAN DE BROSSE, Seigneur de Bouffac, époufa JEANNE DE NAILLAC.

1. JEAN DE BROSSE, Comte de Penthievre, & Vicomte de Limoges, par NICOLE DE BLOIS-CHATILLON, dite DE BRETAGNE, fa Femme.	MARGUERITE DE BROSSE, Femm de GERMAIN DE VIVONNE, Seigneur d'Anville, &c.
2. CLAUDINE DE BROSSE DE BRETAGNE, Femme de PHILIPPE II, Duc de Savoye,	ANDRE' DE VIVONNE, Seigneur d la Châtaigneraye, Gouverneur du Dauphin François; LOUISE DE DAILLO DU LUDE, fa Femme.

3. CHARLES III, Duc de Savoye, mort en 1553; BEATRIX EMANUEL de Portugal, fa Femme, morte en 1538.	PHILIPPE DE SAVOYE, Duc de Nemours. CHARLOTTE D'ORLEANS LONGUEVILLE, fa Femme, morte en 1549.	JEANNE DE VIVONNE, Femme de CLAUDE DE CLERMONT, Seigneur de Dampierre, morte en 1583.	ANNE DE VIVONNE, Femme de FRANÇOIS II, Vcomte & Baron d BOURDEILLE.
EMANUEL-PHILIBERT, Duc de Savoye, mort en 1580; MARGUERITE de France, fa Femme, morte en 1574, Fille du Roy François I.	JACQUES DE SAVOYE, Duc de Nemours, mort en 1585; ANNE D'EST de Ferrare, fa Femme, mort en 1607.	ANDRE', Vicomte & Baron de BOURDEILLE.	PIERRE DE BOURDEILLE, Abbé de Brantofme.

our Marque de l'Eſtime particuliere
qu'on faiſoit de luy , il ne l'auroit
peut-être pas réfuſé.

Son Amour-propre ſe fait encore
mieux connoître par les Plaintes qu'il
fait de la Maiſon de Savoye , en parlant de la Parenté qu'il avoit avec
cette Maiſon (*), & dont voicy l'Explication , auſſi bien que de celle qu'il
avoit avec la Maiſon de Naſſau (†).

Quoy-que Brantoſme continuât juſqu'alors d'être réellement Abbé du Monaſtere dont il portoit le Nom, l'Eſprit
Militaire l'emportant ſur l'Eccléſiaſti-
que, il laiſſa enfin la Qualité , ſans
laiſſer l'Abbaye , pour prendre celle
du Seigneur de Brantoſme.

L'Anne'e 1567 , vers la Saint-Michel, les Huguenots ayant renouvellé
la Guerre, par les Tentatives qu'ils firent près de Maux pour enlever le
Roy Charles IX , on ordonna à tous
les Meſtres-de-Camp de faire de nouvelles Compagnies. Brantoſme , comme l'un d'eux , eut Ordre d'en lever
deux : mais, il ſe contenta d'en former une; s'en trouvant, dit-il, encore

(*) Hommes Illuſtres François , *Tome X,*
ƥages 266 & 267.

core affez chargé (*). C'eft, cependant, le Fondement, fur lequel il dit dans fon Teftament avoir eu le Commandement de deux Compagnies : & il fervit cette Année à la Battaille de Saint-Denis, & Voyage de Lorraine, lorfqu'on manqua de combattre les Ennemis à Notre Dame de l'Epine (†).

EN 1568, la Paix fut conclue à Longjumeau, & Brantofme entra avec fa Compagnie dans Chartres, dont les Habitans ne voulurent point recevoir la Colonnelle de Mr. d'Andelot, parce qu'il étoit Religionnaire (§).

CETTE même Année, étant avec fa Compagnie de Gens-de-Pied en Garnifon à Peronne, M. de Theligny, fon Amy, luy fit des Propofitions avantageufes de la Part de Mr. le Prince de Condé & de Mr. l'Amiral de Châtillon, pour leur livrer cette Place. Mais, quoy que Brantofme eût reçu quelque Mécontentement du Roy, fans en dire le Sujet, il refufa ces

(*) Hommes Illuftres François, *Tome X,* page 76 & 77.

(†) Hommes Illuftres François, *Tome VII, pag.* 125, 358 & *fuiv.*

(§) Hommes Illuftres François, *Tome X, page* 175.

ces Propositions. Sa Majesté l'a-
yant appris quelques jours après, elle luy en sçut très-bon Gré, & l'en
aima plus que jamais (*).

On le trouve qualifié l'un des
Gentils-Hommes du Duc d'Orléans,
depuis Henry III, à 600 Livres de
Gages, de 1564 à 1569, & 8 en
1570 (†): & aussi de même du Roy Charles IX, à 600 Livres de Gages, depuis l'Année 1568 jusqu'en 1570,
dans un Etat de la Maison de ce
Prince de 1560 à 1574, qui luy donne pour Collegues des Seigneurs des
Maisons de Roche-chouart, Chabannes, d'Ailly, Montluc, Crevant, &c.
Il y a lieu de croire qu'il ne prit
cette Charge, que vers le Milieu de
l'Année 1568. La preuve en résulte
d'une Quittance, qu'il donna le 28
Mars 1568, sous la seule Dénomination
de Pierre de Bourdeille, *Seigneur
de Brantosme*, de la Somme de 500
Livres, en 200 Ecus pistolets, à 50
fols Piece, que Sa Majesté luy avoit
accordé en Considération de ses
Ser-

(*) Hommes Illustres François, *Tome
VII, page* 409.
(†) Maison du Roy, *Folio* 2914.

Services paſſez & préſents dans les Guerres, comme auſſi pour l'aider à en ſupporter les Fraix & Dépenſes. Mais, par une autre Quittance, du 1. Décembre 1568, de ſa Penſion de 2000 Livre, par An, il ſe qualifie *Noble* PIERRE DE BOURDEILLE, *Seigneur du-dit Lieu, Gentil-Homme ordinaire de la Chambre du Roy.* Ces deux Quittances ſont ſcellées du Sceau de ſes Armes.

PENDANT que Brantoſme étoit à la Cour, le Roy Charles IX donna une Fête ſur la Riviere, & il arriva, que, dans ce petit Combat, le Baron de Monteſquiou, (qui depuis tua à Jarnac le Prince de Condé,) tomba dans l'Eau. Brantoſme luy ſauva la Vie, en le retirant de l'Eau; & depuis ce Tems, ce Baron l'appella ſon Pere, quoy qu'il fût plus âgé que Brantoſme (*).

EN 1569, après la Battaille de Jarnac, où il ſe trouva, il quitta l'Armée du Roy, pour ſe rendre à Brantoſme, eſtant alors attaqué d'une Fievre tierce, qui luy dura 10 Mois. Pendant le Séjour

(*) Hommes Illuſtres François, *Tome VIII, pag.* 245 & 246.

jour qu'il y fût, l'Armée des Religionnaires paſſa en ce Lieu, ſans y faire aucun Dommage, par Conſidération pour
luy; & le Prince des Deux-Ponts mourut en ſa Maiſon. Ces Trouppes eurent encore une autre fois pour luy les
mêmes Attentions quoy qu'il fût abſent.
C'eſt pourquoy il appelle cette Abbaye
la plus entiere Pucelle qui fût en
Guyenne, malgré les Guerres de Religion; & attribue la Modération des
Religionnaires en ce Lieu, à la Conſidération qu'avoit pour luy le Roy
de Navarre, & à la Parenté qu'il avoit
avec Charlotte de Laval, Femme de
l'Amiral de Châtillon, laquelle étoit
Fille d'Antoinette de Daillon (*).

BRANTOSME avoit eu Deſſein de ſe
trouver à la Battaille de Lépante, qui
ſe donna l'An 1571; mais, Mr. Strozzy l'en détourna, en luy propoſant un
Embarquement qui n'eut point d'Exécution (†).

EN 1572, Marguerite de France,
Sœur

____

(*) Hommes Illuſtres Etrangers, *Tome
V*, *pages* 208 & 209. Hommes Illuſtres
François, *Tome VII*, *pages* 317 & *ſuiv.*
Hiſt. des cinq Rois, *pag.* 366 & 367.
(†) Hommes Illuſtres Etrangers, *Tome
V*, *page* 140.

D 2

Sœur du Roy Charles IX, ayant été mariée avec Henry, Roy de Navarre, depuis Roy de France sous le Nom de Henry IV, Brantofme eut l'Honneur d'accompagner cette Princeffe à fon Entrée dans Bourdeaux, & même d'être près d'elle fur l'Echaffaut, d'où elle répondit aux Complimens de tous les Corps de cette Ville, avec tant d'Eloquence, que la Reine-Mere en fut charmée, fur le Rapport que luy en fit Brantofme à fon Retour (*).

L'ARMEMENT cy - deffus mentionné étoit deftiné à faire des Conquêtes dans le Pérou, & l'Amiral de Châtillon avoit voulu engager Meffieurs Strozzy & Brantofme de l'employer plutôt à faire quelques Defcentes fur les Côtes de Flandres; leur promettant d'y mener auffi des Trouppes par Terre. Mais Brantofme ne fait point connoître fi ces Propofitions furent reçues ou non. Il paroît feulement, qu'il étoit à Brouage avec Monfieur Strozzy, pour travailler à cet Armement, lors du Maffacre de la Saint - Barthelemy, où l'Amiral fut tué, ainfi que Monfieur de Théligny, fon Allié & fon Amy,

_____

(*) Dames Illuftres, *Tome I*, *pag.* 241 *& fuiv.*

Amy, qu'il témoigne avoir fort regre-
té (*).

Ce Projet d'Armement Naval étant
rompu, Monsieur le Maréchal de Biron,
que le Roy avoit envoyé en son Gouvernement de Xaintonge, pour réduire en
son Obéïssance la Ville de la Rochelle,
vint trouver à Brouage Messieurs Strozzy & Brantosme, & leur commanda
de la Part du Roy de l'assister en cette Expédition (†). Et comme Brantosme
n'étoit plus dans le Service, il fut en
Qualité de Volontaire, & sans Solde,
au Siége de la Rochelle avec son Amy
Monsieur le Colonnel Strozzy, sous lequel il avoit commandé cy-devant une
Compagnie de Gens de Pied, qu'il n'a-
voit quitté que par Caprice. Les Bles-
sures, qu'il y reçut, furent si légeres,
que, dans un Entretien qu'il eut avec
Monsieur de Guise, ils se félicitérent
l'un l'autre d'en avoir été quittes à si
bon Marché.   Cependant, le Jour de
la premiere Ouverture du Fossé, au
Mois d'Avril, un Eclat de Pierre luy
frappa la Main gauche, & luy causa
pen-

____

(*) Hommes Illustres François, *Tome
VI, pag* 161 & 162. *Tome VII, page* 102, *Tome VIII, page* 179.

(†) Idem, *Tome IX, page* 130.

D 3

pendant 15 Jours une Douleur four-
de. Il fut auffi bleffé (légérement) dans
une Efcarmouche, étant aux Mafures
de la Foffe aux Lions. Son Bonheur
le fuivant par-tout, il fe trouva couvert de Sang & de Cervelles de Gens
tuez près de luy en différentes Occafions fans partager leurs Malheurs (*).
A l'Affaut qui fut donné en plein Jour
par l'Avis de Monfieur de Nevers,
Monfieur Strozzy & luy, étant a-
vec Monfieur Longueville au premier Echelon, ils penférent être tuez
de deux Grenades qui tombérent à
leurs Pieds (†). Un jour, un Soldat,
s'étant affis dans une Chaife qu'il venoit
de quitter, fut emporté par un Boulet
tiré de la Coulevrine dite la Vache (§).

Les Rochellois, profitant du Mouve-
ment que caufa dans les Affiégeans l'Arrivée des Suiffes, firent une Sortie, &
prirent dix Enfeignes, qu'ils planté-
rent enfuite fur leurs Murailles. Le
Lendemain, comme on parlementoit
fur des Propofitions de Paix, Brantofme fut à la Rochelle, & engagea les
Ro-

(*) Hommes Illuftres François, *Tome X,*
pag. 43. 47, 51 à 56, 281 & *fuiv.*, 316, 321.
(†) Idem *Tom VIII, pag.* 291 & *fuiv.*
(§) Idem *Tome X, page* 56.

Rochellois à retirer ces Enseignes de dessus leurs Murailles, pour ne point aigrir les Esprits contre eux (*).

PENDANT ce Siége, il donna au Roy de Navarre la premiere Arquebuse dont ce Prince eût jamais tiré. Elle avoit été faite à Milan, douce & légere, dorée d'Or moulu. C'étoit un Préfent que luy avoit fait Monsieur Strozzy lors de son Embarquement de Brouage. Monsieur Strozzy établit le premier l'Usage du Mousquet pendant ce Siége (†).

L'ATTACHEMENT, que Brantosme avoit pour luy fut si grand, qu'il le suivit par tout, & il le luy prouva encore mieux par le Secours dont il luy fut, lorsque Monsieur Strozzy reçut deux Coups d'Arquebuses dans sa Cuirasse. Enfin, cette Amitié fut si étroite, que, quoyque Monsieur Strozzy l'eût prié de se retirer, luy faisant Offre de luy procurer une Fortune assurée, & de luy continuer son Amitié, il ne voulut point le quitter (§).

CETTE Liaison cessa par la Circonstance suivante. Brantosme étant sur le Point de se marier en bon Lieu,

D 4   qui

<hr>

(*) Hommes Illustres François, *Tome X,* pag. 42 & 43.
(†) Idem, *pag.* 309 & 310.
(§) Idem, *pag.* 282 & *suiv.,* 321.

qui l'eût rendu heureux pour le Reste de ses Jours, il rompit ce Mariage pour aller joindre Monsieur Strozzy à Bourdeaux. A son Arrivée, il trouva, que Monsieur Strozzy luy avoit donné le Coup de Pied de Mulet, & fait le Tour d'un Amy ingratissime (*). Cette Action, dont il ne donne point l'Explication, pourroit bien regarder des Démarches que fit Monsieur Strozzy l'Année-même de sa Mort pour épouser la Vicomtesse de Bourdeille alors Veuve. Monsieur Strozzy, dit Brantosme, n'étoit, ny bon Amy ny mauvais Ennemy. Mais, c'est un Jugement qui mériteroit Examen, par l'Usage où étoit Brantosme de parler beaucoup, & de penser peu. Au reste, l'Union qu'il eut avec Monsieur Strozzy, dura 25 à 30 Ans: ce qui semble bien long pour Brantosme; d'autant plus, que c'étoit Philippe Strozzy, né en 1541, Colonnel-Général de l'Infanterie, Chevalier des Ordres du Roy, mort en 1582, qui, par conséquent, devoit être moins âgé que Brantosme, & son Supérieur en Dignité.

Au Mois de Mars 1574, il étoit à Bran-

(*) Hommes Illustres François, *Tome X, page* 322.

Brantôme, & fut convié par le Vicomte de Bourdeille, son Frere, d'affembler des Gens de Guerre pour luy
prêter la Main en Cas de Befoin dans
fes Fonctions de Sénéchal de Périgord. Mais, il y a Apparence, qu'il
ne fut pas long-tems fans revenir à
la Cour; car, après la Mort du Roy
Charles IX, arrivée le 30 May 1574,
Brantôme affifta avec Monfieur Strozzy à l'Ouverture du Corps de ce Prince: &, n'y ayant reconnu aucune
Marque de Poifon, ils en donnérent
Avis à Maître Ambroife Paré, premier Chirurgien de Sa Majefté, lequel
leur fit Réponfe, que ce Prince étoit
mort d'avoir trop fonné de la Trompe à la Chaffe du Cerf; ce qui luy
avoit gâté fon pauvre Corps (*). Les
Princes & Seigneurs de la Cour quit-
térent tous le Convoy de ce Roy à
l'Eglife de Saint-Lazare, Fauxbourg
de Paris; & il ne refta, pour l'accompagner jufqu'à Saint-Denis, que Brantôme, quatre autres Gentils-Hommes
de la Chambre, & quelques Archers
de la Garde (†).   VERS

(*) Hommes Illuftres François, *Tome
IX*, pag. 440 & 441.
(†) Dames Illuftres, *Tome I, page* 23
& fuiv.

VERS la Fin de cette Année 1574, Brantofme fut employé à négocier la Paix avec le Sieur de la Noue , l'un des Chefs des Religionnaires (*). Il eut pour cet Effet une Conférence à Pons , dont le Vicomte de Bourdeille envoya le Détail au Roy [Henry III,] dans fes Lettres des 15 Novembre & 10 Décembre 1574 (†). Voicy ce qu'on en trouve dans les Hiftoriens, 1574 Septembre ou Octobre (§). L'Abbé de Brantofme étoit quelques jours auparavant arrivé en Brouage, de la Part du Roy, pour quelque Ouverture de Paix , & Moyens de la négocier ; affurant, que le Roy y étoit fort bien difpofé. Le Lieutenant de Poitou fut affez long-tems avec luy, tant qu'il y eut Jour affigné à Angoulin , diftant d'une Lieue de la Rochelle. Le 19 du-dit Mois, & à la Conférence de ces Affaires avec Brantofme

(*) Hommes Illuftres François, *Tome VIII. page* 328.

(†) *Voiez ci-devant, Tome XIV, Lettre LXXVIII, page* 213, *Lettre LXXXI, page* 229.

(§) Hiftoire de France par la Popeliniere, *Livre XXXIX, page* 253. & 254. Hiftoire d'Aubigné *Tome II, page* 144. Hiftoire des cinq Rois, *imprimée in* 8. *en* 1599. *pag.* 522 & 523.

tofme, la Noue, & aucuns de la Rochelle, difoient qu'ils attendoient leurs Députez de Lion. Les Députez arrivérent trois Jours après la Conférence, & apportérent la Permiffion du Roy d'envoyer le Prince de Condé en Allemagne, & autres, pour moyenner la Paix. Le Vicomte de Bourdeille, fon Frere, le renvoya après cette Négociation vers Sa Majefté, pour luy rendre Compte, & le chargea pour elle d'une Lettre dattée de Périgueux le 30 Janvier 1575 (*).

EN Confidération des Services de ces deux Freres, le Roy, par Brévet du 18 Juillet 1575, leur donna la Nomination de l'Evêché de Périgueux, vacant par la Mort de Meffire Pierre Fournier, pour en pourvoir telle Perfonne capable qu'ils choifiroient, à la Charge néanmoins de deux Penfions fur le Revenu de cet Evêché : fçavoir, 1000 Livres pour la Demoifelle de Bourdeille, leur Sœur, l'une des Demoifelles de la Reine-Mere, & 800 Livres pour Antoine de la Seftre, Chantre de l'Eglife de Périgueux, qui avoit auffi eu Part à cette Négociation.

D 6

En

EN Conséquence de ce Brévet, Messieurs de Bourdeille nommérent à l'Evêché de Périgueux François de Bourdeille, leur Cousin, alors Religieux de Saint Denis en France. Brantosme s'en attribue tout l'Honneur, ainsi que des Frais de Provisions, suivant son Stile ordinaire. On ne voit cependant pas, depuis ce Tems, qu'il ait donné des Marques de son grand Crédit à la Cour, quoy qu'il continuât d'être l'un des Gentils-Hommes de la Chambre du Roy Henry III, suivant les Etats de la Maison de ce Roy de 1575 à 1589.

IL passa cette Année 1575 à la Cour, & logeoit dans la Ruë de Grenelle près la Ruë Saint-Honnoré. Il fut témoin de toute la Querelle de Messieurs de Bussy & de Saint-Fal, qui fut terminée sans Effusion de Sang, malgré leur bonne Volonté à se battre. Mais Bussy quelque tems après, ayant faillit d'être assassiné dans cette Ruë de Grenelle, on luy conseilla de sortir. Brantosme, comme son Parent & fort bon Amy, quoy que travaillé d'une Fievre tierce, se joignit à d'autres Gentils-Hommes, pour luy former une Escorte; & tous

en

enſemble ils accompagnèrent Monſieur de Buſſy juſqu'au Petit-Saint-Antoine. Cette Démarche de Brantoſme ne plut pas au Roy, attendu que Brantoſme étoit l'un de ſes Gentils-Hommes ordinaires, & qu'il y avoit lieu de croire, que Sa Majeſté n'avoit pas de Part à l'Avis qu'on avoit donné à Buſſy de ſortir de Paris. Brantoſme s'excuſa auprès du Roy ſur ſa Parenté & ſon Amitié avec Buſſy, comme auſſi ſur le Bruit qui avoit couru qu'il devoit être aſſaſſiné dans les Ruës. Sa Majeſté reçut cette Excuſe, parce qu'alors le Roy luy portoit bon Viſage (*).

En 1576, il ſuivit la Reine-Mere dans le Voyage qu'elle fit pour ramener Monſieur, Duc d'Anjou, qui avoit quitté la Cour par Mécontentement; & il fut fait entre eux une Trêve à Jaſeneuil en Poitou, &c. (†).

Brantosme étoit à la Cour, lorſqu'on y apprit la Nouvelle de la Défaite de l'Armée des Etats (de Hollande)

(*) Hommes Illuſtres François, *Tome* IX, *pag* 214, 226.
(†) Hommes Illuſtres François, *Tome* VIII, *page* 322.

lande) (1) par Dom Jean d'Autriche: & , quelques Jours auparavant, il a-voit été invité de se trouver à cette Battaille par Monsieur de la Noue, son Amy , qui tenoit le Party des Etats (*). Cet Evenement paroît être la Battaille de Gemblours , donnée en 1578.

VERS 1579, le Roy Henry III étant à Saint-Germain en Laye, & la Reine-Mere à Paris, Brantosme obtint un Don du Roy, & fut Témoin d'un Discours que le Roy fit pendant son Diner contre la Profusion & le Luxe de la Noblesse, en Présence de Monsieur d'Arques , (depuis Duc de Joyeuse) qui ne faisoit que d'entrer en Faveur (†). Et il semble même , qu'il s'atta-cha plus particulierement à Monsieur, Duc d'Alençon; & , qu'après la Mort du Vicomte de Bourdeille, son Fre-re aîné , il ne fut occupé que du Soin d'empêcher la Douairiere de Bour-deille

---

(1) *Ou plutôt* des Pays-Bas.
(*) Hommes Illustres Etrangers, *Tome V , page* 162 *&* 163.
(†) Hommes Illustres , Etrangers *Tome V. pages* 432 *&* 244.

deille, sa Belle-Sœur de se rémarier.

Il assista, en Qualité de *haut & puissant Seigneur* PIERRE DE BOURDEILLE, *Seigneur Abbé de Brantosme, de Saint-Severin, Seigneur de Richemont, & de Saint-Crespin, Gentil-Homme ordinaire de la Chambre du Roy, Chambelan de Monsieur, & Chevalier de l'Ordre du Roy de Portugal*, au Contract de Mariage passé le 16 Février 1579, entre Renée de Bourdeille, sa Niéce, & David Bouchard, Vicomte d'Aubeterre : & est nommé simplement PIERRE DE BOURDEILLE, *Abbé de Brantosme, Seigneur de Saint-Crespin, de Richemont, Gentil-Homme ordinaire de la Chambre du Roy*, dans le Testament, du 25 Décembre 1581 , du Vicomte de Bourdeille, son Frere aîné, qui le sit l'un de ses Exécuteurs testamentaires.

L'Obmission de la Qualité de *Chevalier de l'Ordre du Roy*, dit de Saint-Michel, dans ces deux Actes, donneroit lieu de croire, que Brantosme n'en étoit pas encore alors revêtu, si le Défaut de cette Obmission ne se trouvoit rétabli par ce qu'en rapportent les *Mémoires* de Castelnaud , en cette Maniere :

Il

Il est bon, que le Lecteur soit averti, que l'Institution de l'Ordre du Saint-Esprit tenoit au Cœur au Sieur de Brantosme, parce qu'il étoit Chevalier de l'Ordre de Saint-Michel, & qu'il étoit fâché de voir qu'on l'abolît pour un autre nouveau, &c. (*) C'est ce qui luy fait dire, „ que c'estoit une si belle
„ Institution que celle de l'Ordre de
„ Saint-Michel , que possible nos
„ Roys , tant qu'ils viendront par
„ après , n'en excogiteront ny inven-
„ teront de plus beau, soit par Cons-
„ titutions , Formes , Regles , &
„ Cérémonies, ou pour l'Ordre &
„ Habits, si superbes, que j'ay ouy
„ dire à **Mr.** de Lansac, qui estoit
„ un vieux Régistre des Antiquitez
„ de la Cour & de la France , que
„ celuy du Saint-Esprit, tant en l'Or-
„ dre, qu'en Manteau , n'estoit que
„ Quincaillerie , & Bifferie , au
„ Prix de celuy de Saint-Mi-
„ chel „ (†).

Il est encore prouvé plus certainement, que Brantosme a été Chevalier de l'Ordre de Saint-Michel par

(*) Mémoires de Castelnaud, *ancienne Edition, Tome I, page 365.*

(†) Hommes Illustres François, *Tome IX, page 105.*

par le Contract de Mariage de Jean-
ne de Bourdeille , sa Niéce, avec
Claude d'Espinay , Comte de Dure-
tal, du 8 Novembre 1584, dans le-
quel il prend ces Qualitez : *Messire*
Pierre de Bourdeille , Seigneur
& Baron de Richemont, & de Saint-
Crespin, Chevalier de l'Ordre du Roy ,
& Gentil - Homme ordinaire de sa
Chambre.

On ne luy trouve plus alors le Titre d'*Abbé de Brantosme*; parce que ,
dès l'An 1583, il ne jouïssoit de cette Abbaye que par Confidentiaire.

En 1588, il assista au Batême d'un
Fils posthume du Duc de Guise , auquel la Ville de Paris donna le Nom
de Paris (*).

Il y avoit 33 Ans , qu'il étoit à
la Cour, & particulierement attaché
aux Intérêts de la Reine Catherine
de Médicis & des Guises (†), lorsqu'elle
mourut en 1589 , n'ayant commencé
à connoître les Dames de sa Cour ,
que sur la Fin de son Mariage. Aussi
dit-

(*) Hommes Illustres François , *Tome*
VIII, page 147.
(†) Dames Illustres , *Tome I, page* 99.

dit-il, qu'il ne se ressouvenoit plus de celles qui avoient précédé ce Tems, parce qu'il étoit alors trop jeune pour en avoir été frappé.

DEPUIS la Mort de cette Reine, Brantosme ne paroît pas avoir fréquenté la Cour, ayant perdu le Crédit que pouvoit luy donner auprès de cette Reine le peu de Cas qu'il faisoit de la Loy Salique , comme on le peut voir dans ses *Dames Illustres* , à l'Article de la Reine Marguerite de France , dont il fut trop zelé Défenseur (*).

EN 1594, il obtint du Roy Henry IV, tant en Considération de ses Services , que de ceux du Vicomte de Bourdeille, son Neveu , un Don de Droits de Lots & Ventes pour le Capitaine la Chambre, qui commandoit alors dans les Villes & Château de Brantosme pour le Service du Roy.

LA Vicomtesse de Bourdeille , sa Belle-Sœur, le nomma l'un de ses Exécuteurs testamentaires, par ses Testamens & Codicilles des Années 1594 & 1595 ; luy témoignant la Reconnoissance qu'elle ressentoit de l'ex-

____

(*) Dames Illustres , *Tome I, pag.* 217, 247 *& suiv.*

l'extrême Affistance qu'il luy avoit donnée en toutes fes Affaires & Néceffitez, depuis la Mort de fon Mary. Ces Actes le qualifient : *haut & puiffant Seigneur Meffire* PIERRE DE BOURDEILLE, *Baron de Richemont.*

La Mort de cette Dame le toucha vivement, comme il l'attefte luy-même. Cette Affliction jointe au Mécontentement qu'il croyoit avoir de la Cour, & au peu d'Union qu'il paroît avoir entretenu avec fa Famille, furent fans doute les vrais Motifs de fa Retraite, pendant laquelle il compofa fes *Mémoires*. Les Maladies , & autres Infirmitez d'un Age avancé , l'obligeant fouvent, comme il le dit , de fufpendre fes Ouvrages , produifirent en luy l'Effet ordinaire, dont peuvent être fufceptibles de femblables Caracteres. C'eft pourquoy il n'eft pas étonnant, que, non content d'avoir répandu fa Bile dans fes *Mémoires*, & d'y avoir mis au Jour fon Ambition & fon Humeur contre tout le Genre Humain , il en ait encore confervé pour fon Teftament Olographe, qui par fa Singularité , mériteroit d'être tranfcrit en entier (1). Mais, on

(1) *On l'a vû tel, avec fes Codiciles, ci-deffus, Tome XIII, Opufcule XVII, pag. 161 & fuiv.*

on se bornera à un Abrégé un peu étendu, qui sera cy-après rapporté.

LA Mesintelligence, où il étoit avec sa Famille, est suffisamment prouvée par l'Oubly où on le mettoit. Il n'est fait de luy aucune Mention dans les Contracts de Mariages du Vicomte de Bourdeille, & du Baron de Matas, ses Neveux, des Années 1602 & 1604; ni dans le Testament de la Demoiselle de Bourdeille, sa Sœur, de l'An 1611. Cependant, dès le 5 Novembre 1602, il avoit fait un Etat de tous ses Neveux, & Arriere-Petits-Neveux, pour avoir Occasion de parler de toutes ses Alliances, & sur-tout de celles qu'il avoit avec les Maisons de Savoye & de Montpensier, par les Maisons de Vivonne & de Mareuil (*); témoignant au surplus le peu de Considération que les Ducs de Savoye, de Nemours, & de Montpensier, avoient pour luy. Ces Princes pensoient plus avantageusement sur le Compte des Vicomtes de Bourdeille, ses Frere & Neveu, que sur le sien, comme on le verra à leurs Articles, où on en trouvera les Preuves.

VOICY l'Intitulé du Testament de Brantosme: *Je* PIERRE DE BOURDEILLE,

Sei-

______

(*) *Ci-dessus, Tome XIII, Opuscule XV, pages 126 & suiv.*

Seigneur & Baron de Richemont, de Sainct-Crespin, de la Chapelle-Montmoreau ; Conseigneur de Brantome usufructuaire ; Chevalier de l'Ordre du Roy de Sainct-Michel, ensemble de celuy de l'Ordre de Portugal qu'on appelle l'Habito de Christo ; Gentil-Homme ordinaire de la Chambre des feus Roys Charles IX, & Henry III, mes Maistres ; Pensionnaire de 2000 Livres par An du susdict Roy Charles IX en son Vivant ; & Chambellan de Monseigneur le Duc d'Alençon mon bon Maistre ; aussi ayant commandé à deux Enseignes de Gens de Pied aux secondes Guerres Civilles passées, sans Reproche.

Par cet Acte, il élit sa Sépulture en la Chapelle de son Château de Richemont ; espérant, que la Voute, qu'il a fait construire à cet Effet, sera achevée avant sa Mort : & ordonne, que sur sa Tombe soit gravée en grosses Lettres l'Epitaphe suivante avec les Armoiries de Bourdeille & de Vivonne, entourées de l'Ordre de Saint-Michel.

EPITAPHE

DE

BRANTOSME.

„ **P**ASSANT, si par Cas ta Curiosité
„ s'étend de sçavoir qui gist soubs
„ ceste Tombe , c'est le Corps de

MESSIRE

PIERRE DE BOURDEILLE.

„ en son Vivant Chevalier, Seigneur
„ & Baron de Richemont, de Sainct-
„ Crespin, de la Chapelle-Montmo-
„ reau, & Conseigneur de Brantos-
„ me usufructuaire : extraict du Costé
„ du Pere de la très - noble antique
„ Race de Bourdeille, renommée dès
„ l'Empereur Charlemaigne , comme
„ les Histoires anciennes, & vieux Ro-
„ mans, François, Italiens , Hespai-
„ gnols, Tiltres vieux & antiques Mo-
„ numens de la Maison le tesmoignent
„ de Pere en Fils, jusques aujourd'huy :
„ & du Costé de la Mere, il fut sorty de
„ ceste grande & illustre Race aussi de
„ Vivonne & de Bretaigne, qui en
„ porte les Hermines pour cela en
ses

„ fes Armoiries. Il n'a degeneré, Gra-
„ ce à Dieu, à fes Predeceffeurs. Il
„ fut Homme-de Bien , d'Honneur,
„ & de Valeur, comme eux , Advan-
„ turiers en plufieurs Guerres & Vo-
„ yages eftrangers & hazardeux ,
„ comme voicy. Il fit fon premier Ap-
„ prentiffage d'Armes foubs ce grand
„ Capitaine Monfieur de Guyfe, Mef-
„ fire François de Lorraine; & , pour
„ tel Apprentiffage, il ne defire autre
„ Gloire & Los : donc cela feul fuffit.
„ Il apprit très bien foubs luy de bon-
„ nes Leçons , qu'il pratiqua avec
„ beaucoup de Reputation pour le
„ Service des Roys fes Maiftres. Il
„ eut foubs eux Charge de deux Com-
„ paignies de Gens de Pied. Il fut
„ en fon Vivant Chevalier de l'Ordre
„ du Roy de France, comme j'ay dit,
„ & de plus Chevalier de l'Ordre de
„ Portugal, qu'on appelle l'*Habito de
„ Chrifto*, qu'il alla querir & recepvoir
„ luy-mefme, & avoir du Roy Dom Se-
„ baftien, qui l'en honnora au Retour
„ de la Conquefte de la Ville de Belis &
„ fon Pignon en Barbarie, où ce grand
„ Roy d'Hefpaigne Dom Philippe a-
„ voit dreffé & envoyé Armée de cent
„ Galleres & douze mille Hommes de

E 2 Pied.

,, Pied. Il fut après Gentil-Homme
,, ordinaire de la Chambre des deux
,, Roys Charles IX, & Henry III, Cham-
,, belan de Monseigneur le Duc d'A-
,, lençon, leur Frere, & outre fut Pen-
,, fionnaire de 2000 Livres par An du.
,, dict Roy Charles IX, dont il fut
,, bien payé tant qu'il vefquit, car il
,, l'aymoit fort, & l'euft fort advancé,
,, s'il euft vefcut plus que le-dict Roy
,, Henry III ; bien qu'il les euft tous
,, deux très-bien fervi, l'Humeur du pre-
,, mier s'addonnoit plus à luy faire du
,, Bien & Grades que l'autre. Auffi que
,, la Fortune ainfin le voulut. Plufieurs
,, de fes Compaignons , non efgaux à
,, luy, le furpafférent en Bienfaicts, Ef-
,, tats , & Grades , mais non jamais en
,, Valeur & Mérite. Le Contentement
,, & le Plaifir ne luy en font pas
, moindres pourtant.   Adieu , Paf-
,, fant ; retire-toy.   Je ne t'en puis
,, plus dire, fi-non que tu laiffe jouyr
,, de Repos celuy qui, en fon Vivant,
,, n'en eut , ny d'Ayfe, ny de Plaifir,
,, ny de Contentement.   Dieu foit
,, loué pourtant du Tout, & de fa
,, faincte Grace.
,, ENSUITE, il défend toute Affemblée de Parens & Amis à fon Convoy,
vou-

voulant qu'il y ait seulement 20 Pauvres, habillez de gros Draps noir, chacun une Torche à la Main, avec l'Ecusson de ses Armes; & qu'on leur donne une Aumône, ainsi qu'à tous les autres Pauvres qui s'y trouveront, & à la Huitaine, Quinzaine, Quarantaine, & Bout de l'An. Legue la Somme de 500 Livres avec deux de ses meilleurs Chevaux, deux Arquebuses, & le Moulin de la Rode, à Maître Pierre Petit, dit le Sr. Contanho (aliàs la Cotencie,) parce qu'il a été bon Commendataire de l'Abbaye de Brantosme; luy pardonnant au surplus les Traverses & Tourmens d'Esprit qu'il avoit causez au Testateur: à chacun des Soldats qui gardent sa Porte, 5. Ecus & leurs Gages: & fait aussi d'autres Legs, entre autres à ses principaux Domestiques servant à sa Chambre, comme Secrétaires, Pages, &c.

ORDONNE expressément à ses Héritiers de faire imprimer ses Livres qu'il a composez de son Esprit & Invention avec grande Peine & Travail, consistant en 5. Volumes couverts de Velours, tané, noir, verd, bleu; un grand Volume, qui est celuy des *Da-*

mes,

mes, couvert de Velours verd ; un autre, qui eſt celuy des *Rodomontades*, couvert de Velours & doré : qu'on trouvera tous dans ſes Malles d'E-gliſe. Il charge en particulier la Comteſſe de Durtal, ſa Niéce, du Soin de cette Impreſſion : luy recommande ſur-tout de prendre garde qu'on ne ſubſtitue un autre Nom à la Place de celuy du Teſtateur, afin qu'il ne ſoit point fruſtré de la Gloire qui luy eſt dûe : & de préſenter à la Reine Marguerite, ſa très-illuſtre Maîtreſſe (*), celuy de ces Livres, qui ſera le premier imprimé, relié & couvert de Velours.

∶ IL enjoint de payer ce qu'il de-voit à Monſieur de la Chaſtre (†), qui cependant luy étoit redevable de ſa Fortune, parce que luy Teſtateur avoit été Cauſe de ſon premier Ma-riage,

(*) C'étoit Marguerite de France, ou de Valois, premiére Femme de Henri IV, morte en 1615, depuis la Diſſolution de ſon Mariage.

(†) C'étoit Henri de la Chaſtre, qui épouſa, 1. en 1605, Marie de la Gueſle ; 2. en 1620, Gaſparde de Mitre de Miolans de Chevrieres.

riage, dont il avoit eu sur-tout force Ecus.

REVOQUE le Teſtament & Codicille qu'il a cy-devant fait devant Galopin, Notaire à Brantoſme. Déclare, qu'il laiſſe à ſes Héritiers cinq fois plus de Biens que ne luy a valu ſa Légitime, n'ayant reçu pour ſes Droits paternels que 8000 Livres, & pour les maternels 5000 Livres : que, d'ailleurs, il a cédé à Mr. de Bourdeille, ſon Frere, pour très peu de Choſe, ce qui luy revenoit des Succeſſions de deux de leurs Freres, tant parce qu'il avoit toujours eu en vûë la Grandeur de ſa Maiſon, que par Reſpect & Amitié pour Madame de Bourdeille, ſa Belle-Sœur: qu'il a abandonné pendant 12 Ans au Vicomte de Bourdeille, ſon Frere aîné, la Diſpoſition de ſon Bien dès à la Mort de leur Mere, & tant qu'il étoit jeune & aux Etudes, comme auſſi la Jouïſſance des Bénéfices de Saint-Vivien lès Xaintes, du Doyenné de Saint-Yrier en Limouſin, & du Prieuré de Royan, qui avoient été réſignez au Teſtateur par le brave Capitaine de Bourdeille, ſon Frere, & dont le dit Vicomte ne luy donnoit par An que 400 Livres, gar

E 4

dant

dant pour luy le Surplus , qui ex-
cédoit la Somme de 2000 Livres ; &
cela jufqu'au Retour de fon premier
Voyage d'Italie : qu'il fit ce Voyage
avec 500 Ecus , provenant d'une
Coupe de Bois, que le Roy luy avoit
permis de faire en la Forêt de Saint-
Yrier : que le Vicomte par mauvais
Ménage, & comme étant un peu
Joueur, avoit beaucoup diminué fon
Bien, mais que d'ailleurs il étoit
Homme de Bien, d'Honneur, de Valeur, fort fplendide , magnifique,
& libéral, à la Cour & aux Armées :
qu'après fa Mort, malgré la Faveur
que le Teftateur trouvoit à la Cour,
il quitta tout, pour affifter Madame
de Bourdeille, fa belle & bonne Sœur,
& l'empêcher de fe remarier , attendu qu'elle n'avoit alors que 37 Ans,
qu'elle étoit belle de Corps & d'Efprit,
avec de grandes Richeffes , qui la
firent rechercher de grands Partis,
mais inutilement ; Brantofine (dit-
il) ayant eu Soin de rompre toutes
les Menées qui fe faifoient , afin de
maintenir fa Maifon dans fon antique
Splendeur : que, fans cette Précaution, fi cette Dame fe fût remariée,
& eût eu des Enfans de ce fecond
Mary,

Mary, ceux du premier Lit, Neveux du Teſtateur, n'auroient pas aujour-d'huy 1000 Livres de Rentes : que cependant, il n'en a point reçu de Marque de Reconnoiſſances, ſur-tout de l'Aîné, dont il laiſſe la Vengeance à Dieu, des Faits qu'on va rappor-ter.

Brantosme dit, qu'il avoit prêté à la Dame de Bourdeille, ſa Belle-Sœur, en différentes fois, la Somme de 4200 Ecus; que cet Argent avoit ſervi au Voyage de ſes Neveux en Italie; à jetter hors de la Maiſon ſa Sœur de Bourdeille, (c'étoit Madelaine de Bourdeille) pour faire ceſ-ſer ſes Importunitez ſur le Payement de la Totalité de ſa Légitime, ne l'ayant plus vû depuis ce Tems; comme auſſi à la Réception du Vicomte de Bourdeille à Bourdeaux dans ſon Etat de Sénéchal de Périgord; que la Dame de Bourdeille, ſa Belle-Sœur, par ſon premier Teſtament avoit reconnu luy devoir cette Somme; mais que par un Codicille que luy avoit ſuggéré le-dit Vicomte & Mr. du Mas, à l'inſçu de Brantoſme, elle avoit demandé que cette Somme de 4200 Ecus revint après la Mort

de

de Brantofme au Profit du Vicomte
de Bourdeille & de fa Maifon ; que
fon Honneur en étoit bleffé, comme
n'ayant point eu part à ce Codicille ;
fur quoy il ordonne, que cette même
Somme fera partagée également entre tous fes Héritiers ; que d'ailleurs
le Vicomte ne l'a jamais aidé d'aucune Sollicitation dans le Procès qu'il
avoit contre le Sieur de Preau pour
la Confeigneurie de Brantofme ; que
néanmoins il confent que cette Confeigneurie tombe après fa Mort au
Vicomte de Bourdeille, pour agran-
dir toujours fa Maifon, comme fa-
dite Belle-Sœur l'a defiré ; qu'une des
plus grandes Preuves d'Ingratitude,
que luy a donné ce Vicomte fon Neveu, eft qu'un jour il dit en Compagnie, qu'il n'étoit redevable de la
Réfignation de l'Evêque de Périgueux
(François de Bourdeille) de fon E-
vêché, qu'au Seigneur de Maroüate (*).
Brantofme fut choqué de ce Difcours,
qui attaquoit fon Crédit; rapporte, pour
mieux faire connoître fon Reffentiment,
que c'étoit luy, Brantofme, qui avoit
autrefois obtenu le Brevet & Nom-
mination du Roy de cet Evêché,

lors-

(*) Voïez Montagrier.

lors , dit-il , qu'il n'étoit encore qu'un chetif petit Moine de Saint Denis ; qu'il en avoit toujours gardé le Brevet & fait la Dépenfe des Bulles ; que, quoy qu'il eût pafé une Tranfaction avec cet Evêque fur la Jouïffance , il étoit toujours en Droit de s'oppofer à fa Réfignation , & même de repeter après fa Mort la Moitié du Revenu de l'Evêché , ne luy ayant cedé cette Moitié , que pour fa Vie feulement ; que le Revenu de cet Evêché , tant qu'il l'avoit régi , avoit monté à 15000 Livres de Rentes ; que fi Mr. de Bourdeille, fon Frere, fe fût confié à luy Brantofme , dans cette Affaire , il eût bien mis cet Evêque à la Raifon ; & que fi le-dit Evêque eût voulu faire de l'Ane , comme il l'étoit , luy Brantofme l'auroit bien fait tourner au Bâton , attendu que l'Evêque le craigroit comme la Créature craint fon Créateur ; qu'au furplus , le Sieur de Marouate n'étoit point comparable à luy Brantofme , fi bien connu & eftimé parmy la France , & fes Grands , & autres Pays étrangers , pour avoir tant battu de Terres & de Mers.

APRE'S tout ce Verbiage , accom-

                    pagné

pagné de quantité d'autres, il institue
ses Héritiers universels Messire Henry de Bourdeille, & Messire Claude
de Bourdeille, ses Neveux, Madame
Jeanne de Bourdeille, Comtesse de Duretal, Mesdames d'Ambleville & de
Saint-Bonnet, ses Niéces; leur ordonne de faire Part de cet Héritage à
Madame d'Aubeterre, Hyppolite Bouchard, non par Consideration pour
David Bouchard, son Pere, qui luy
avoit (à ce qu'il dit) des grandes
Obligations, sans en avoir eu de
Reconnoissance, mais par l'Amitié
que le Testateur a toujours eu pour
feue Madame Renée de Bourdeille, sa
Niéce, Mere de cette Hyppolite Bouchard.

Il deshérite ceux de ses Héritiers
qui ne feront Cas de luy, lorsqu'il
parviendra en la caduque Vieillesse, &
qui ne prendront pas Vengeance par
la Voye des Armes, ou de la Justice,
des Insultes qu'il pourroit recevoir
de la part de Gens étrangers, dont
la Foiblesse de l'Age ne luy permettoit pas de tirer Raison luy-même;
voulant, que si ses Héritiers luy manquoient en cette Occasion, ses Biens
soient distribuez aux Pauvres, aux

qua-

quatre Mandiants, & à l'Hôtel-Dieu de Paris : ordonne encore à ſes Héritiers, ſous la même Menace de Deshéritage, de pourſuivre à toute Outrance le Procès qu'il avoit au Parlement de Bourdeaux contre le Sieur de la Barde Saint-Creſpin, (qu'il accable d'Injures,) pour l'Hommage qu'il devoit à ſa Terre de Saint-Creſpin, & à ſon Château de Richemont.

Revoque la Donation qu'il avoit faite aux Religieux de Brantoſme, à cauſe de leur Ingratitude pour luy, quoyqu'il les ait gardé & conſervé pendant la Guerre, perſuadé même, qu'après ſa Mort, ils la pouſſeront juſqu'à intenter Procès à ſes Héritiers.

Laisse la Jouïſſance, à Vie ſeulement, de ſon Château de Richemont à la Comteſſe de Duretal, ſa Niéce, à Condition de le bien entretenir & de le rendre, lorſqu'elle ſe mariera, à Claude de Bourdeille, Petit-Neveu du Teſtateur, qui (dit-il) eſt ſi bien né & ſi joly, afin qu'il puiſſe dire un jour : *Voilà un Préſent que me fit mon Grand-Oncle :* veut que ce Château, qui luy a tant coûté à faire bâtir, ne

for-

forte point de fa Maifon; avouant même, que fi, étant là·haut, où Dieu luy fera la Grace de le recevoir, il luy étoit permis de voir ce Château, & qu'il le vît dans des Mains étrangeres, il en auroit un Regret infini. (Cette Terre a depuis paffé à la Dame de Juffac d'Ambleville, & a été portée par fa Fille en la Maifon de Chabans en Périgord.)

ORDONNE, que la Moitié de fa Bibliotheque refte à perpétuïté dans le Château de Richemont, ainfi que fes plus belles Armes, telle qu'une Epée argentée, que luy donna au Siége de la Rochelle Monfieur de Guife dernierement maffacré, deux Arquebufes à Méches, fa Cuiraffe, Braffards, Salade, & Cuiffars; une Rondelle à preuve, couverte de Velours noir, dont feu Mr. le Prince de Condé luy fit Préfent au même Siége; & un Chapeau de Fer, couvert d'un Feuftre noir, avec un Cordon d'Argent, qu'il a porté dans tous les Siéges où il s'eft trouvé; & defire que toutes ces Armes foient fufpendues dans fa Chapelle de Richemont, ainfi qu'il fe pratiquoit pour les anciens Chevaliers.   NOMME

NOMME pour Exécuteurs de ce
Teſtament Mr. de la Châtaigneraye,
ſon cher Neveu ; Mr. du Preau, Lieutenant de Roy & Gouverneur de Châtelleraud, qu'il a nourry Page ; &
Mr. Thomaſſon, Avocat au Préſi-
dial de Périgueux, ſon principal &
ordinaire Conſeil : déclare, qu'il a
pris pour Modele de ce Teſtament
celuy du Chancelier de l'Hôpital qu'il a
inſeré dans ſes Ouvrages (1) : qu'au reſte,
ayant eu de l'Ambition toute ſa Vie,
il en a voulu montrer après ſa Mort ;
& qu'il n'a eu garde de confier ſes Vo-
lontez à ces Notaires, qui, pour la
pluſpart, ne ſçavent dire ny repréſenter les Intentions & Vouloirs.

Signé P. DE BOURDEILLE.

MALGRE' la Prolixité de ce Teſtament, où l'on ne reconnoît aucun
Trait de la Sageſſe & du grand Sens
du Chancelier de l'Hôpital, il y ajoute un Codicille, auſſi ſans Datte, par
lequel Brantoſme, évaluant à la Somme

____

(1) *Voïez ci-deſſus le Tome VII, Dif-*
cours LXII, Article I, page 103 *& ſuivantes*
des Hommes Illuſtres François.

me de 20 mille Ecus ſon Château de
Richemont , ordonne que celuy de
ſes Héritiers qui en jouïra à titre d'Hérédité , après la Comteſſe de Duretal , payera à ſes autres Héritiers une
Somme de 16 à 20 mille Livres par forme de Dédommagement ; que le grand
Pont de Brantoſme , avec le Jardin
& le Champ qui le joignent , ſoient
partagez entre eux ; déclarant , qu'il
tenoit ces Héritages , tant par Donnation de feu ſon bon Couſin
Monſieur d'Auzances (*) , que par
Ceſſion de Madame de Sanſac ,
Sœur de Monſieur d'Auzances , à laquelle il avoit fait pour cette Ceſſion
un Préſent d'un Diamant de 100 E-
cus ; que Monſieur d'Auzances , & ſa
Sœur , les avoient poſſédé en toute
Propriété comme Héritiers de Meſſire Pierre de Mareuil , Evêque de La-
vaur , & Abbé de Brantoſme , qui les
avoit acquis pour luy perſonnellement,
& non pour ſon Abbaye : que la Situation de ces Héritages obligeroit
celuy , qui , dans la Suite , ſeroit Abbé
de Brantoſme, de les acheter bien chere-
ment , & qu'il les avoit trouvé ſuffiſants
pour le déterminer à y bâtir un Château

(*) Voïez Montbron.

teau en Forme de Citadelle, s'il n'en avoit été détourné par la Dépenfe qu'il fut obligé de faire aux Guerres, à la Cour, & aux Voyages : enfin, il exhorte celuy de fes Héritiers, à qui écheoira fa Métairie de Gous en Poitou, d'y faire un Bâtiment fur les Ruines du Château qui y étoit autrefois, attendu que c'eft un beau Bien.

Signé P. DE BOURDEILLE.

IL n'y a pas lieu de douter, que ce Teftament n'ait été fait depuis l'Année 1605 : 1. parce qu'il y eft fait Mention **du** premier Mariage de Henry de la Chaftre avec Marie de la Guefle, qui fut conclu en 1605 ; & que le fecond Mariage du même Seigneur de la Chaftre eft de l'Année 1620. 2. parce que le Teftateur y parle de la Reine Marguerite comme vivante ; & cette Princeffe ne mourut qu'en 1615. Mr. l'Evêque de Xaintes, dans fa Généalogie de la Maifon de Bourdeille, dit avoir vû un Teftament de Brantofme datté du 30 Décembre 1609, de fa Main, & un fecond Codicille de 1613 ; mais, comme il n'en rap-

rapporte que l'Intitulé des Qualifications, quoy qu'elles se trouvent semblables à celles de celuy cy, on ne peut cependant connoître si c'est un même Testament, ou s'il y en a deux. Il auroit levé ce Doute, s'il avoit fait un Détail de celuy qu'il a vû (*).

ENFIN, Brantosme mourut dans un Age très-avancé le 15 Juillet 1614, & fut inhumé dans la Chapelle de son Château de Richemont (†). Voicy l'Eloge équivoque qu'en font les *Mémoires de Castelnaud*, dont l'Auteur parle en ses Termes, suivant le Testament de la Comtesse de Duretal, sa Niéce (§).

„ PIERRE de Bourdeille, Abbé „ de Brantosme, &c. Autheur des „ *Mémoires* desquels je me suis servy „ en divers Endroits de cette Histoi„ re, qui usa de sa Qualité comme „ ces Abbez guerriers qu'on appelloit
„ *Ab-*

(*) C'est le même datté de 1609, & le second Codicille de 1613.
(†) *Gallia Christiana*, Edition de 1720, Tome II, pag. 1494.
(§) Mémoires de Castelnaud, *Edition de* 1659, *Tome II, pag.* 760. *&c. Edition de* 1731, *Tome II, pag.* 702. *&c.*

,, *Abbates Milites* fous la feconde Ra-
,, ce de nos Roys, & qui ne ceffa pour
,, cela de fuivre les Armes & la Cour,
,, où fes Services luy firent mériter
,, le Collier de l'Ordre, & la Dignité
,, de Gentil-Homme de la Chambre
,, du Roy.

,, Il hanta, avec une Eftime fin-
,, guliere de fon Courage & de fon
,, Efprit, les principales Cours de
,, l'Europe, comme celle d'Efpagne,
,, de Portugal, où le Roy l'honnora de
,, fon Ordre, celle d'Ecoffe, & celles de
,, tous les Princes d'Italie. Il fut à Mal-
,, the chercher Occafion de fe fignaler,
,, & depuis il n'en perdit aucune de
,, celles de nos Guerres de France.
,, Mais, quoy qu'il gouvernât parfaite-
,, ment tous les grands Capitaines de
,, fon Tems, & qu'il leur appartint
,, d'Alliance où d'Amitié, la Fortune
,, luy fut toujours fi contraire, qu'il
,, ne trouva jamais d'Etabliffement
,, digne, non feulement de fon Mé-
,, rite particulier, mais de celuy
,, d'un Nom illuftre comme le
,, fien.

,, C'eft ce qui le rendit d'affez
,, mauvaife Humeur dans fa Re-
,, traite

„ traite à Brantofme , où il fe mit
„ à compofer fes Livres dans une
„ differente Affiette d'Efprit , felon
„ que les Gens, qui ont repaffé de-
„ vant fa Mémoire, ont émû fa Bi-
„ le ou touché fon Cœur. Il feroit
„ à defirer, qu'il eût fait un Chapitre
„ de luy-même , comme des autres
„ Seigneurs de fon Tems. Il nous
„ en auroit bien appris, s'il n'y eût
„ rien oublié ; mais , peut-être s'en
„ eft-il abftenu, pour ne pas trop
„ déclarer fes Inclinations pour la
„ Maifon de Lorraine, dans le Tems-
„ même de la Ruine de fes Deffeins:
„ car, il y étoit fort attaché ; & il
„ paroît en plufieurs Lieux , qu'il
„ avoit plus de Refpects que d'Af-
„ fection pour celle de Bourbon.
„ C'eft ce qui luy a fait prendre Par-
„ ty contre la Loy Salique, en Faveur
„ de la Reine Marguerite, qu'il ef-
„ timoit infiniment, & qu'il vit avec
„ regret privée de la Couronne de
„ France.
„ EN beaucoup d'autres Rencon-
„ tres il lâche des Sentimens , qui
„ tiennent plus du Courtifan que de
„ l'Abbé; mais auffi étoit-ce fa prin-
„ cipale Profeffion , & comme c'eft
„ encore

,, encore celle de la plufpart des Ab
,, bez d'aujourd'huy ; & c'eft à cette
,, Qualité qu'il faut pardonner plu-
,, fieurs petites Libertez qui feroient
,, moins pardonnables à un Hiftorien
,, juré.

,, JE ne parle point du fecond ou
,, du troifiéme Volume des *Dames*,
,, pour ne point condamner la Mé-
,, moire d'un Gentil-Homme, que
,, fes autres Ouvrages rendent digne
,, de tant d'Eftime ; & j'en répands le
,, Crime fur la Diffolution de la
,, Cour de fon Tems ; dont on pourroit
,, faire de plus terribles Hiftoires
,, que celles qu'il rapporte.

,, IL y a auffi quelque chofe à re-
,, dire à l'Ordre dans ce qu'il a écrit ;
,, mais, le Nom de *Mémoires* l'excu-
,, fe de ce Défaut : &, quoy qu'il
,, en foit, on y ramaffe plufieurs
,, Connoiffances fort importantes à
,, notre Hiftoire ; & la France luy
,, eft fi obligée de fon Travail, que
,, je ne feins point de dire, que tous
,, les Services de fon Epée le doi-
,, vent céder à ceux de fa Plume. Il
,, avoit beaucoup d'Efprit & de bon-
,, nes Lettres. Il étoit fort gentil
,, dans fa Jeuneffe : mais, j'ay appris
,, de

„ de ceux qui l'ont connu, que le Cha-
„ grin de ses vieux jours luy fut plus pe-
„ sant que ses Armes, & plus déplaisant
„ que tous les Travaux de la Guerre
„ & les Fatigues, tant de Mer que
„ de Terre, en tous ses Voyages. Il
„ regrettoit le Tems passé, la Perte de
„ ses Amis, & ne voyoit rien qui ap-
„ prochât de la Cour des Valois, où
„ il avoit été nourry. „

BRANTOSME a eu Soin de former
un Recueil manuscrit des Lettres
écrites à son Frere, & à ses Ancêtres, par les Rois & par les Princes (*):
mais, n'ayant pas eu la même Attention pour luy-même, le grand Crédit
qu'il s'est vanté d'avoir eu dans toutes
les Cours de l'Europe, en est devenu
suspect; & l'Imagination paroît y avoir
pris plus de Part, que la Réalité :
car, on ne trouve dans ses *Mémoires*
qu'une Lettre, que luy écrivit
Marguerite de France Reine de
Navarre (*), pendant sa Disgrace; &
on ne voit point qu'il ait été chargé
d'aucune Négociation dans les différentes Cours étrangeres qu'il a par-
couru.

A

(*) Voïez ci-dessus *les Lettres d'André
de Bourdeille, Tome XIV.*
(†) Damés Illustres, *Tome I, pag.* 289.

A l'égard des *Mémoires* de Brantosme, il ne paroît pas possible de distinguer précisément les Tems dans lesquels il les a composez. Cependant les *Dames Galantes*, & les *Dames Illustres*, semblent avoir dû être ses premiers Ouvrages, & sur-tout les *Dames Illustres*; le second Tome des *Dames Galantes* ayant été composé en 1597, par les Déclamations qu'il y fait contre la Loy Salique, donnant volontiers aux Femmes la Préférence sur les Hommes pour un bon & heureux Gouvernement ; au lieu que ses *Hommes Illustres*, & sur-tout le premier Tome, à la Tête duquel il y a une Lettre qu'il datte de 1604, n'a été certainement composé que sous le Regne de Henry IV, dont il fait l'Eloge (*), pour avoir conservé aux Gentils-Hommes Laïcs la Jouïssance des Bénéfices.

(*) Hommes Illustres François, *Tome VI, pag. 320 & suiv.*

JEAN

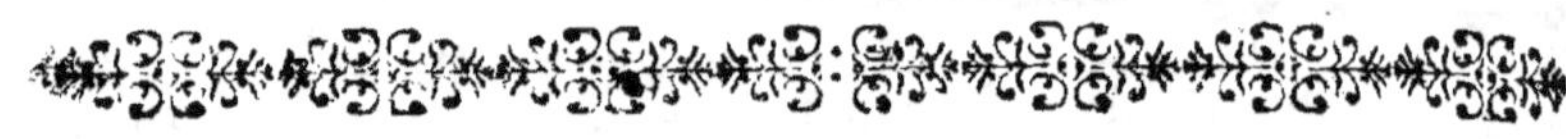

C

JEAN DE BOURDEILLE,

BARON D'ARDELAY.

JEAN DE BOURDEILLE, qui porta le Titre de Baron d'ARDELAY, eſt déclaré par le Baron de Bourdeille, ſon Pere, le plus jeune de tous ſes Enfans, dans ſon Teſtament du 28 Janvier 1546, par lequel ce Baron luy donna pour ſon Partage la Terre de l'Urques évaluée à la Somme de 8000 Livres, & le ſubſtitua en même Tems à Pierre de Bourdeille, connu depuis ſous le Nom de Brantoſme.

IL fut d'abord deſtiné à l'Ordre de Saint-Jean de Jéruſalem; &, pour y parvenir, le Lieutenant-Général de la Sénéchauſſée de Périgord luy donna, le 25 May 1547, une Atteſtation juridique de ſa Nobleſſe. Il fit ſes Preuves le 6 de Juin 1553, & eut pour Commiſſaires Frere Jean Peloquin

Iequin du Moulin, & Louis de la Grange, Commandeurs de la Roche & du Temple de Poitiers. Cependant, il ne paroît pas avoir suivi cette Destination.

IL est nommé simplement JEAN DE BOURDEILLE, le plus jeune des Enfans, dans le Testament de la Baronne de Bourdeille, sa Mere, du 26 May 1557, laquelle ordonna de luy céder pour tous ses Droits en Général, les Terres & Seigneuries d'Ardelay & de Naliers, qu'elle avoit eu de Charles de Vivonne, Seigneur de la Châtaigneraye, son Neveu, en cas que ce Jean de Bourdeille ne voulût pas se contenter de la Part qui luy étoit échue des Successions du feu Capitaine de Bourdeille, son Frere, & du feu Baron de Bourdeille, son Pere, ni du Legs de la Somme de 1400 Livres qu'elle luy faisoit par ce même Testament. Il y a lieu de croire, qu'il préféra ces deux Terres à toutes ses autres Prétentions; car, il est qualifié JEAN DE BOURDEILLE, *Seigneur & Baron d'Ardelay*, par le premier Testament du 24 May 1562 d'André Vicomte de Bourdeille, son Frere aîné, qui le substitua à ses Enfans nez & à naître.

Il accompagna le Seigneur de Brantofme, auſſi ſon Frere, dans le Voyage d'Italie en 1565, pour porter du Secours à Malthe aſſiégé par les Turcs. Les *Mémoires* de Brantofme n'en parlent que fort ſuccintement , ſans luy attribuer encore aucune Action d'Eclat.

Le ſecond Teſtament du 13 Novembre 1567 du Vicomte de Bourdeille ſon aîné, qui l'inſtitua l'un de ſes Exécuteurs teſtamentaires , luy donne alors la Qualité de *Chevalier*, avec celle de Baron d'Ardelay. L'Année ſuivante , étant auſſi Gentil-Homme de la Chambre du Roy Charles IX , Sa Majeſté, par Lettres patentes du 15 Février 1568 , le créa Chef & Colonnel des Troupes Gaſconnes d'Infanterie, ſervant dans l'Armée du Duc d'Anjou, (depuis Roy ſous le Nom de Henry III) à la Place du Seigneur de Montluc Fils, qu'elle venoit d'envoyer vers le Seigneur de Montluc Pere, Chevalier de ſon Ordre, & Lieutenant-Général au Gouvernement de Guyenne , pour travailler au Recouvrement de la Ville de la Rochelle, occupée par les Ennemis.

LE

LE Baron d'Ardelay jouït peu de tems de la Dignité de Colonnel : car, ayant été choisi pour aller porter du Secours à la Ville de Chartres assiégée cette même Année par les Religionnaires, il entra malgré leur Résistance dans cette Place, où commandoit Monsieur de Lignieres ; &, après avoir essuyé plusieurs Assauts, il reçut enfin, en avançant la Tête dans les Creneaux les plus voisins de la Brêche, un Coup d'Arquebuse, qui luy perça la Tempe de part en part, & mourut de cette Blessure, au neuviéme Jour (*).

IL fut inhumé avec Distinction, en Considération de ses Services, par Ordre du Roy, aux Dépens de cette Ville, dans le Chœur de la Cathédrale, à Main gauche près du grand Autel, au-dessous de la Chapelle des Reliques de Notre-Dame, malgré l'Opposition des Chanoines, & les Remontrances qu'ils firent, qu'on n'avoit jamais enterré Personne en leur Eglise

(*) Annales de France par Belle-Forest, *Tome II, pag.* 1663. Mezeray, *in folio, Tome II, pag.* 984. Hommes Illustres François, *Tome IX, pages* 244 *&* 245.

Eglise (*). Mais, à la Faveur du Tems, ces Chanoines sont venus à bout de leur Dessein: ils ont transporté ailleurs le Corps du Baron d'Ardelay, & l'ont placé dans un Endroit plus caché, sans en avoir reçu de Permission que d'eux-mêmes; & pour éviter qu'on y fît Attention, ils ont persuadé au Peuple qu'ils n'en avoient ainsi agi, que parce que la Vierge, ne voulant pas souffrir qu'on inhumât qui que ce soit en son Eglise, avoit permis au Cadavre de ce Baron de faire paroître ses Bras hors de son Tombeau, pour demander une autre Sépulture. C'est une Opinion, qui s'est accréditée dans l'Esprit de ce Peuple, & qui s'y est toujours perpétuée.

S'il en faut croire Brantosme, la Mort enleva le Baron d'Ardelay à l'Age de 26 Ans: & par conséquent sa Naissance devoit être arrivée vers l'Année 1542, c'est-à-dire 23 Ans après l'Epoque du Mariage de ses Pere & Mere, qui est de l'Année 1518: mais, c'est encore une Difficulté à résoudre, attendu qu'en 1546 le Ba-

(*) Hommes Illustres François, *Tome X, page 96.*

Baron d'Ardelay ne paroilloit pas alors
en bas Age, comme il auroit dû être,
pour adopter le Sentiment de Brantofme, quoy qu'à la vérité il fut a-
lors dit le plus jeune de tous les Enfans du Baron de Bourdeille.

En parlant de Thimoleon Comte de
Briſſac, Brantofme dit (*), que, quoy
que ce Comte eût été Amy de ſon Frere
d'Ardelay, il ſe feroit battu contre
le-dit Sieur d'Ardelay, s'il n'étoit pas
mort au Siége de Chartres; & cela,
de Jaloufie de ce que le-dit Sieur
d'Ardelay, comme Colonnel des
Gafcons, avoit une Enfeigne blanche,
ayant gagné Monfieur Strozzy, pour
qu'ils ne fouffriſſent point d'autres
Colonnelles, ni Enfeignes blanches en
France, que les leurs.

(*) Hommes Illuſtres François, *Tome*
IX, *page* 243.

        MADE-

D

MADELAINE DE BOUR-DEILLE.

MADELAINE DE BOURDEILLE eut en Partage, par le Teſtament du Baron de Bourdeille, ſon Pere, du 28 Janvier 1546, la Maiſon noble de la Feuillade avec des Rentes ſituées dans la Paroiſſe de Chalvard, le tout évalué à la Somme de 11000 Livres, deſtiné à luy ſervir de Dot pour ſe marier.

ELLE étoit l'une des Demoiſelles (c'eſt-à-dire Fille d'Honneur) de la Reine Catherine de Médicis, dès l'An 1554, ſuivant un Etat de la Maiſon de cette Reine depuis l'An 1574. juſqu'en 1585, dans lequel ſont employées ſous le même Titre Meſdemoiſelles de Pompadour, d'Alwin d'Humieres, de Levis, Charlus, de la Tour, Limeuil, & Quantité d'autres de Noms auſſi diſtinguez. Brantoſme en a rapporté la plus grande
Partie

Partie dans ſes *Dames Illuſtres*, à l'Article de cette Reine (*) : & , quoy qu'il n'y donne pas une Idée avantageuſe de la Sageſſe de ces Demoiſelles, l'Amitié fraternelle n'a pu luy inſpirer d'y faire quelque Diſtinction favorable de la Conduite de ſa Sœur. Auſſi ne l'aimoit-il pas. Son Teſtament Olographe en fournit la Preuve ; car, il y déclare qu'il avoit eu Soin de la faire congédier de la Maiſon paternelle, pour éviter les Demandes importunes qu'elle faiſoit à la Vicomteſſe de Bourdeille, ſa Belle-Sœur, ſur le Payement du Reſte de ſa Légitime ; que, pour cet Effet, il avoit avancé de l'Argent à cette Belle-Sœur ; & que, depuis cette Expulſion, il n'avoit plus vû Mademoiſelle de Bourdeille.

Outre ce que Mademoiſelle de Bourdeille avoit eu de ſon Pere, la Baronne de Bourdeille, ſa Mere, luy légua, par ſon Teſtament du 26 May 1557, une Somme de 5000 Livres pour ſes Droits maternels. Il paroît que Mademoiſelle de Bourdeille poſſéda auſſi les Paroiſſes de Brie & de Saint-Ciers

(*) Dames Illuſtres, *Tome I*, *page* 109.

Ciers en Archiac, qu'elle vendit dans la Suite.

En 1575, le Roy Henry III luy assigna une Pension de 1000 Livres sur l'Evêché de Périgueux, en accordant la Nomination de cet Evêché aux Seigneurs de Bourdeille & de Brantosme, pour en pourvoir tel Eccléfiastique qu'ils choisiroient.

En 1578, Mademoifelle de Bourdeille tint le 7 Juillet de cette Année, sur les Fonts de Batême de la Paroisse de Saint André des Arcs à Paris, avec François de la Grange de Montigny, Mademoifelle Urbaine de Chaftenay (de Lanty.) On ignore si ce Seigneur de Montigny est celuy qui fut depuis Maréchal de France, ou si ce fut son Oncle portant le même Nom de François.

Son Attachement pour la Reine-Mere ne luy permettant pas de quitter la Cour, elle fut si long-tems l'une de ses Demoifelles qu'elle vieillit dans le Célibat. Son État de Fille, & son Age avancé, l'exposérent aux Plaifanteries ordinaires en pareil Cas. Une *Vie manufcrit de Theodore Agrippa d'Aubigné* porte, que, comme il étoit un jour assis seul sur un Banc,

il

il apperçut Mesdemoiselles de Bourdeille, de Beaulieu, & de Tenie, (ce doit être Thiers;) & remarqua, qu'elles contrôloient son Habillement comme le sentant au nouveau. L'une d'elles luy demanda ce qu'il contemploit en ce Lieu? Il leur répondit piqué: *Je contemple les Antiquitez de la Cour*, *Mademoiselle*; parce que ces trois Demoiselles faisoient ensemble 140 Ans. Cette Réponse les rendit honteuses, & les obligea dès-lors à luy demander son Amitié.

MADEMOISELLE de Bourdeille se trouve encore mentionnée dans une Satire faite sur les Affaires de la Ligue intitulée *Bibliotheque de Madame de Montpensier*, *mise en Lumiere par l'Avis de Cornac*, *avec le Consentement du Sieur de Beaulieu*, *son Escuyer*. Mademoiselle de Bourdeille y est sous ce Titre: *l'Histoire véritable de Jeanne la Pucelle*, *par Mademoiselle de Bourdeille*.

Aussi la Reine-Mere à la Fin de ses Jours reconnut elle ses Services, en luy léguant la Somme de 4000 Ecus par le Testament que Sa Majesté fit à Blois le 5 Janvier 1589.

F 5

APRE'S

APRE's la Mort de cette Princesse , Mademoiselle de Bourdeille ne paroît plus avoir eu d'Employ à la Cour ; mais , elle continua de prendre la Qualité de Demoiselle de la Reine-Mere. Elle demeuroit à Paris , Ruë de la Monnoye , Paroisse de Saint-Germain de l'Auxerois , le 13 Mars 1602 , qu'elle céda au Sieur Girard , Trésorier de la Maison du Roy , une Rente de 1000 Ecus que luy devoit en partie Claude de Beauvillier , Comte de Saint-Aignan , depuis l'Année 1582.

ELLE assista , comme alliée , au Contract de Mariage , passé à Paris le 11 Septembre 1609 , de Mademoiselle Louise de Montbron de Fontaines-Chalandray , avec Jean-Louis de Roche-Chouart de Chandenier.

ELLE fit en cette Ville un Testament le 29 Juin 1611, dans lequel elle est qualifiée *Damoiselle* MADELAINE DE BOURDEILLE, *une des Filles Damoiselles de la feüe Reine - Mere du feu Roy Henry III , demeurant Ruë de la Monnoye Paroisse de Saint-Germain de l'Auxerois.* Par cet Acte , elle demanda d'être inhumée aux Filles de l'*Ave-Maria,*

Maria, à l'opposite de feue Madame de Dampierre (Jeanne de Vivonne) sa Tante ; institua pour Héritier universel, Henry Vicomte de Bourdeille, son Neveu ; fit des Legs au Baron de Mastas, aussi son Neveu, à la Comtesse de Duretal, à Madame d'Aubeterre, ses Niéces. Elle laissa une Somme de 4000 Livres à Mademoiselle d'Ambleville (Louise de Jussac) sa petite-Niéce, à Condition qu'elle n'épouseroit point de Gentil-Homme faisant Profession de la Religion Prétendue Reformée ; voulant, qu'en Cas de Contravention à cette Clause, ce Legs tournât au Profit de la Dame d'Ambleville Isabelle de Bourdeille, sa Niéce.

ELLE changea, dans la Suite, quelques-unes de ses premieres Dispositions testamentaires, par d'autres Testamens ou Codicilles des 12 Juin 1613, 22 Janvier 1615, & 10 Avril 1617, demeurant en dernier lieu dans l'Enclos de la Monnoye à Paris ; & , entre autres Choses, elle revoque le Legs qu'elle avoit fait à Mademoiselle d'Ambleville, sa Petite-Niece : de sorte que ce Legs ayant passé à la Dame d'Ambleville Mere,

 cette

cette Dame en fit Donnation à Claude de Jussac, son Fils aîné, par son Testament du 21 Novembre 1630 ; déclarant dans cet Acte, que la Somme de 4000 Livres, qui formoit ce Legs, luy étoit dûe par Mr. de Bourdeille, & qu'elle l'avoit eu en Don de Demoiselle Madelaine de Bourdeille, sa Tante, Dame d'Honneur de la Reine Marguerite (Marguerite de France, premiere Femme du Roy Henry IV.) C'est le seul Acte où Mademoiselle de Bourdeille se trouve qualifiée Dame d'Honneur de la Reine Marguerite.

MADELAINE de Bourdeille mourut en 1618, & fut inhumée, comme elle l'avoit demandé, chez les Religieuses de *l'Ave-Maria* à Paris.

E

ANDRE' VICOMTE DE BOURDEILLE,

SENECHAL DE PERIGORD.

ANDRE' VICOMTE DE BOURDEILLE, né vers l'Année 1519, étoit encore Page du Roy ou de la Reine de Navarre, dont la Vicomteſſe de Bourdeille ſa Mere étoit Dame de Corps (ou d'Honneur,) lorſque la Princeſſe de Navarre (Jeanne d'Albret, âgée d'onze Ans,) fut mariée à Châtelleraud avec le Duc de Cleves, en 1541, fous le Regne du Roy François I, qui, dans cette Cérémonie, donna les premieres Marques de la Diſgrace du Connêtable de Montmorency, en l'obligeant, tout Connêtable qu'il étoit, de porter ſur ſes Bras cette jeune Princeſſe (*).

Son

(*) Dames Illuſtres , *Tome I, page* 335 & 336.

F 7

Son Pere l'institua son Héritier universel par son Testament du 28 Janvier 1546.

Il commença de servir dans les Guerres de Piedmont, & se trouve employé en 1548, en Qualité de Panetier du Roy Henry II, à 400 Livres de Gages, dans un Etat de la Maison de ce Roy, depuis l'Année 1547 jusqu'en 1559, suivant lequel il avoit pour Collegues dans cette Charge André de Bourbon-Vendosme, Seigneur de Rubempré, Charles de Levis, Seigneur de Charlus, & plusieurs autres Seigneurs.

Au Mois de Juin de cette Année 1548, il passa en Ecosse, avec les Troupes commandées par le Seigneur d'Esse, que le Roy envoya porter du Secours aux Ecossois alors en Guerre avec les Anglois (*): & ce Voyage luy fut d'autant plus avantageux & agréable, parce que le Seigneur d'Esse, nommé André de Montalembert, avoit été élevé Page du Seigneur de Vivonne, Sénéchal de Poitou, Ayeul maternel du Vicomte de Bourdeille;
sui-

____

(*) Eloge des Dauphins de France par le P. de Cotte *in* 4. *pag.* 139. &c.

fuivant l'Ufage pratiqué par la Nobleffe de ce Siécle de mettre leurs Enfans auprès des Gentils-Hommes conf-
tituez en Dignitez, ou en Faveur à
la Cour (*).

Au Retour de cette Expédition, il
fervit au Siége de Metz en 1552 (†), &
fut fait Prifonnier à celuy de Hédin
en 1553, où il perdit le Capitaine de
Bourdeille fon Frere puîné. Il garda
Prifon à l'Ifle en Flandres, jufqu'à la
Trêve faite en 1556.

Le Payement de fa Rançon qui fut
confidérable, caufa du Dérangement
dans fes Affaires. Après avoir recou-
vré fa Liberté, il fe trouva chargé
d'Embaras de Famille, ayant été fait
Héritier de fa Mere en 1557; ce qui
l'obligea d'habiter fon Château de la
Tour-blanche en Angoumois.

Il fe maria dans ce Pays, par
Contract du 27 Juin 1558, dans le-
quel il eft qualifié *Meffire* ANDRE' DE
BOURDEILLE, *Chevalier, Seigneur &*
Vicomte de Bourdeille, Baron de la
Tour-blanche & de la Commarche, Pa-
netier

(*) Hommes Illuftres François, *Tome*
VII, *pag.* 207, 209, 218.
(†) Hiftoire du Siége de Metz *in* 4.
pag. 169.

netier ordinaire du Roy, avec Demoiselle Jacquette de Montberon, Fille de Messire François de Montberon, Chevalier, Seigneur & Baron d'Archiac & de Mastas, & de Dame Jeanne de Montpezat. Cette Demoiselle fut dotée de la Somme de 30 mille Livres, & n'avoit pas plus de 14 Ans. Quoy qu'il y eut déjà eu des Alliances entre les Maisons de Bourdeille & de Montberon, la Mere de cette Demoiselle voulut d'abord s'opposer à ce Mariage, ayant apparemment d'autres Vûës pour cette Fille, qui, n'ayant qu'un Frere, couroit le Hazard de devenir riche Héritiere; mais, enfin, elle y donna son Approbation, peut-être bien à la Sollicitation de François du Fou, Chevalier, Seigneur du Vigean, Curateur de cette Demoiselle, lequel étoit Parent des Parties contractantes.

RENE' de Montberon, Baron d'Archiac, assista au Mariage de sa Sœur; &, peu de Tems après, s'étant rendu à l'Armée, il fut tué à la Battaille de Gravelines, le 14 Juillet de cette Année 1558. Il ne laissa point d'Enfant de Madelaine du Fou du Vigean, sa Femme. Ainsi, la Vicomtesse de

Bour-

Bourdeille, sa Sœur, se trouva alors Héritiere des principaux Biens des Maisons de Montberon & d'Archiac, & de beaucoup de Droits & Pretentions sur ceux des Maisons de Painel, de Mareuil, & autres, comme on le verra cy-après.

JACQUETTE de Montberon, Vicomtesse de Bourdeille, avoit pour Ayeule paternelle Marguerite d'Archiac, Fille de Jacques Seigneur d'Archiac, & Dame de Levis. La Maison d'Archiac s'étoit divisée en deux Branches principales, dont l'aînée étoit tombée en Quenouille dans les Maisons de Montberon, du Fou, &c.; & l'autre Branche existoit encore dans la Personne de Jacques d'Archiac, Chevalier, Seigneur d'Availles, Fils d'Odet, & Petit-Fils de Foucaud d'Archiac. Leurs Partages n'avoient point été entierement consommez, & avoient même occasionné des Procès pendants au Parlement de Bourdeaux. Le Vicomte de Bourdeille, pour liquider la Part de sa Femme, toujours mineure, passa en son Nom une Transaction avec le Seigneur d'Availles, le dernier Avril 1559, par laquelle le Seigneur d'Availles se désista de ſes Droits , en Conſidération de ce que le Vicomte de Bourdeille luy céda ce qui pouvoit appartenir à la Vicomteſſe de Bourdeille dans les Paroiſſes, Terres, & Seigneuries de Barret & de la Garde en Xaintonge, avec 100 Livres de Rente & la Capitainerie de Vitrezay : à Condition de tenir le tout en Hommage de la Seigneurie d'Archiac, tant que cette Seigneurie feroit poſſédée par les Deſcendans de la Dame de Bourdeille, au Devoir d'un Epervier apprécié une Maille d'Or, évaluée 25 ſols ; & que ſi la Dame de Bourdeille décédoit fans Enfans, il feroit permis au Seigneur d'Availles de tenir le tout du Roy, ſi bon luy ſembloit. De plus, le Vicomte de Bourdeille renonça aux Prétentions de ſa Femme ſur les Terres d'Availles, de Mortiers & de Fontagnac ; s'obligeant de luy faire ratifier cet Acte, lorſqu'elle feroit parvenue à l'Age de 25 Ans. La Vicomteſſe de Bourdeille avoit deux Tiers dans cette Succeſſion, & l'autre Tiers appartenoit à la Douairiere de Montberon, ſa Belle-Sœur, auſſi mineure, qui acquieſça à cette Tranſaction, fous l'Autorité de François du Fou,

Che-

Chevalier, Seigneur du Vigean, son Pere.

Jeanne de Montpezat, Mere de la Vicomtesse de Bourdeille, étoit Fille de Jeanne de Mareuil, qui avoit pour Pere & Mere Guy Seigneur de Mareuil, & Philippe Painel sa premiere Femme, Dame d'Ollonde, de Perques, & de Sertonville. Cette Philippe Painel, sortie d'une Branche cadette de la Maison de Painel, étoit Cousine au troisiéme Degré de Jeanne Painel, Héritiere de la Branche aînée, morte en 1437, Femme de Louis Sire d'Estouteville, qui étoient les Bisayeuls d'Adrienne Duchesse d'Estouteville, mariée en 1534 avec François de Bourbon, I du Nom, Comte de Saint-Paul, & morte vers la Fin de l'Année 1560. Jeanne de Montpezat avoit intenté Procès contre cette Duchesse d'Estouteville, pour des Dégradations & Coupes de Bois faites par cette Duchesse dans les Terres de Perques, de Sertonville, & Moulins de Serances en Normandie, qui appartenoient à Jeanne de Montpezat, par Héritage de la Maison de Painel. Pour poursuivre ce Procès devant le Bailly de Costentin,

tin , les Vicomte & Vicomtesse de Bourdeille donnérent leur Procuration , au Mois d'Octobre 1560 , à Jean d'Aubigné , Seigneur de Brie , Lieutenant au Siége de Cognac ; mais, il paroît par le Codicille de la Vicomtesse de Bourdeille , que cette Affaire fut dans la Suite aussi peu suivie que les autres.

Le Vicomte de Bourdeille , continuant sa Résidence en son Château de la Tour-blanche , y fit un premier Testament le 24 May 1562 , dans lequel il est qualifié ANDRE' DE BOURDEILLE, *Chevalier , Vicomte & Baron de Bourdeille , Baron d'Archiac & Mastas, Seigneur de la Tour-blanche.* Il recommanda , par cet Acte , à la Vicomtesse de Bourdeille , Jacquette de Montberon , sa Femme , de conformer ses Obseques à la Charité Chrétienne , sans aucune Pompe , luy donna à son Choix la Terre de la Tour-blanche , ou la Baronnie de Bourdeille , avec la Jouïssance de tous ses Biens , la Disposition d'une Somme de 10 mille Livres , la Tutelle & Administration de leurs Enfans , jusqu'à ce qu'ils eussent atteint l'Age de 23 ans , sans être obligée de leur rendre

Comp-

Compte : & comme il n'avoit alors qu'une Fille nommée Jeanne de Bourdeille, il l'inftitua fon Héritiere univerfelle, fi l'Enfant, dont fa Femme étoit enceinte, n'étoit point un Fils ; car, en ce cas, il déclaroit ce Fils fon Héritier univerfel, & réduifoit fa Fille à la Somme de 15 mille Livres pour tous fes Droits. Il fubftitua à fes Enfans l'Abbé de Brantofme, & le Baron d'Ardelay, fes Freres, & chargea la Vicomteffe de Bourdeille, fa Femme, de l'Exécution de ce Teftament.

Les Partages de la Maifon de Montberon, dont la Branche aînée finiffoit dans la Perfonne de la Vicomteffe de Bourdeille, avoient auffi fourny Matiere à Procès. Elle avoit pour Oncles René de Montberon, fourd & muet, Religieux au Prieuré de Montmorillon ; Louis de Montberon, Seigneur de Fleat ; Jean de Montberon, Seigneur de Thors ; & pour Tantes les Dames de Raftignac, des Herbiers, de Maudrens, de Ville-Dieu, & une Demoifelle de Montberon encore Fille. Un Arrêt du Parlement de Bourdeaux, du 28 Mars 1559, avoit condamné les Vicomte

&

& Vicomtesse de Bourdeille de représenter ce René de Montberon, a-
vec l'Acte de sa Profession de Religieux, le Lendemain de la *Quasimodo*,
pour être fait Droit sur la Provision
de 200 Ecus demandée par le Seigneur de Fleat, son Frere. On ne
sçait ce que devint ce Procès; il paroît seulement, que le Vicomte de
Bourdeille entra en Accommodement
avec ses Cohéritiers : & , pour cet
Effet, il céda au Seigneur de Thors
le Four-à-Ban de la Paroisse de Blan-
zac, & luy donna certaine Somme
d'Argent, se chargeant aussi de payer
les Fraix du Procès pendant au Parlement de Paris; &, en Echange, il
prit le Bourg franc de Mastas par
Transaction passée à Xaintes le 2 Novembre 1565, qui le qualifie alors
Gentil - Homme ordinaire de la Cham-
bre du Roy.

DEPUIS son Mariage, il avoit été
plus occupé du Soin de ses Affaires
domestiques, que de la Guerre, &
avoit toujours rempli ses Charges de
Panetier & de Gentil-Homme servant
du Roy; Charges, que les Gens de
Qualité n'avoient point cru encore
au-dessous d'eux, comme le prouve
l'Etat

l'Etat de la Maison du Roy Charles IX de l'Année 1560 jusqu'en 1574, dans lequel ces Emplois se trouvent possédez par les Seigneurs les plus qualifiez. Mais, le Connêtable de Montmorency, deux Ans avant sa Mort, arrivée à la Battaille de Saint-Denis en 1567, ayant fait une Ordonnance (*), portant, que pour éviter les Abus que commettoient les Commissaires & Contrôleurs des Guerres dans les Montres des Compagnies de Gens de Guerre, ces Revûës seroient faites par les principaux Gentils Hommes du Pays, dans lequel se trouveroient les Trouppes, le Vicomte de Bourdeille reprit le Service à cette Occasion, ayant été chargé d'une de ces Commissions, & il en fit Usage dans le peu de Tems que cette Ordonnance fut observée. Il fit la Revûë de la Compagnie de Guy Chabot, Seigneur de Saint-Gelais, Chevalier de l'Ordre du Roy, à Surgeret, le 14 Novembre 1566; & il en donna son Certificat, dans lequel il prend ces Qualitez: ANDRE' DE BOURDEILLE, *Chevalier, Baron de Bour-*

(*) Hommes Illustres François, *Tome VII, page* 146.

*Bourdeille, d'Archiac, & de Mastas,
Gentil-Homme de la Chambre du Roy,
Commissaire commis par le Roy &c.*
Ce Certificat est scellé de son Sceau,
de même qu'une Quittance qu'il don-
na le 15 de Novembre 1566, de la
Somme de 100 Livres pour avoir fait
la Revûë des Compagnies de Messire
de Sansac, de la Vauguion, & de
Jarnac.

L'ORDONNANCE du Connêtable de
Montmorency n'ayant plus d'Exécution, le Vicomte de Bourdeille obtint
une Compagnie d'Ordonnances, & é-
tant prêt de monter à Cheval pour se
rendre en France & servir le Roy à
la Teste de cette Compagnie dans les
Guerres Civiles, il fit un second
Testament, en son Château de la
Tour-blanche, le 13 de Novembre
1567, où il est qualifié *Chevalier,
Vicomte & Baron de Bourdeille, Baron
d'Archiac & de Mastas, Seigneur des
Châtellenies de la Tour blanche & de la
Commarche, Capitaine de cinquante Hommes d'Armes des Ordonnances du Roy.*
Il confirma, à la Vicomtesse de Bourdeille, sa Femme, les Avantages qu'il
luy avoit faits dans un premier Tes-
tament ; déclara avoir alors quatre
Filles

Filles nommées Jeanne, Renée, Iſabelle, & Adrienne ; légua la Somme de 15 mille Livres à chacune des trois dernieres, & inſtitua l'aînée ſon Héritiere univerſelle, ſi l'Enfant dont ſa Femme étoit enceinte, n'étoit point mâle ; voulant, qu'en Cas que ce fût un Fils, il devînt ſon Héritier univerſel, & que cette Fille aînée ſe contentât d'une Somme de 20 mille Livres. Il joignit à ſa Femme, pour l'Exécution de ce Teſtament, le Seigneur de Brantoſme, & le Baron d'Ardelay, ſes Freres.

Il avoit 1800 Livres d'Appointement pour ſon Etat de Capitaine, ſuivant une Quittance qu'il donna au Tréſorier des Guerres, dattée de Poyvre (en Champagne, Diocéſe de Châlons) le 10 de Janvier 1568, ſcellée du même Sceau que celuy cy-deſſus.

Le Roy Charles IX, ayant fait une Promotion de treize Chevaliers de l'Ordre de Saint-Michel, dont le premier étoit le Comte de Maulevrier, Frere du Duc de Bouillon, de la Maiſon de la Marck ; le ſecond le Baron de Villequier, de la Maiſon de Villequier, fondue dans celle d'Aumont ; & le troisiéme le Vicomte de Bourdeille : le Duc d'Anjou, connu depuis fous le Nom du Roy Henry III, qui étoit alors Lieutenant-Général du Roy fon Frere, leur conféra cet Ordre à Melun le 16 de Février 1568. Et comme les Graces de la Cour font fuivies des Effets de l'Envie & de la Jaloufie, il parut fur cette Promotion une Piéce de Vers, intitulée *Remontrance au Roy pour des Aboyans à l'Ordre*, dans laquelle chaque nouveau Chevalier eut fon Lot. Voicy celuy du Vicomte de Bourdeille :

Par le Contraƈt de Mariage
Du Comte votre Serviteur,
L'on me promit pour mon Partage
L'Ordre. Je ne fuis point menteur (*).

CE Comte, qui étoit Albert de Gondy, d'abord connu fous le Nom de Sieur du Perron, puis fous celuy de Comte de Retz, après fon Mariage avec Claude - Catherine de Cler-

(*) Mémoires de Caftelnaud, *ancienne Edition, Tom. I, pag. 379. nouvelle Edition, Tom I, pag. 370.*

Clermont de Dampierre, qu'il avoit épousé en 1565. Cette Dame luy avoit apporté la Terre de Retz, qu'elle avoit eu par Donation de Jean Baron d'Annebaut, son premier Mary : &, comme elle étoit Cousine Germaine du Vicomte de Bourdeille, ayant tous les deux pour Meres deux Sœurs de la Maison de Vivonne, & que le Sieur du Perron avoit la Faveur de la Cour, cela donna Occasion d'accuser le Vicomte de Bourdeille d'avoir mérité l'Ordre de Saint-Michel, qui étoit encore alors le seul Ordre du Roy, en contribuant à ce second Mariage de sa Cousine.

Il paroît cependant, que Personne n'y eut plus de Part, que Roger de Saint-Lary, Seigneur de Bellegarde, Lieutenant de la Compagnie du Sieur du Perron, & depuis Maréchal de France, qui en fut l'Entremetteur (*). Au reste, l'Esprit, la Science, & le Mérite de cette Dame, sont assez exaltez dans les *Mémoires de Castelnaud*, dans Brantôme, & dans d'autres Ouvrages, pour croire qu'elle n'avoit pas besoin d'autres Conseils que des siens.

LE

______

(*) Hommes Illustres François, *Tome IX*, *pag.* 265 & 266.

LE Vicomte de Bourdeille, devenu Chevalier de l'Ordre du Roy, fit en cette Qualité la Revûë de sa Compagnie de cinquante Lances des Ordonnances de Sa Majesté, à Corbeil, le 8 Juin 1568 ; & au Camp de Saint-Jean de Ligoure en Limousin le 22 Juin 1569. Il avoit sous luy, pour Lieutenant, Vespazien de Castelnaud, Seigneur de Mauvissiere, tué au Siége de Saint-Jean d'Angely, en 1569, grand Oncle du Maréchal de Castelnaud ; pour Enseigne, Jean de Montardy, Seigneur de Lascoux en Périgord ; pour Guidon, Jean Baron de la Tour en Limousin ; &, pour Maréchal des Logis, François Seigneur de Saint-Maurice en Limousin. Le premier des Hommes d'Armes de cette Compagnie étoit Philibert de Bourdeille, Seigneur de Montanceys. Les autres Hommes d'Armes & Archers, étoient des Gentils-Hommes des Provinces de Limousin, de Poitou, de Périgord, de Xaintonge, & d'Angoumois. Il servit à la Tête de sa Compagnie contre les Religionnaires, comme le prouvent les différentes Quittances qu'il donna de ses Appointemens au Trésorier des Guerres,

res, à raison de 450 Livres Tournois par Quartier. Elles sont dattées de Paris, le 9 Août 1568; de Corbeil, le 9 Juin 1569; & du Camp de Saint-Jean de Ligoure, le 28 Juin 1569; toutes signées de luy, & scellées de son Sceau comme cy-dessus.

En 1569, le Roy le commit pour conférer en son Nom l'Ordre de Saint-Michel au Seigneur de Lascoux. Son Instruction est dattée du 1 Décembre 1569.

En 1570, il fut fait Chambellan ordinaire du Duc d'Alençon, Frere du Roy. On en trouve la Preuve dans un Etat de la Maison de ce Prince de l'Année 1562 à 1584, & dans un Brevet datté d'Amboise le 6 Janvier 1572, par lequel ce Prince, le qualifiant son Chambellan ordinaire & Chevalier de l'Ordre du Roy, l'admit dans son Conseil, en Considération de ses Services Militaires. Cependant, ses Provisions de Chambellan ordinaire, & le Serment qu'il préta pour cette Charge entre les Mains de Monsieur de Saint-Sulpice, Sur-Intendant de la Maison de ce Prince, (c'étoit Jean d'Ebrard, Baron de Saint-Sulpice, Gouverneur du

Duc

Duc d'Alençon, fait Chevalier des Ordres du Roy en 1579,) ne font dattées d'Amboife, que des 7 & 17 de Janvier 1572.

Les Emplois, que le Vicomte de Bourdeille occupoit auprès du Duc d'Alençon, ne l'empêchoient pas de remplir celuy de Gentil-Homme ordinaire de la Chambre du Roy : & Sa Majefté le fit même Confeiller en fon Confeil privé , par Brevet donné à Blois le 15 Avril 1572.

La Charge de Sénéchal de Périgord, fortie de la Maifon de Bourdeille depuis plus de 150 Ans, par la Mort d'Arnaud Seigneur de Bourdeille , Trifayeul d'André Vicomte de Bourdeille , avoit toujours été poffédée pas des Gens de Qualité , & en dernier lieu par Guy Chabot, Baron de Jarnac , fi renommé pour avoir tué en Duel l'An 1547, le Seigneur de la Châtaigneraye, Oncle maternel du Vicomte de Bourdeille. Des Quittances de ce Baron, des Années 1547 & 1551, le qualifient encore alors Sénéchal de Périgord. Mais , depuis qu'il eût fuccedé au Seigneur de Jarnac fon Pere, dans la Charge de Gouverneur de la Rochelle dont

dont il étoit en Possession dès l'Année 1554, il ne prit plus la Qualité de Sénéchal de Périgord, & on ignore ce que devint cette Charge. On sçait seulement, que ce Pays, & principalement la Ville de Périgueux, commença en 1551 d'être agitée des Troubles de Religion, & que la Charge de Sénéchal fut exercée comme Office de Robbe par M. Jacques André; que cet Homme en ayant été déclaré incapable par Arrêt, le Roy la reconnoissant impétrable sur luy, tant par cette Raison, que parce qu'il n'avoit point obéï dans le Tems prescrit à l'Ordonnance de Moulins de l'An 1566, & aux autres Réglemens faits depuis sur les Offices de Baillis & Sénéchaux du Royaume, Sa Majesté, par Brevet datté de Duretal le 17 Novembre 1572, en fit Don au Vicomte de Bourdeille, qui n'y est qualifié que *le Seigneur de Bourdeille l'aîné, Chevalier de l'Ordre du Roy*, en Contemplation d'infinis bons & agréables Services qu'il a faits à Sa Majesté, à cet Etat & Couronne.

IL semble cependant, que Jacques André continua de posséder cette Charge, (apparemment à la Faveur des

Guer-

Guerres Civiles jufqu'à fa Mort, après laquelle le Roy en confirma le Don au Vicomte de Bourdeille, par un autre Brevet datté de Paris le 22 d'Août 1573. Les Provifions luy en furent expédiées le même Jour : elles le qualifient *Meffire* ANDRE' DE BOURDEILLE, *Chevalier de l'Ordre du Roy, Capitaine de cinquante Hommes d'Armes de fes Ordonnances, Confeiller du Roy en fon Confeil privé* ; & portent qu'il fuccede à feu Jacques André, dernier paifible Poffeffeur de cette Charge.

PEU de tems après que le Vicomte de Bourdeille fut en Poffeffion de la Charge de Sénéchal de Périgord, le Roy (Charles IX) luy écrivit de la Fere le 25 Octobre 1573 (*) : & Sa Majefté, l'appellant feulement *Mr. de Bourdeille*, le chargea de parcourir les principaux Endroits du Périgord, pour prendre Connoiffance des Sentimens & de la Conduite des Eccléfiaftiques, de la Nobleffe, & des Officiers de Juftice, & autres de ce Pays, & de venir le 20 Janvier prochain à Compiegne luy en rendre Compte.

CET Ordre donna fuffifamment
d'Oc-

(*) Voïez ci-deffus, *Tome XIV, Lettre I, pag.* 5.

d'Occupation au Vicomte de Bourdeille, pour l'arrêter en Périgord plus
long-tems qu'il n'avoit cru. Cependant, le Jour du Lundy-gras de l'Année 1574, étant parti de sa Maison
de Mastas pour se rendre à la Cour,
il fut averti en Chemin d'une Emo-
tion formée ce Jour-même dans Périgueux par ceux de la Religion Prétendue Reformée. Il courut prompt-
tement en cette Ville, pour appaiser
cette Emeute. Il y trouva les Habitans sous les Armes, fort disposez
à se conserver sous l'Obéïssance du
Roy, & tira Parole entre autres des
Seigneurs de Caumont, de Beinac,
de Saint-Geniés, & de Longua, de
ne point favoriser les Séditieux,
quoyque ces Seigneurs fussent aussi
Religionnaires. Mais, comme dans
ces mêmes Tems, ceux de la Religion Prétendue Reformée s'emparé-
rent par Surprise de la Ville de Sarlat,
de Sainte-Foy, &c; le Vicomte de
Bourdeille crut qu'il étoit de son Devoir de ne point abandonner Périgueux
dans de pareilles Circonstances. Il
demanda même au Roy la Permission
de fortifier cette Ville, & luy manda, qu'il avoit averty la Noblesse de
son Département de se tenir prête à

                     mar-

marcher. Qu'il faifoit affembler des Gens de Guerre par le Seigneur de Brantofme, fon Frere, pour fe joindre enfuite au Seigneur de Loffe (c'étoit Jean Seigneur de Loffe, Gouverneur de la Partie de la Guyenne en deçà de la Garonne, Capitaine des Gardes du Corps du Roy, nommé Chevalier de l'Ordre du Saint Efprit à la premiére Promotion, & mort en 1579, avant que d'avoir été reçu.) Qu'il avoit avec luy le jeune Seigneur d'Aubeterre, (David Bouchard.) Que la Dame d'Aubeterre, fa Mere, n'étoit point en Etat de fournir à l'Appointement des Soldats mis en Garnifon dans fon Château d'Aubeterre, parce que le Seigneur d'Achon jouïffoit de prefque tout le Revenu de la Terre d'Aubeterre.

Ce Détail eft contenu dans fa Lettre au Roy, dattée de Périgueux le 13 Mars 1574, qu'il accompagna de deux autres Lettres, l'une pour la Reine-Mere, & l'autre pour le Duc d'Alençon, dont il étoit toujours Chambellan (*).

Le Roy luy fit une Réponfe, dattée de

______

(*) Voïez ci-devant, *Tome XIV, Lettres III, IV, V, pag.* 10 à 22.

de Vincennes le 15 du même Mois de Mars (*), pour approuver la Sagesse de sa Conduite & son Dessein de fortifier Périgueux. Sa Majesté le chargea en même tems de témoigner aux Seigneurs cy-dessus nommez la Satisfaction qu'elle avoit de leurs Déportemens : & elle luy manda, qu'elle avoit enjoint aux Seigneurs de Losse, d'Escars, de la Vauguyon, & au Comte de Ventadour, de l'aider même dans la Convocation de l'Arriere-Ban ; qu'à l'égard du Pouvoir qu'il demandoit pour lever des Troupes au besoin, sa Charge de Sénéchal luy en donnoit les Moyens suffisans, sans qu'il fût nécessaire de Mandement particulier de Sa Majesté ; qu'au surplus, cette Lettre luy serviroit de Décharge. La Reine-Mere luy écrivit sur le même Sujet, ainsi que le Duc d'Alençon, dont la Lettre est soufcrite, *Votre bon Amy* FRANÇOIS. (†).

DEPUIS ce Tems, le Vicomte de Bourdeille fixa son Séjour ordinaire à

(*) Ci-dessus, *Tome XIV, Lettre VII, page* 22.

(†) Idem, *Lettres VIII, IX, X, pag.* 28-30.

à Périgueux, & eut Soin d'écrire au Roy plufieurs fois dans chaque Mois pour luy rendre un Compte fidele des différents Evénemens que produifoient journellement les Troubles de Religion, non feulement dans le Périgord, mais même dans toute la Guyenne. Quoy que ces Lettres foient curieufes & intéreffantes pour l'Hiftoire des Guerres Civiles, on fe bornera à ne rapporter que les Faits qui concernent le Vicomte de Bourdeille, ou fa Maifon, afin de ne point entrer dans un Détail trop étendu pour une Généalogie.

Le Vicomte de Bourdeille, pour mieux établir fon Credit, & le rendre plus utile à l'Etat, follicita fort le Roy Charles IX de répandre des Graces fur la Nobleffe de fon Canton, & il engagea Sa Majefté d'écrire des Lettres gracieufes aux Seigneurs & Gentils-Hommes, qui, quoyque faifant Profeffion de la Religion Prétendue Reformée, fe tenoient tranquilles dans leurs Châteaux. Il obtint auffi, dans ce Mois de Mars 1574, l'Abbaye de la Saulne en Faveur du Seigneur de Saint-Geniés, qui avoit abandonné fa Famille, & fes Biens,

pour

pour le Service du Roy, & qui avoit
même été effigié par les Rebelles (*).
Ces Expédiens contribuérent beaucoup à contenir la Nobleſſe du Périgord.

Le Seigneur de Loſſe, qui commandoit pour le Roy dans la Partie
de la Guyenne en deçà de la Garonne, étant obligé de s'éloigner pour
quelques Entrepriſes de Guerre, choiſit pour commander en ſa Place dans
le Périgord le Seigneur de Limeuil
(c'étoit Galliot de la Tour, Petit-Fils
du Vicomte de Turenne.) Le Vicomte de Bourdeille fut piqué de ce
Choix, qui attaquoit les Prérogatives
de ſa Charge de Sénéchal de Périgord, ſe regardant par elle comme
Commandant né en l'Abſence du Commandant pour le Roy. Il s'en plaignit à Sa Majeſté, par une Lettre
dattée de Périgueux le 3 Avril 1574 (†).
Elle luy répondit de Vincennes le
16 Avril ſuivant (§), que cet Evé-
ne-

(*) Voïez ci-devant, *Tome XIV,
Lettres XIV, XV, XVI, pag.* 38-41.
(†) Idem, *Lettre XX, page* 47.
(§) Idem, *Lettre XXIII, page* 55.

nement ne devoit point luy faire de Peine ; qu'elle sçavoit bien que les Baillis & Sénéchaux du Royaume étoient Gouverneurs nez ; & qu'elle luy conserveroit toujours le Lieu, Rang, & Degré, que ses Mérites & Services luy avoient acquis.

Dans ce même Tems, le Vicomte de Bourdeille avoit formé le Projet d'attaquer le Seigneur de la Noue, qui étoit à la Tête des Religionnaires, & devoit être secondé dans cette Entreprise par Mr. de la Vauguyon (d'Escars) qui commandoit un Corps de Troupes ; mais, la Maladie qui retint ce Seigneur à Angoulême, ne luy ayant pas permis de joindre le Vicomte de Bourdeille, son Projet n'eut point d'Exécution.

La Situation de la Ville de Bergerac, occupée par les Huguenots, leur étoit d'autant plus avantageuse, qu'elle leur facilitoit la Jonction de leurs Troupes séparées, avec lesquelles ils donnoient de continuelles Allarmes dans tout le Périgord. Le Vicomte de Bourdeille pressa beaucoup le Roy d'envoyer ses Ordres, & de faire marcher suffisamment de Troupes, pour en former le Siége. Mais
le

le mauvais Etat des Finances du Roy, & le peu d'Intelligence qu'il y avoit entre les différents Commandans, rendirent inutiles les Remontrances du Vicomte de Bourdeille, quelques fages & néceffaires qu'elles fuffent : & malgré tout fon Zele, il fe trouva forcé de fe contenter de prendre à fes Dépens les Chevaux de la Chapelle-Faucher & d'Ancor, & de préferver ceux de la Rochemondy, de la Renaudie, & de Château-l'Evêque, des Courfes des Religionnaires.

LE 13 de May 1574 (*), le Roy luy écrivit de le venir trouver, Sa Majefté ayant donné Commiffion au Seigneur de la Vauguyon de commander en l'Abfence du Seigneur de Loffe, qu'elle rappelloit auffi près d'elle. Cependant, le Vicomte de Bourdeille, croyant fa Prefence plus utile en Périgord qu'à la Cour, ne quitta point la Ville de Périgueux, & continua de demander de nouvelles Graces au Roy pour plufieurs Gentils-Hommes, & même pour des Parens du Seigneur de Loffe ; le Différend, qu'il avoit eu avec ce

Sei-

____

(*) Ci-devant, *Tome XIV, Lettre XXXI, page 74.*

Seigneur ne l'empêchant pas de rendre Juſtice au Mérite. Il obtint, pour le Seigneur de Puymartin, du Nom de Saint-Clar, Chevalier de l'Ordre du Roy, & Beau-Frere du Seigneur de Loſſe, la Confiſcation des Biens du Lieutenant particulier de la Ville de Sarlat, que ce Capitaine venoit de reprendre ſur les Religionnaires, auxquels ce Lieutenant particulier avoit livré cette Ville. Il demanda auſſi l'Ordre de Saint-Michel pour le Seigneur de Montanceys de la Maiſon de Bourdeille, & pour le Seigneur des Coûtures de la Maiſon de Beaupoil Saint-Aulaire.

Le Roy luy écrivit encore le 25 May 1574 (*) de ſe rendre à la Cour, & luy promit de reconnoître ſes Services, & de le recompenſer des Dépenſes qu'il avoit été obligé de faire, pour retenir près de luy pendant longtems la Nobleſſe du Périgord : mais, la Mort du Roy Charles IX, arrivée le 30 de ce même Mois, fit évanouïr toutes les Eſpérances dont ſa derniere Lettre avoit flatté le Vicomte de Bourdeille.

Ayant

(*) Voïez-ci-devant, *Tome XIV, Lettre XXXVII, page 91.*

AYANT appris cette trifte Nouvelle le Dimanche après la Pentecôte, il écrivit le 29 Juin (*) à la Reine - Mere Régente (Catherine de Médicis,) pour luy vouer Fidélité, & reconnoître le Roy de Pologne comme fon légitime Souverain. Il luy manda les Mefures qu'il avoit pris, pour s'affurer des trois Etats du Périgord ; repréfentant, que, depuis quatre Mois qu'il réfidoit dans Périgueux, il avoit fait vivre tout le Monde en Paix, & que fi Sa Majefté ne luy accordoit une Compagnie d'Ordonnances, il ne luy feroit pas poffible de conferver la Recolte de cette Année, & d'empêcher les Incurfions de la Garnifon de Bergerac; que, fans ce Secours, il fupplioit de luy accorder fon Congé.

IL demanda en même Tems la Confirmation de l'Abbaye de la Chaftre, pour Meffieurs de Raftignac, auxquels le feu Roy Charles IX l'avoit donnée à la Recommandation du Roy de Pologne, fon Frere : & ce ne fut, que par les Sollicitations réïtérées du Vicomte de Bourdeille, qu'elle fut

dans

(*) Ci-deffus, *Tome XIV*, *Lettre XL*, *page* 103.

dans la Suite confervée à Meffieurs de Raftignac par le Roy Henry III. Le Vicomte de Bourdeille fe rendit auffi Caution du jeune Seigneur d'Aubeterre, qu'il avoit avec luy : & il accompagna cette Lettre d'une autre pour le Duc d'Alençon ; l'exhortant à donner à la Reine des Confeils qui puffent procurer la Paix dans le Royaume (*).

La Reine luy fit Réponfes de Paris, le 5, & 8, & le 22 Août 1574 (†): & elle le pria de prendre le Commandement du Pays en l'Abfence du Seigneur de Loffe (qui s'en alloit à la Cour ;) de rétablir fa Compagnie de Gendarmes, dont elle luy envoyoit la Commiffion ; de l'entretenir, avec trois Compagnies de Gens de Pieds, aux Dépens du Pays, & de caffer celles qu'il jugeroit à propos : luy promettant un Pouvoir de Commandant fi ample, qu'il en feroit content. Au furplus, elle ne luy envoya point d'Argent. Le Vicomte de Bourdeille déclara à la Reine, qu'il
n'ac-

(*) Ci-deffus, *Tome XIV, Lettre XLI,* *pag.* 107.
(†) Idem, *Lettres XLVII, LV, LVI,* *pages* 124, 150, 153.

n'acceptoit ce Commandement, qu'à Condition qu'il ne préjudicieroit point aux Prérogatives de sa Charge de Sénéchal, qui l'établissoit Commandant né.

SE trouvant dénué du Nerf de la Guerre, qui est l'Argent, il chercha à se signaler par des Négociations de Paix, & par des Graces. Aussitôt après l'Arrivée du Roy Henry III en France, il obtint la Grace d'un Gentil-Homme nommé Péchaud, qui s'étoit rencontré dans une Emeute. La Lettre, qu'il écrivit à Sa Majesté sur ce Sujet, le 16 de Septembre 1574 (*), porte qu'il la supplie de faire connoître en cette Occasion, que sa Miséricorde & Bonté est plus grande, que les Malignitez & Desobéïssances de ceux de la Faction.

POUR subvenir aux Dépenses que luy coûtoient les fréquentes Assemblées de la Noblesse, & en décharger le Pays qui n'étoit pas en Etat de fournir les Impositions ordinaires, il demanda la Continuation du Don que luy avoit fait le feu Roy de l'Abbaye de Solignac (†), en Considération de

ce

(*) Ci-devant *Tome XIV*, *Lettre LVII*, *page* 158.

(†) *Gallia Christiana*, Edition 1720, Tome II, pag. 574. D.

ce qu'il s'en étoit emparé, avec le Seigneur de Pierre Buffiere, pour la contenir dans l'Obéïffance, n'ayant d'ailleurs employé, que pour le Service, le Revenu qu'il en avoit tiré jufqu'alors. Au refte, il repréfenta à Sa Majefté, par une Lettre du 18 de ce Mois de Septembre (*), qu'il ne pouvoit accepter le Rétabliffement de fa Compagnie de Gendarmes, qu'en cas qu'elle voulût bien luy promettre de l'entretenir pendant la Paix (qu'il croyoit plus prochaine, parce qu'il y travailloit fortement): qu'autrement, cette Compagnie feroit fa Ruine, & celle de fes Enfans, qu'il deftinoit à fon Service; que l'un d'eux avoit l'Honneur d'être Filleul de Sa Majefté, & que s'il fçavoit qu'il y en eût quelqu'un qui ne fuivît pas toujours le grand Fleuron, & ne mît pas fa Vie à fon Service, il feroit fervir leurs Corps de Pâtures aux Poiffons.

Le Roy ayant nommé le Maréchal de Montluc pour commander en Guyenne, Sa Majefté écrivit de Lion à Monfieur de Bourdeille, le 25 Septem-

(*) Ci-deffus, *Tome XIV*, *Lettre LVIII*, *page* 160.

tembre (*), de s'aboucher avec ce Maréchal à son Arrivée, pour le mettre au Fait des Affaires de ce Pays; & elle luy témoigna le Désir qu'elle avoit de le voir près d'elle; & luy manda de donner en son Absence le Commandement du Périgord au Seigneur des Boiries: luy déclarant, que son Intention étoit, que les Baillis & Sénéchaux du Royaume prissent le Commandement en l'Absence de ses Gouverneurs & Lieutenans-Généraux. A l'égard du Rétablissement de sa Compagnie de Gendarmes, le Roy luy écrivit de Lion, le 3 Octobre (*), que la Situation de ses Affaires ne luy permettant de luy promettre de l'entretenir pendant la Paix, Sa Majesté ne vouloit point le contraindre de faire Chose, qui causât sa Ruïne, & qu'elle remettoit le tout à sa Discrétion.

Le principal Objet du Vicomte de Bourdeille étant de procurer la Paix au Royaume, il avoit entamé quelques Négociations avec les Religionnaires

(*) Ci-dessus, *Tome XIV, Lettre LXIX, page* 185.
(*) Idem, *Lettre LXVII, page* 183.

naires, & particuliérement avec ceux de Bergerac, ses Voisins incommodes. Il s'étoit servi pour cela du Sieur de la Sestre, Doyen de Poitiers ; du Sieur de la Haye, Lieutenant-Général de Poitiers ; & du Capitaine la Salle.

Il dépêcha ce dernier au Roy, pour luy en rendre Compte : & Sa Majesté, par sa Lettre, dattée de Lion le 18 d'Octobre 1574 (*), luy témoigna qu'elle désiroit que le Sieur de la Noue fût chargé de la Députation des Religionnaires, le connoissant Homme capable de Raison, & Amateur du Repos public ; & elle invita Monsieur de Bourdeille de venir avec cette Députation la joindre en Languedoc, où elle s'acheminoit. Au Retour du Capitaine la Salle, le Vicomte de Bourdeille l'envoya au Lieutenant de Poitiers, afin de se réunir avec le Seigneur de Brantosme, & le Seigneur de Montanceys, pour aller, les uns à la Rochelle, & les autres à Pons, & tâcher de s'aboucher avec le Seigneur de la Noue. Les Rochellois firent ce qu'ils purent, pour éluder toute Entrevûë avec le Seigneur de la Noue.

EN-

(*) Ci-dessus, *Tome XIV, Lettre LXXVII,* page 210

ENFIN, le Vicomte de Bourdeille parvint à une Conference avec luy à Pons, où fe trouvérent auffi les Seigneurs de Mirambeau, de Plaffac, de Montguyon, & de Pardaillan, tous du Party de ceux de la Religion Prétendue Reformée. Ces Meffieurs luy témoignérent être très-difpofez à la Paix. Ils demandérent une Trêve pour Lufignan & le Pays où commandoit le Seigneur de la Noue, avec le libre Exercice de la Religion. Mais, ils ne voulurent point confentir, que le Seigneur de la Noue fe rendît près du Roy, avant que la Trêve fût conclue.

LE Vicomte de Bourdeille rendit Compte de ces Négociations au Roy, par fes Lettres dattées de Périgueux les 15, 23 Novembre, & 10 Décembre 1574 (*). Il écrivit auffi le même Jour 23 Novembre (†) au Duc d'Alençon, pour le remercier des Démarches qu'il avoit bien voulù faire, afin de luy procurer l'Evéché d'Avranches, en cas de Vacance, & le pria de ne

----

(*) Ci - devant, *Tome XIV, Lettres LXXVIII, LXXIX, LXXXI, pages* 213, 220, 229.

(†) Idem, *Lettres LXXXIII, page* 236.

ne luy point ôter la petite Abbaye de 15 à 1600 Livres de Rente, qu'il luy avoit donné, n'ayant jamais eu Intention de s'en défaire, & n'étant pas vray qu'il en eût écrit à fa Sœur (c'étoit Madelaine de Bourdeille).

LE 25 Décembre (*) il écrivit encore au Roy, pour luy demander le Rembourfement des Fraix, que luy avoit coûté la Prife des Châteaux de la Chapelle-Faucher, & d'Ancor, fous le Regne précédent : & luy manda, qu'il fe difpofoit à partir pour fe rendre près de Sa Majefté, & de Monfieur fon Frere, (le Duc d'Alençon,) fon bon Maître ; ne pouvant plus voir ruiner fon Pays, fans avoir le Moyen de l'empêcher.

A CETTE Lettre, il en joignit une autre (†) pour le Duc d'Alençon, auquel il repréfenta, qu'il étoit de fon Intérêt de s'entremettre pour la Paix, attendu qu'il voyoit la Couronne de France fort baffe, & qu'il luy en diroit davantage s'il étoit près de luy. Il pria auffi ce Prince d'admettre

au

____

(*) Ci-devant, *Tome XIV*, *Lettre LXXXIV*, *page 239.*
(†) Idem, *Lettre LXXXVI*, *page 247.*

au Nombre de ſes Aumôniers l'Evêque de Périgueux, Homme de Bien,
& capable de luy rendre Service. C'é-
toit Pierre Fournier, Evêque de Périgueux, qui l'Année ſuivante fut
étranglé par ſes Domeſtiques.

Le Départ du Vicomte de Bourdeille pour la Cour paroiſſoit déterminé:
il avoit même mandé au Roy, que,
n'ayant pas d'Argent, il ſe préparoit
à vendre encore quelque Terre, pour
faire ce Voyage. Et, comme le Seigneur des Bories, nommé pour commander en ſon Abſence, étoit mort
depuis peu, il avoit fait paſſer ce Commandement au Seigneur de Laſcoux,
cy-devant Lieutenant de ſa Compagnie d'Ordonnance, dont les Appointemens de Commandant avoient été re-
glez par le Roy à 200 Livres par Mois.

Cependant, le Vicomte de Bourdeille changea d'Avis, & reſta à Périgueux, tant pour continuer les Négociations qu'il avoit commencées avec les
Religionnaires, que parce que Sa Majeſté luy écrivit le 16 Janvier 1575 (*),
qu'elle ne pouvoit donner de Dé-
ciſion ſur les Fraix qu'il avoit faits
pour

(*) Voïez ci devant, *Tome XIV, Lettre
XCVI, page 270.*

Tome XV.   H

pour les Prifes des Châteaux de la Chapelle-Faucher & d'Ancor, que fon Mémoire n'eût été examiné dans fon Confeil ; & qu'à l'égard du Payement des 100 Chevaux-légers, qu'il avoit levez pour garder fon Département, le Maréchal de Montluc étoit chargé d'y pourvoir.

En conféquence de cette Lettre, le Vicomte de Bourdeille eut Recours au Maréchal de Montluc, qui ne fe trouva pas en Etat de luy donner aucun Secours. Dans ces Circonftances, le Vicomte de Bourdeille dépêcha le Seigneur de Brantofme, fon Frere, vers le Roy, au Mois de Février, pour luy rendre un Compte plus étendu de toutes les Affaires de la Guyenne, & ne fongea plus qu'à fe tenir fur la Défenfive, n'ayant pour Troupes que la Nobleffe du Pays, cinquante Chevaux - légers, & 600 Hommes d'Infanterie affez mal payez. Il follicita fort Sa Majefté de laiffer le Commandement général de toute la Guyenne à Mr. le Duc de Montpenfier, & de ne pas le rappeller pour fon Sacre ; luy repréfentant, que la Préfence de ce Prince valoit mieux que 10 mille Hommes, & étoit feule capable

pable d'en imposer aux différents Seigneurs, qui, ayant chacun des Commandemens particuliers, ne se prêtoient pas aisément à se donner des Secours mutuels.

Sur le Bruit qui s'étoit répandu, que le Roy devoit distribuer à son Sacre des Commanderies d'un nouvel Ordre qu'il se proposoit d'établir pour en être le Chef, le Vicomte de Bourdeille supplia sa Majesté de se ressouvenir de ses Services en cette Occasion. Mais, comme ces Commanderies devoient être prises sur des Bénéfices, cette Affaire fut la matiere d'une Négociation à laquelle l'Abbé de Cisteaux employa plusieurs Années à la Cour de Rome; & cet Ordre proposé, tantôt sous le Nom de Saint-Louis, & tantôt sous celuy de la Passion de Notre Seigneur, fut enfin déterminé par l'Etablissement de l'Ordre du Saint-Esprit en 1578. Ainsi, il n'y eut point de Commanderies distribuées au Sacre du Roy Henry III, & le Vicomte de Bourdeille demanda dans le Mois de Mars 1575 la Charge de Lieutenant particulier de la Ville de Périgueux alors vacante, pour le dédommager de ses Dé-

 pens

pens depuis un An qu'il fervoit toujours à fes Fraix.

MALGRE' les Négociations de Paix, les
Religionnaires continuoient leurs Ravages. Ils avoient fait lever le Siége de Madailhan au Maréchal de
Montluc, & cherchoient à fe réunir
tous vers Bergerac, pour former
un Corps d'Armée. Le Vicomte de
Bourdeille en avoit donné Avis plufieurs fois au Roy, en luy repréfentant, qu'il ne pouvoit empêcher cette Jonction, qu'autant qu'il feroit
fecouru par les autres Commandans
fes voifins; & que, pour cet Effet,
la Préfence de Monfieur de Montpenfier étoit plus néceffaire que jamais.
Mais, n'ayant pas reçu à propos toutes les Troupes qu'il avoit deman-
dées, il ne put que contribuer à fa-
vorifer la Retraïte du Comte Marti-
nengo, qui commandoit un petit
Corps, & le faire couler en Languedoc, pour éviter d'être taillé en Pie-
ces. Enfin, il ne parvint que dans
les Fêtes de Pâques à raffembler à
Périgueux les Seigneurs de la Vauguyon, d'Efcars, de Pompadour,
avec leurs Troupes, & partie de
celles du Seigneur de Ruffec. Il
fut

fut choisi par eux pour les commander dans son Gouvernement. Avec
ce Renfort, il empêcha le Vicomte
de Turenne de ravager le Périgord,
comme étoit son Intention, & l'obligea
de se retirer à Montauban, où ce Vicomte tomba malade de la petite Ve-
role, dans le Mois de May.

Après cette Expédition, le Vicomte de Bourdeille revint à Périgueux,
& en envoya le Détail au Roy, par
une Lettre du 29 May 1575 (*). Il
représenta à Sa Majesté, que la Vieillesse du Maréchal de Montluc le mettoit hors d'Etat de servir utilement,
& il demanda encore son Congé pour
revenir à la Cour, attendu qu'il devenoit inutile dans ce Pays, n'ayant
ni Troupes ni Argent, suffisamment,
pour empêcher les Courses des Religionnaires.

Le Seigneur de Ruffec s'étoit plaint
au Roy, que, quoyque le Château
d'Aubeterre fût dans son Département,
le Vicomte de Bourdeille y avoit mis
un Commandant; &, sur cette Plainte, le Roy avoit mandé au Vicomte
de

(*) Ci-dessus, *Tome XIV, Lettre*
CXVIII, page 341.

H 3

de Bourdeille de retirer ce Commandant. Mais, le Vicomte de Bourdeille répondit à Sa Majesté, par une Lettre dattée de Périgueux le 23 May 1575 (*), qu'il falloit que le Seigneur de Ruffec revât, lorsqu'il avoit fait cette Plainte ; que le Sieur de Chamberlane, Commandant dans le Château d'Aubeterre, & dont il follicitoit depuis long tems le Payement des Appointemens, y avoit été mis par le Comte Galeas, chargé de cette Commiffion par fa Majefté n'étant encore que Duc d'Anjou, après le Siége de la Rochelle ; & que luy Bourdeille n'avoit fait en cette Occafion que donner du Secours à ce Comte, pour s'emparer de ce Château, que la Dame d'Aubeterre & fes Enfans luy avoient volontiers livré, pour être confervé fous l'Obéïffance du Roy.

Enfin, le Roy accorda au Vicomte de Bourdeille, & au Seigneur de Brantofme, fon Frere, la Nomination de l'Evêché de Périgueux par Brevet du 18 Juillet 1575, en Confidération

tion

(*) *Tome XIV.* Ci-devant, *Lettre CXX,* *page* 354.

tion de leurs Services, à la charge
de 1000 Livres de Penſion pour la
Demoiſelle de Bourdeille, leur Sœur,
& 800 Livres auſſi de Penſion pour
le Sieur de la Seſtre, Chantre de Périgueux, apparemment Parent du Doyen
de Poitiers, dont le Vicomte de Bourdeille s'étoit ſervi pour ſes Négociations de Paix. Meſſieurs de Bourdeille conférérent cet Evêché à François de Bourdeille, leur Parent, Religieux de l'Abbaye de Saint-Denis en
France, comme on le verra à ſon
Article dans cette Généalogie.

Dès le Mois d'Août 1574, le Vicomte de Bourdeille pour éviter les
Surpriſes des Religionnaires de Bergerac, avoit propoſé aux Habitans
de Périgueux d'y faire entrer 100
Gentils-Hommes, & il avoit averty
le Roy & la Reine de l'Obſtination
de ces Habitans à ſe garder eux-mêmes, ſans luy vouloir permettre que
12 Gentils-Hommes ſeulement auprès
de luy. Mais, comme la Cour n'a-
voit pas fait toute l'Attention néceſſaire à ces Remontrances, le Malheur, dont ces Habitans de Périgueux
étoient menacez, leur arriva enfin,
pendant que le Vicomte de Bourdeille

H 4 étoit

étoit occupé à battre l'Abbaye de Saint-Chamans, située à sept Lieues de Périgueux (*). Il fut averti d'une Conspiration qui se tramoit à Périgueux. Aussitôt, il envoya de Nuit un Courier porter cette Nouvelle aux Principaux de cette Ville; mais, la Partie étoit déja si bien liée, qu'elle eut son Exécution dès le Lendemain 6 d'Août 1575. Cette Ville fut livrée aux Religionnaires, qui en donnérent le Gouvernement au Seigneur de Langoiran.

LE Vicomte de Bourdeille perdit, dans le Sac de cette Ville, beaucoup de Titres, & entre autres une Partie qui concernoit sa Seigneurie de la Maison noble de Périgueux. Depuis ce Tems, il ne rentra plus en cette Ville. On ignore l'Endroit où il se retira; car, il donna une Quittance le dernier Octobre 1575 au Trésorier des Guerres, sans spécifier le Lieu où il étoit, de la Somme de 300 Livres, qui luy étoit dûe pour son Etat de Capitaine de Compagnie d'Ordonnances, réduit pendant le Quartier de Jan-

____

(*) Etat de l'Eglise de Périgord, par le P. Jean du Puy, Recolet, *in* 40, *pag.* 201.

Janvier, Février, & Mars 1574, après lequel il n'avoit plus eu de Compagnie.

Il y a lieu de croire, qu'il tint la Campagne avec ses Troupes, par le Service signalé qu'il rendit vers la Fin de cette Année 1575 (*) à l'Occasion de la Révolte du Regiment de Monsieur de Buffi. Ce Colonel, ayant été obligé de quitter la Cour, étoit allé se mettre à la Tête de son Régiment, dans le Dessein de se joindre ensuite au Duc d'Alençon, qui avoit embrassé le Parti des Religionnaires : & le premier Coup d'Eclat, que devoit faire Monsieur de Buffi, étoit de surprendre les Reistres, pour leur couper la Gorge. Le Vicomte de Bourdeille, ayant découvert ce Projet, fit arrêter Prisonniers quelques Capitaines de ce Régiment, & les envoya à Monsieur de Montpensier, & eut Soin d'empêcher les Reistres de prendre Vengeance. Un Mois après il obtint du Roy la Liberté de ces Officiers, qui eurent Soin pour la plûpart de reparer leur Faute (†). Il

(*) Mémoires de Castelnaud, *Tome II*, pag. 539.

(†) Hommes Illustres François, *Tome VII*, pages 283 & 284.

Il commanda l'Armée du Roy en Guyenne près de deux Ans, pendant que Monsieur le Duc de Montpensier fut indisposé; Circonstance, qui se trouve rapportée dans le Testament de la Comtesse de Duretal, sa Fille.

Dans cette même Année 1575, le Vicomte de Bourdeille avoit monté de la Charge de Chambellan ordinaire à celle de Chambellan d'Affaires du Duc d'Alençon, qu'il ne paroît pas avoir suivi dans sa Révolte. Ce Prince fit sa Paix avec le Roy en 1576.

En 1576, les Etats du Périgord s'étant assemblez par Ordre du Roy en la Ville de Nontron, décidérent dans leur Assemblée du 18 Octobre de cette Année, que la Baronie de Bourdeille tiendroit le premier Rang entre les quatre Baronies de ce Pays, & que ces Baronies seroient doresnavant ainsi rangées, sçavoir Bourdeille, Biron, Beïnac, & Mareuil, On a vû cy-devant les Affaires qu'avoient eu les Ancêtres du Vicomte de Bourdeille pour soutenir cette Prééminence.

En 1578, le Vicomte de Bourdeille quitta sa Charge de Chambellan du Duc d'Alençon, & se retira en son
Châ-

Château de Bourdeille, pour paſſer le
Reſte de ſes Jours, qui ne furent pas
de longue Durée. Peut-être que le
Mécontentement contribua à ſa Retraite ; car, lorſqu'il demanda au Roy
une des Commanderies que le Roy
devoit diſtribuer à ſon Sacre, Sa Majeſté luy avoit fait là-deſſus de belles
Promeſſes, ainſi que ſur tout le Reſte. Cependant, le Vicomte de Bourdeille ne fut point compris dans les
premieres Promotions de l'Ordre du
Saint Eſprit, quoy qu'on luy ait donné la Qualité de Chevalier des Ordres
dans quelques Copies de Titres.

FRANÇOIS Bouchard, Vicomte d'Aubeterre, mort en 1573, avoit toujours ſuivi le Parti des Religionnaires,
& Brantoſme l'accuſe même d'avoir
excité Poltrot à commettre l'Aſſaſſinat
du Duc de Guiſe (*). Après le Siége de la Rochelle, le Duc d'Anjou,
Lieutenant-Général du Roy Charles IX,
ſon Frere, avoit fait mettre Garniſon
dans le Château d'Aubeterre, & cette Maiſon, quelque puiſſante qu'elle fût, auroit été infailliblement acca-
blée, ſi le Vicomte de Bourdeille ne
H 6 l'avoit

(*) Hommes Illuſtres François, *Tome
VIII, pag 118 & 119.*

l'avoit pris sous sa Protection. En effet, touché du Malheur de la Veuve & des Enfans du feu Vicomte d'Aubeterre, il intercéda pour eux auprès du Roy Charles IX, qu'il engagea à faire élever près de sa Personne le jeune Vicomte d'Aubeterre, nommé David Bouchard. Mais, la Mort de ce Roy, arrivée peu de Tems après, ayant privé le Vicomte d'Aubeterre de cet Honneur, le Vicomte de Bourdeille demanda encore la même Grace au Roy Henry III en 1574 ; ce qui n'eut pas lieu, parce que le Vicomte de Bourdeille devoit mener luy-même ce jeune Seigneur à la Cour, & que tous les Voyages qu'il avoit projettez d'y faire, furent rompus. Ainsi, le Vicomte de Bourdeille s'étant rendu Caution, auprès du Roy, de la Personne du Vicomte d'Aubeterre, il le garda toujours avec luy, & le maria avec Renée de Bourdeille, sa deuxiéme Fille. Leur Contract de Mariage, passé au Château de Bourdeille le 16 Février 1579, qualifie le Vicomte de Bourdeille *haut & puissant Seigneur Messire* ANDRE' DE BOURDEILLE, *Seigneur, Vicomte du-dit Lieu, de la Tour-blanche, d'Archiac, & Mastas, Chevalier de l'Ordre du Roy.*

Roy, Capitaine de cinquante Hommes d'Armes de ses Ordonnances, Conseiller en son Conseil privé, Sénéschal & Gouverneur de Perigord.

LA Droiture, qu'avoit fait voir le Vicomte de Bourdeille dans ses Négociations pour la Paix, luy avoit mérité la Confiance même des Religionnaires. C'est pourquoy le Roy de Navarre luy écrivit de Cadillac le 1. Février 1581 (*), en luy envoyant une Lettre du Duc d'Alençon : que tous deux l'ayant nommé & commis à l'Exécution des Edits & Conférence sur la Paix pour la Sénéchauffée de Périgord, comme étant des plus zélez & affectionnez au Bien de la Paix, & la Tranquillité publique, ils le prioient de se rendre au Lieu désigné pour faire avec le Sieur de Campagnac, chargé de la même Commission par ceux de la Religion Prétendue Reformée, un Procès verbal de tout ce qui se feroit en ce Lieu. Cette Lettre est signée *Vostre bien affectionné Cousin* HENRY ; & la Soufcription est ainsi : *A mon Cousin Monsieur de Bourdeille, Chevalier de l'Ordre du Roy*

____

(*) Voïez ci-devant, *Tome XIV*, Lettre CXXII, *page* 359.

Roy mon Seigneur, Capitaine de cinquante Hommes d'Armes de ses Ordonnances, Séneschal de Périgord.

MAIS, pendant que le Vicomte de Bourdeille étoit occupé des Moyens pour établir une Paix solide, le Pere François Bord, Jésuite, sollicitoit les Catholiques les plus échauffez, de faire un Effort & de reprendre la Ville de Périgueux sur les Religionnaires (*). Ce Projet fut exécuté le 26 Juillet 1581 : & comme cette Place avoit été donnée en Garde au Roy de Navarre, ce Prince fut vivement touché de se la voir enlevée. Il écrivit de Nérac le 10 Août suivant (*) au Vicomte de Bourdeille, en luy envoyant la Lettre du Roy Henry III, qui desapprouvoit cette Action, pour luy en faire Part, & le pria de continuer les bons Traitemens qu'il avoit faits aux Religionnaires prisonniers ; l'exhortant à leur faire rendre leurs Effets & leur Liberté. Cette Lettre, signée *Votre bon Cousin & affectionné Amy* HENRY, porte la même
me

(*) Etat de l'Eglise de Périgord, par le P. du Puy, *in* 40 *pag.* 210.
(*) Ci - devant, *Tome XIV, Lettre CXXIII, page* 361.

ROGER BERNARD, Comte de Périgord.
LOUISE DE VENDOSME, fa Femme.

1. ARCHAMBAU IV, Comte de Périgord; LOUISE, Dame de Maftas, fa Femme.

JEANNE DE PERIGORD, Femme de JEAN II, Comte d'Armagnac.

2. ELEONORE DE PERIGORD, Femme de JEAN DE CLERMONT, Vicomte d'Aunay.

BERNARD VII, Comte d'Armagnac, Conneftable de France; BONI DE BERRY, fa Femme.

3. LOUISE DE CLERMONT, Vicomteffe d'Aunay, Femme de FRAN-ÇOIS, Baron de Montberon.

ANNE D'ARMAGNAC, Femme de CHARLES Sire d'Albret.

4. FRANÇOIS, Baron de Montberon; JEANNE DE VENDOSME DE FONTAINES, fa Femme.

BRUNISSENDE DE MONT-BERON, feconde Femme d'ARNAULT Sire de Bour-deille, dont elle n'eut qu'une Fille.

JEAN D'ALBRET, Vicomte de Tartas; CATHERINE DE ROHAN fa Femme.

5. EUSTACHE, Baron de Montberon; MARGUERITE D'ESTUER, fa Femme.

ALAIN, Sire d'Albret; FRANÇOISE DE BLOIS-CHASTILLON, di de Bretagne, Comteffe de Périgord, Vicomteffe de Limoges, fa Femme.

6. ADRIEN, Baron de Montberon; MARGUERITE D'ARCHIAC, fa Femme.

JEAN D'ALBRET, Roy de Navarre par CATHERINE DE FOIX, Reine de Navarre, fa Femme.

7. FRANÇOIS, Baron de Montberon; JEANNE DE MONTPEZAT, fa Femme.

HENRY D'ALBRET, Roy de Navarre; MARGUERITE D'ORLEANS fa Femme, Sœur du Roy François I.

8. JACQUETTE DE MONTBERON, Femme d'ANDRÉ Vicomte de Bour-deille.

JEANNE D'ALBRET, Reine de Navarre, Femme d'ANTOINE DE BOUR-BON, Duc de Vendofme, & par elle Roy de Navarre.

HENRY DE BOURBON, Roy de Navarre, puis Roy de France fous le Nom de Henry IV.

me Souscription que la précédente.

LE Traitement de *Cousin* peut bien être une Suite du même Traitement cy-devant accordé aux Seigneurs de Bourdeille par les Prédécesseurs du Roy de Navarre : mais, il est certain, que le Vicomte de Bourdeille étoit, par sa Femme, Parent de ce Roy du 8e. au 9e. Degré, comme on le voit par la Table cy à côté (*).

SIX Années étoient écoulées depuis que le Vicomte de Bourdeille avoit fait une Chûte, sans en avoir encore ressentit les Effets. Un Cheval d'Espagne, qu'il montoit, s'étant abattu sur luy, luy avoit fait seulement une Meurtrissure dans le Côté. De cet Accident, il se forma peu à peu une Poche dans son Corps ; mais, les Douleurs ne commencérent à luy être sensibles, que huit Jours avant sa Mort.

ENFIN, étant obligé de s'aliter, il fit son dernier Testament, en son Château de Bourdeille le 25 Décembre 1581, dans lequel il prit les Qualitez de *haut & puissant Seigneur Messire* ANDRE' DE BOURDEILLE, *Seigneur, Vicomte, & Baron de Bourdeille, de la Tour-blanche, Mastas & Achiac, Che-*

va-

valier de l'Ordre du Roy, Capitaine de cinquante Hommes d'Armes de ſes Or-donnances, Conſeiller en ſes Conſeils privez, Sénéſchal & Gouverneur de Périgord. Il choiſit ſa Sépulture dans l'Egliſe de Bourdeille, au Tombeau de ſes Prédéceſſeurs : déclara avoir vendu la Terre de Domeirac en Agenois, qui étoit un Propre de Dame Jacquette de Montberon, ſa Femme : il luy aſſigna ſon Dédommagement ſur la Terre de la Tour-blanche : inſtitua ſon Héritier univerſel HENRY DE BOURDEILLE, ſon Fils aîné : légua la Somme de 3333 Ecus $\frac{1}{3}$, revenant à celle de 16 mille Livres, à Claude, ſon ſecond Fils ; autant à chacune de ſes Filles, nommées Jeanne, Iſabeau, & Adrienne de Bourdeille, ainſi qu'au Poſthume dont ſa Femme pourroit être enceinte ; le tout payable, en cas de Mariage, ou de Majorité : & ne laiſſa que 10 Ecus à Renée de Bourdeille, auſſi ſa Fille, Femme du Vicomte d'Aubeterre. Il chargea de l'Exécution de ce Teſtament, l'Abbé de Brantoſme, ſon Frere, & François de Bourdeille, leur Couſin, Evêque de Périgueux. Il mourut à Bourdeille, dans le Mois de Janvier 1582, & fut in-
hu-

humé dans l'Eglise de Saint-Pierre de Bourdeille.

COMME son Fils aîné n'étoit pas en Age d'exercer sa Charge de Sénéchal de Périgord, il avoit engagé les Maréchaux de Retz, & de Matignon, de solliciter le Roy de la donner au Vicomte d'Aubeterre, son Gendre : ce qui fut exécuté après sa Mort ; car, Sa Majesté la conféra au Vicomte d'Aubeterre, par Brevet du 2 Février 1582. Brantosine en fut d'autant plus mortifié, qu'il avoit fait des Démarches inutiles pour obtenir cette même Charge (*). Cette Préférence, jointe à l'Amitié qu'avoit témoigné feu son Frere au Vicomte d'Aubeterre, échauffa sa Bille de façon, qu'il semble avoir pris Plaisir à se déchaîner contre la Maison d'Aubeterre, & contre ceux qui avoient favorisé ce Vicomte d'Aubeterre. Il n'a pu même s'empêcher d'accuser son Frere aîné, le Vicomte de Bourdeille, d'avoir été mauvais Ménager & Joueur ; &, en même tems, il reconnoît, que ce Frere étoit Homme de Bien,

d'Hon-

(*) Hommes Illustres François, *Tome IX, page 277 & suiv.*

d'Honneur, & de Valeur, fort fplendide, magnifique, & libéral, à la
Cour & dans les Armées.

La Conduite, qu'a tenue le Vicomte de Bourdeille, pendant le Cours
de fa Vie, au milieu des plus grandes Divifions dans la Cour & dans
tout le Royaume, fans que fa Fidélité & fon Obéïffance pour fon Souverain ait reçu la moindre Altération,
forme de luy un Eloge fuffifant, &
établit une grande Différence entre
fon Caractere, fes Services, & ceux
de fon Frere Brantofme.

La Vicomteffe de Bourdeille, devenue Veuve à l'Age de 37 à 38
Ans (*), & d'ailleurs belle, bien-
faite, & fort riche par elle-même,
fut bientôt recherchée en Mariage par
plufieurs Seigneurs de la Cour, &
entre autres par Monfieur Strozzy,
Chevalier des Ordres du Roy, lequel
étoit Parent de la Reine-Mere, comme
Fils du Maréchal Strozzy, & d'une
Médicis. Mais, la Mort de ce Seigneur, tué au Mois de Juillet de la
même Année 1582, dans un Combat
Na-

(*) Dames Illuftres, *Tome I, page*
524.

GUY DE MAREUIL, Baron du-dit Lieu, Seigneur de Villebois, &c. épousa 1. PHILIPPE PAINEL, morte en 1512. 2. CATHERINE DE CLERMONT.

1. Lit.			2. Lit.	
MARGUERITE DE MAREUIL, Femme de FRANÇOIS BOUCHARD, Vicomte d'Aubeterre.	JEANNE DE MAREUIL, Femme de GUY, Seigneur de Montpezat.	FRANÇOISE DE MAREUIL, Femme, 1. de FRANÇOIS DE MONTPEZAT, Seigneur de Fongemont, Frere de Guy, sans Enfans : 2. de PHILIPPE D'HARCOURT, Seigneur d'Escouché.	FRANÇOIS DE MAREUIL, Seigneur de Villebois; Anjac, Charente, & Vibrac, mort en 1533, sans Enfans.	GABRIELLE DE MAREUIL, Femme de NICOLAS D'ANJOU, Marquis de Mézieres.

FRANÇOIS BOUCHARD, Vicomte Guy d'Aubeterre.	FRANÇOISE DE MONTPEZAT, Femme, 1. en 1526 D'ALAIN DE FOIX, Vicomte de Castillon : 2. mariée, en 1538, avec FRANÇOIS DE MONTBERON, Baron de Montberon, d'Archiac, &c.	JEANNE & ANNE DE MONTPEZAT, lesquelles paroissent être mortes sans Postérité, depuis 1543.	RENÉE D'ANJOU, Femme de FRANÇOIS DE BOURBON, Duc de Montpensier.

1. Lit.	2. Lit.
JEANNE DE FOIX, Femme D'HONNORÉ DE SAVOYE, Marquis de Villars, Maréchal de France, morte en 1580.	JACQUETTE DE MONTBERON, Vicomtesse de Bourdeille.

Naval, termina bientôt ſes Pourſuites.
Et le Seigneur de Brantoſme eut Soin,
à ce qu'il dit, d'écarter les autres
Prétendans, & d'entretenir ſa Belle-
Sœur dans les Sentimens de reſter
Veuve en Faveur de ſes Enfans. Comme on ignore le Sujet, qui obligea
le Seigneur de Brantoſme de renon-
cer à l'Attachement qu'il avoit eu
pendant ſi long-tems pour Monſieur
Strozzy, on pourroit ſoupçonner,
que les Vûës de Monſieur Strozzy ſur
la Vicomteſſe de Bourdeille y eurent
bonne Part.

La Vicomteſſe de Bourdeille obtint des Lettres Royales le 4 Mars
1583, pour faire attribuer au Parlement de Paris la Connoiſſance d'un
Procès commencé par la ſeue Dame
de Montberon, ſa Mere, au Sujet de la
Succeſſion de feu François de Mareuil,
ſon Oncle. La Table cy à Côté ren-
dra la Choſe plus intelligible (*).

On voit donc par cette Table,
que la Branche aînée de la Maiſon
de Mareuil étoit tombée en Quenouille par la Mort de François Baron de Mareuil, Seigneur de Villebois, &c., décédé en 1533 ſans Poſtérité, ne laiſſant que ſes Sœurs pour Hé-
rí-

ritieres. Mais, comme la Marquife
de Mézieres étoit fa Sœur utérine ,
& que d'ailleurs le Mariage qu'elle
avoit contracté, avoit plus de brillant
que ceux de fes autres Sœurs , attendu que le Marquis de Mézieres,
fon Mary, avoit pour Ayeul paternel Louis d'Anjou, Baron de Mézieres, à la vérité Fils naturel de Charles d'Anjou, Comte du Maine: mais,
le Défaut de cette Bâtardife fe trouvoit bien relevé, en ce que le Comte du Maine étoit Fils de Louis Duc
d'Anjou, II du Nom, Roy de Naples,
de Sicile, de Jérufalem, & d'Arra-
gon, qui avoit pour Ayeul paternel
le Roy Jean de France ; toutes ces
Raifons contribuérent fans doute à la
faire avantager au Préjudice de fes
Sœurs , & l'autoriférent fuffifamment
à envahir la plus grande Partie de
la Maifon de Mareuil. Cependant ,
la Marquife de Villars, comme étant
au Droit de Françoife de Montpezat,
fa Mere , & repréfentant les Demoifelles Jeanne & Anne de Montpezat,
fes Tantes, qui femblent n'avoir point
eu Poftérité, s'étoit fait maintenir
dans la Poffeffion de la troifiéme Partie des Terres & Seigneuries de Villebois,

bois, Anjac, Charente, & Vibrac, & des autres Immeubles de la Succeffion du feu Baron de Mareuil, par Arrêt du Parlement de Paris rendu au Mois d'Août 1543. Elle avoit pourfuivi l'Exécution de cet Arrêt, & les Vicomtes d'Aubeterre, comme Enfans de Marguerite de Mareuil avoient auffi pris Part dans cette Procedure; mais, la Minorité de la Vicomteffe de Bourdeille, & les Guerres Civiles, dans lefquelles elle avoit perdu ou égaré fes Titres, fur-tout à la Prife de fon Château de Maftas, l'avoit empêché jufqu'alors d'intervenir dans ce Procès, pour faire valloir fes Droits. Ce fut donc pour être relevée de ce Laps de Tems, qu'elle demanda ces Lettres Royales. Cependant, le Roy ne permit la Reprife de cette Inftance, qu'en cas qu'il n'y eût point 30 Années révolues depuis qu'elle avoit ceffé : ce qui fit apparemment perdre entiérement les Droits de la Vicomteffe de Bourdeille; car, elle déclara dans fon Codicille cy après, qu'elle n'avoit été privée de fes Prétentions, que par Prefcription.

DEPUIS la Mort de fon Mary, elle n'an'avoit point encore quitté la Province. Elle maria, dans son Château d'Archiac, par Contract du 8 Novembre 1584, Jeanne de Bourdeille, sa Fille aînée, avec Claude d'Epinay, Comte de Duretal, Chevalier de l'Ordre du Roy, Gentil-Homme ordinaire de la Chambre de Sa Majesté. Elle est qualifiée dans cet Acte *haute & puissante Dame Jac-QUETTE DE MONTBERON, Dame de Bourdeille, de la Tour-blanche, d'Archiac & de Domeirac, Veuve de feu haut & puissant Seigneur Messire ANDRE' DE BOURDEILLE, Seigneur, Baron & Vicomte des mesmes Terres, Chevalier de l'Ordre du Roy, Capitaine de cinquante Hommes d'Armes de ses Ordonnances, Conseiller en son Conseil privé, Sénéschal & Gouverneur de Périgord.* Elle donna à cette Fille en Mariage la Somme de 16666 Ecus$\frac{1}{3}$, revenant à celle de 50 mille Livres, assignée sur les Paroisses de Baret & de la Garde, situées dans la Baronie d'Archiac.

SON Mérite, & sa Vertu, la firent enfin appeller à la Cour par la Reine-Mere (Catherine de Médicis,) qui, sur la Fin de ses Jours, la nomma l'une
de

de ses Dames ordinaires (qu'on appelle à présent Dames du Palais.) Ses Provisions sont dattées de Paris le 21 Novembre 1587. Après la Mort de cette Reine, elle passa en 1589 auprès de la Reine Louise de Lorraine, Epouse du Roy Henry III, dont elle fut aussi l'une des Dames du Palais, à 400 Livres d'Appointement, suivant l'Etat de la Maison de cette Reine de l'An 1575 jusqu'en 1591.

Elle ne jouït pas long-tems de cette Dignité; car, après la Mort du Roy Henry III, assassiné au Mois d'Août 1589 (*), la Reine Louise se retira à Chenonceaux, où Sa Majesté passa les deux premieres Années de son Veuvage. Après quoy, elle choisit pour derniere Retraite son Château de Moulins, & elle y finit ses Jours dans les Exercices d'une grande Piété. Ainsi, la Vicomtesse de Bourdeille ne fut pas long-tems absente de la Province, & revint habiter son Château de Bourdeille.

Elle y fit son Testament le 22 Avril 1594, par lequel elle ajoute aux Qualitez cy-dessus, celle de *Dame de*

I 2

Cer-

(*) Histoire de France par Mezeray *in Folio, Tome III, pag. 681.*

Certonville (*). Elle ordonna de l'inhumer fans Pompe, dans l'Eglife de celle de fes quatre Terres de Bourdeille, la Tour-blanche, Archiac, & Maftas, qu'elle habiteroit à fa Mort ; légua une Somme de 10 mille Livres fur la Baronie d'Archiac à la Comtefse de Duretal, fa Fille aînée, outre les 10 mille Ecus qui luy avoient été afsignez fur les Paroifses de Baret & de la Garde, dépendantes de cette Baronie : elle réduifit la Vicomtefse d'Aubeterre, & la Dame d'Ambleville, fes autres Filles, à leurs Dotes, montant pour chacune à la Somme de 11333 Ecus $\frac{1}{3}$; & laifsa pareille Somme à Adrienne de Bourdeille, fa derniere Fille, pour la marier. Elle fit Don de la Terre & Baronie de Maftas en entier avec le Château, & toutes fes Dépendences en faveur de Claude de Bourdeille, fon jeune Fils : inftitua pour fon Héritier univerfel Mefsire **HENRY DE BOURDEILLE**, fon Fils aîné, Seigneur & Vicomte de Bourdeille, Capitaine de cinquante Hommes d'Armes des Ordonnances du Roy, fon Confeiller, Sénefchal, Gouverneur, & Lieutenant-Général, en Périgord. Elle les fubftitua
l'un

(1) Sertonville, *comme ci-defsus.*

l'un à l'autre, voulant que s'ils mou-
roient fans Enfans, la Moitié de leurs
Biens revînt à la Comteſſe de Duretal, & que l'autre Moitié fût partagée entre les trois autres Filles de
la Teſtatrice. Elle chargea auſſi ſon
Héritier univerſel de payer une Somme de 4200 Ecus au Seigneur de
Brantoſme, ſon Beau-Frere, qui les
luy avoit prêtez ſans Billet; recon-
noiſſant avoir reçu de luy beaucoup
d'Aſſiſtance depuis ſon Veuvage : &
elle le nomma l'un de ſes Exécuteurs
Teſtamentaires. Elle confirma ce Teſtament, & la Subſtitution en Faveur
de ſes Fils, par un Codicille qu'elle
fit en ſon Château d'Archiac le
29 d'Avril 1595 : &, pour donner
plus de Force à ſes Diſpoſitions, &
aſſurer à ſon Fils aîné la Poſſeſſion
de ſon Legs univerſel, conſiſtant principalement dans les Terres de Bourdeille, de la Tour-blanche, & d'Archiac, & rendre plus certaine la
Subſtitution qu'elle formoit en Faveur
de la Branche de Maſtas, elle ſe porta, par ce Codicille, Créanciere de
feu ſon Mary pour le double des
Biens qu'il avoit laiſſez ; & cela, en
déclarant, qu'ayant échangé avec
I 3 luy

luy la Terre de Domeirac, qu'elle avoit en Propre, pour celle de la Tour-blanche, & la Seigneurie de la Feuillade, il avoit vendu cette Seigneurie de la Feuillade, ainfi que plufieurs Rentes attachées à la Terre de la Tour-blanche, avec les Paroiffes de Brie, & de Saint Ciers, dépendantes de la Baronie d'Archiac, & la Terre de Certonville en Normandie, quoy que ces Biens fuffent auffi des Propres de la Teftatrice; que de plus il s'étoit chargé de pourfuivre le Procès qu'elle avoit pour fes Droits fur la Comté de Maulevrier, de même que fur la Vicomté d'Aunay, & fur la neuviéme Partie des Terres & Seigneuries de Villebois, Anjac, Charente, & Vibrac, adjugée à la feue Dame de Montberon, fa Mere, contre la Marquife de Mézieres, Ayeule de Mr. le Prince de Montpenfier; que cependant, Faute de pourfuivre cette Inftance, il les avoit laiffé perdre par Prefcription.

ELLE nomma encore, pour l'un des Exécuteurs de ce Codicille, le Seigneur de Brantofme; mais, comme bien loin de confirmer fa premiere Difpofition de le faire payer de la
Som-

Somme de 4200 Ecus qu'elle luy devoit, elle le pria d'en gratifier après sa Mort le Vicomte de Bourdeille. Le Seigneur de Brantofme fut fâché de cette Priere, & prétendit n'avoir point été confulté par fa Belle-Sœur fur ce Codicille. Il accufa même le Vicomte de Bourdeille, fon Neveu, de l'avoir fuggeré à fa Mere : & c'eft une des principales Raifons pour lefquelles le Seigneur de Brantofme déclama dans fon Teftament contre le Vicomte de Bourdeille, avec fa Vivacité ordinaire.

Cette Subftitution, formée par Jacquette de Montberon, ayant été attaquée, tant par les Créanciers, que par des Cohéritiers, après l'Extinction de la Branche des Vicomtes & Marquis de Bourdeille aînez de la Maifon, fut déclarée bonne & valable, non feulement par les Confultations d'un grand Nombre de fameux Avocats, mais même par Arrêt du Parlement de Grenoble de l'An 1678, qui en conféra l'Ouverture aux Comtes de Maftas, leurs Cadets. Et comme les Faits rapportez dans le Codicille de 1595, qui en font le Fondement, étoient arguez de faux,

I 4   même

même par le Teſtament du dernier
Marquis de Bourdeille, il falut en venir à Preuves, & repréſenter les Actes cy-après, qui ſont :

SOMMATION faite le 16 Décembre
1562 par Dame Françoiſe de Montpezat, Mere de Jacquette de Montberon,
à André de Bourdeille de ſatisfaire
aux Clauſes de la Donation qu'elle
avoit faite à ſa Fille, pour pourſuivre
les Droits qui compoſoient cette Donation.

VENTE de la Terre de Certonville,
& autres en Normandie, du 17 Juin
1565, par André de Bourdeille, &
Jacquette de Montberon, ſa Femme,
avec une Quittance d'une Partie du
Prix de cette Vente du 26 Juillet
1568.

VENTE du 1 Avril 1570 de la
Terre de Domeirac en Agenois,
par André de Bourdeille, & Jacquette de Montberon, ſa Femme.

VENTE de la Terre de Brie & Saint-
Ciers, par André de Bourdeille, &
Jacquette de Montberon, ſa Femme,
du . . . . .

SUBROGATION faite par Madelaine
de Bourdeille de tous ſes Droits en
Faveur de Jacquette de Montberon,
Dame

Dame de Bourdeille, fa Belle-Sœur, moyennant certaine Somme.

Ce fut donc fur le Vû de ces Piéces, que la Branche des Comtes de Maf-tas obtint l'Ouverture de cette Subf-titution, dont cependant elle n'a pu jouïr long-tems, par la quantité de Dettes qui l'accompagnoit, & qui les a obligés de laiffer vendre à des Etrangers les Terres qui compofoient cette Subftitution : de forte que Mef-fieurs de Maftas fe font trouvé ré-duits à conferver feulement les Ti-tres de ces Terres ; & c'eft pour cela, qu'on les nomme encore à prefent Marquis de Bourdeille, &c. comme on le verra plus amplement à l'Ar-ticle de cette Branche.

La Vicomteffe de Bourdeille n'é-toit pas encore morte en 1597 ; car, elle affifta au Contract de Mariage, paffé le 12 Avril de cette Année dans le Château d'Aubeterre, de Demoi-felle Hypolitte Bouchard, Vicomteffe d'Aubeterre, fa Petite-Fille , avec François d'Efparbez, de Luffan, Ba-ron de la Serre , Gouverneur de Blaye, & depuis Maréchal de France: mais, il y a lieu de conjecturer, qu'el-le mourut peu de Tems après ; car,

I 5

le

le 16 Novembre 1598 , Henry &
Claude de Bourdeille, ses Enfans,
donnérent leur Approbation à son
Testament : & , d'ailleurs, le Baron
de Mastas, son second Fils, ne fut
assisté dans le Mariage, qu'il contracta devant les Notaires de Xaintes en 1602 avec la Demoiselle du
Breuil Dethion, que du Vicomte de
Bourdeille, son Frere aîné.

Elle fut inhumée dans l'Eglise de
Saint-Pierre sous Archiac, comme
l'apprend le Testament de l'An 1641
de la Comtesse de Duretal, sa Fille.

APRE's la Mort de Jacquette de
Montberon, le Seigneur de Brantosme, son Beau-Frere, composa pour
elle une Oraison funebre, dont voicy l'Intitulé : *Oraison funebre de
feue Madame de Bourdeille, faiête par
moy le Seigneur de Brantosme, son
Beau-Frere, qui fut diête & prononcée
le Jour de la Quarantaine par un sça-
vant Prescheur Cordelier de Bourdeaux* (*). On en rapportera seulement l'Extrait suivant :

„ ELLE estoit très-belle, d'une
riche

____

(*) Voïez ci-dessus, *Tome XIII, Opuscule X, page* 81.

„ riche haute Taille, fort vertueufe.
„ Elle avoit l'Efprit fort bon & fub-
„ til, & le Jugement fur-tout ferme
„ & folide. Elle parloit & efcrivoit
„ très-bien. Elle lifoit beaucoup; fça-
„ voit les Langues Efpaignole &
„ Italienne, & mefme un peu la
„ Latine. Elle a fait & compofé de
„ très belles Poëfies, & d'autres
„ belles Chofes en Profe. Elle ayma
„ fort la Géométrie & l'Architecture,
„ y eftant experte & ingénieufe,
„ comme il paroift par fa belle Mai-
„ fon de Bourdeille, qu'elle fit baf-
„ tir de fon Invention. Elle fut
„ une grande & fage Oeconome; car,
„ fon Mary la laiffa endebtée de
„ 200 mille Francs (Somme alors
„ très - confidérable.) Cependant,
„ elle mourut defendebtée quafi de
„ tout, & laiffa à fes Enfans de quoy
„ fe defendebter du Refte. Et, bien
„ qu'elle fuft fi bonne Oeconome,
„ elle eftoit très-libérale, très-fplen-
„ dide, tenant une grande Maifon,
„ fans Superfluïté pourtant. La
„ Reyne la prit à fon Service, pour
„ l'une de fes Dames, & la chérit
„ bien fort. Elle vefquit en fa Cour
„ avec une belle & illuftre Réputa-

I 6

„ tion

,, tion : non qu'elle s'y voulut trop
,, affiduer, ny affujettir ; défirant plus
,, eflever fa belle & noble Famille ,
,, que féjourner à la Cour. Son
,, Mary la laiffa Veuve à l'Age de
,, 36 à 37 Ans, très-belle & très-
,, riche, de fon Cofté. Elle fut re-
,, cherchée de fix ou fept Grands de
,, France, aufquels elle ne voulut
,, jamais entendre, non pas feulement
,, ouyr parler de ce feul Mot de
,, fecond Mariage. Durant les Guer-
,, res Civiles, il y eut un Grand ,
,, qui la menaça de l'aller affiéger
,, en l'une de fes Maifons, & d'y
,, mener le Canon. Elle fit Refpon-
,, fe, qu'elle eftoit extraicte en Par-
,, tie de cette grande & généreufe
,, Comteffe de Montfort, qui endu-
,, ra fi vertueufement le Siége de
,, Hennebond; & , tenant d'elle &
,, de fon Cœur , qu'elle l'attendoit
,, en fa Maifon de mefme Vertu &
,, Courage (*). Tant qu'elle a efté ma-
,, lade, l'Efpace de fept Mois de
,, Ma-

(*) Ce Grand, qui menaçoit ainfi la
Vicomteffe de Bourdeille, étoit le Prince
de Condé, dont la Mort arrêta le Cours
de fes Menaces. Voïez *Tome II , page*
316, *des* Dames Galantes.

,, Maladie, dont elle eſt morte, ſon
,, bon Courage l'a tousjours ſouſtenue
,, juſqu'à la Fin, bien qu'elle endu-
,, raſt beaucoup de Douleur; ne fai-
,, ſant jamais Priere à Dieu qu'il luy
,, donnaſt Santé, mais ſeulement la
,, Patience. Elle mourut à l'Age de
,, 56 Ans. ,,

CETTE Comteſſe de Montfort étoit
Jeanne de Flandres, Femme de Jean
de Bretagne, Comte de Montfort,
laquelle, voyant ſon Mary priſon-
nier, ſe jetta dans la Ville d'Hennebond, & y ſoutint un long Siége,
l'An 1342, contre Charles de Blois,
prétendant au Duché de Bretagne.
Ce Fait eſt rapporté bien au long
dans l'*Hiſtoire de Bretagne par le Ré-
verend Pere Lobineau*, Tome, I, page 320, &c. Cette Comteſſe de Montfort a été la Tris-Ayeule de la Du-
cheſſe Anne de Bretagne, Femme
des Rois de France, Charles VIII &
Louis XII (*).

ON n'a pas découvert de quelle
Façon la Vicomteſſe de Bourdeille
étoit *extraiﬅe en Partie* de cette Comteſſe de Montfort, à moins que Brantoſme

____

(*) Voïez ſon Eloge, *Tome I, Diſ-
cours I, des* Dames Illuſtres.

tofme n'ait voulu faire entendre, que le même Sang qui couloit dans les Veines de la Comteffe de Montfort, couloit auffi dans celles de la Vicomteffe de Bourdeille, comme defcendues toutes deux de Guy de Dampierre, Comte de Flandres; ce qui fe verra encore mieux par la Table fuivante (*).

F

JEANNE DE BOURDEILLE,

COMTESSE DE DURETAL.

JEANNE DE BOURDEILLE, aînée de tous les Enfans du Vicomte André de Bourdeille, fe trouvant de plus Fille unique en 1562, fut inftituée Héritiere univerfelle par le premier Teftament de fon Pere du 24 May de cette Année; mais, enfin, elle perdit cette Qualité dans le dernier Teftament du 25 Décembre 1581 de fon Pere, qui, ayant alors un Fils, la réduifit pour tous fes Droits à la Somme de 3333 Ecus $\frac{1}{3}$, revenant à

cel-

GUY DE DAMPIERRE, Comte de Flandres.
MAHAUD, Dame de Béthune, fa 1e. Femme.

1. *Lit.*

...BERT III, Comte de Flandres, dit de *Béthune* ; YOLAND DE BOURGOGNE, Com-
...ffe de Nevers, fa 2e. Femme.

GUILLAUME DE FLANDRES, Seigneur de Crevecœur ; ALIX DE CLERMONT DE
NEELLE, fa Femme.

2. *Lit.*

...IS DE FLANDRES, Comte de Nevers ; JEANNE, Comteffe de Rethel, fFemme.

JEAN DE FLANDRES, Seigneur de Crevecœur ; BEATRIX DE CHASTILLON de St.
Paul.

...NNE DE FLANDRES, Femme de JEAN DE BRETAGNE, Comte di Monrfon,
...uc de Bretagne, laquelle foutint le Siége d'Hennebond contre Charles de Bis en 1342.

MARGUERITE DE FLANDRES, Femme de GUILLAUME de CRAON, Seigneur de la
Ferté-Bernard.

BEATRIX DE CRAON, Dame de Toureil, Femme de RENAUD, Baron de Maulevrier.

MARIE, Dame de Maulevrier, Femme de JACQUES, Sire de Montberon, Maréchal de
France.

FRANÇOIS, Sire de Montberon.
LOUISE DE CLERMONT, Vicomteffe d'Aunav.

FRANÇOIS, Sire de Montberon, Vicomte d'Aunay.
JEANNE DE VENDOSME DE SEGRE'.

EUSTACHE, Sire & Baron de Montberon, Vicomte d'Aunay, &c.
MARGUERITE D'ESTUER DE SAINT-MEGRIN.

ADRIEN, Baron de Montberon.
MARGUERITE, Dame d'Archiac.

FRANÇOIS, Baron de Montberon.
JEANNE DE MONTPEZAT.

JACQUETTE DE MONTBERON, Femme d'ANDRE' VICOMTE DE BOURDEILLE, dont
les Enfans furent :

...RY DE BOURDEILLE, I. Comte de ...urdeille, &c. qui fuit à cette Lettre **K**	CLAUDE DE BOURDEILLE, Baron de Maftas, qui fuit à cette Lettre	JEANNE DE BOUR-DEILLE, Comteffe de Duretal, qui fuit à cette Lettre **F**	RENE'E DE BOUR-DEILLE, Vicomteffe d'Aubeterre, qui fuit à cette Lettre **G**	ISABELLE DE BOUR-DEILLE, Baronne d'Ambleville, qui fuit à cette Lettre **H**	ADRIENNE DE BOURDEILLE, Dame de Saint-Bon-net, qui fuit à cette Lettre **J**

celle de 16 mille Livres Monnoye de ce Siécle.

Quoy qu'Aînée, elle ne fut mariée qu'après Renée, sa Sœur cadette, après la Mort de leur Pere. Elle époufa, à l'Age de plus de 22 Ans, par Contract paffé au Château d'Archiac, Domicile de fa Mere, le 8 Novembre 1584, haut & puiffant Seigneur Meffire Claude d'Efpinay, Comte de Duretal, Seigneur & Baron de Barbezieux, de la Vezouziere, & de Boüere, Chevalier de l'Ordre du Roy, Gentil-Homme ordinaire de fa Chambre, Fils unique de haut & puiffant Seigneur Meffire Jean, Sire & Marquis d'Efpinay, Comte de Duretal, Vicomte de Blaifon, Baron de Mathefelon, Seigneur de Seigre, Sérigné, la Marche, Efcures, Sandecourt, la Vezouziere, Vieilleville, Maumuffon, Auneau, & la Rocheguyon en Partie, Chevalier de l'Ordre du Roy, Gentil Homme ordinaire de fa Chambre, & Dame Marguerite de Scepeaux.

Elle eut en Dot la Somme de 16666 Ecus $\frac{1}{3}$. Les Paroiffes & Terres de Baret & de la Garde, fituées dans la Baronie d'Archiac, luy furent cé-

cédées par sa Mere, pour le Prix de 10 mille Ecus, outre lesquels la Vicomtesse de Bourdeille, sa Mere, luy légua encore 3333 Ecus ⅓, faisant la Somme de 10 mille Livres, par ses Testamens & Codicille des Années 1594 & 1595.

IL semble, que, dès lors, la Comtesse de Duretal étoit Veuve. Elle assista en 1597 au Mariage de l'Héritiere d'Aubeterre, sa Niéce, avec le Baron de la Serre, de la Maison d'Esparbez, connu depuis sous le Nom du Maréchal d'Aubeterre.

LE Seigneur de Brantosme, son Oncle, par son dernier Testament, dont on ignore la Datte (*), mais certainement fort postérieur à l'Année 1605, la chargea du Soin de l'Impression de ses Ouvrages ; &, la déclarant sans Enfans, & hors d'Age d'en avoir, il luy laissa la Jouïssance de son Château de Richemont sa Vie durant, pendant qu'elle resteroit en Viduïté seulement, pour la raprocher de sa Famille, attendu l'Eloignement de sa Maison de la Vezouziere, qu'elle occupoit à Titre de Douaire : & comme il destinoit cette Terre de Richemont

(*) *Qui est de 1608.*

mont à Claude de Bourdeille, fon Petit-Neveu, il la pria de bien entretenir ce Château, & de conferver le Cabinet de Livres qu'il y avoit formé, ainfi que toutes fes Armures de Guerre; & attendu la Jouïffance qu'elle auroit de cette Habitation, il la priva de la Part qu'elle auroit pu prétendre, comme Cohéritiere du Seigneur de Brantofme, dans la Somme de 16 mille Livres, qu'il ordonna à fon Succeffeur Seigneur de Richemont de payer à fes autres Héritiers par forme de Dédommagement.

LA Comteffe de Duretal fut auffi légataire de la Somme de 2000 Livres par les Teftamens & Codicilles de Mademoifelle Madelaine de Bourdeille, fa Tante, des Années 1611, 1613, 1615, & 1617; & elle habita alternativement fes Châteaux & Maifons de la Vezouziere fur les Confins du Pays du Maine & d'Anjou, de Barret en Xaintonge, & de Richemont en Périgord.

ELLE donna une Procuration devant le Notaire du Marquifat de Sablé, le 7 Novembre 1624, pour le Mariage de Henry de Bourdeille, fon Neveu,

veu, Baron de Maftas, avec Mademoifelle Rouault de Thiembrune, dans laquelle elle eft qualifiée *haute & puiffante Dame*, *Dame* JEANNE DE BOURDEILLE, *Comteffe Douairiere de Duretal*. Elle fut préfente au Mariage, fait à Aubeterre en 1629, de Mademoifelle de la Serre Ifabelle d'Efparbez, fa Petite-Niéce, avec Pons de Salagnac, Baron de Magnac.

LA Dame d'Ambleville, Ifabelle de Bourdeille, fa Sœur, luy dépofa le 2 Novembre 1630, le Teftament qu'elle avoit fait ce même Jour, au Lieu de Fougeré en Xaintonge, pour le remettre au Vicomte de Bourdeille, qui en étoit Exécuteur Teftamentaire; & elle luy fit auffi un Legs de 2700 Livres.

LA Comteffe de Duretal, quoy qu'en bonne Santé, mais dans un Age fort avancé, fit fon Teftament au Château de Richemont en Périgord, le 12 d'Août 1641. Elle y prend les Qualitez fuivantes : *Haute & puiffante Dame* JEANNE DE BOURDEILLE, *Dame Comteffe Douairiere de Duretal, Ufufruitiere des Chaftellenies de la Vazouziere, Boüere, & Gré, Dame*

pro-

propriétaire des Chaſtellenies de Barret & de la Garde, comme ayant les Droits des Seigneur & Dame d'Archiac ſes Pere & Mere par Hérédité, & ayant ceux des Seigneurs de Chadenac par Acquiſition, & Dame en Partie de la Juridiction de Richemont comme Héritiere ſous bénéfice d'Inventaire de feu haut & puiſſant Seigneur Meſſire Pierre de Bourdeille, ſon Oncle, Chevalier, Conſeigneur de Brantoſme avec Mr. l'Abbé du-dit Lieu, Seigneur & Baron de Richemont, Saint-Creſpin, la Chapelle-Montmoreau ; & Veuve de feu haut & puiſſant Seigneur Claude d'Eſpinay, Comte de Duretal.

PAR cet Acte, elle déclara, qu'elle avoit perdu fort jeune ſon Mary, dont le Corps repoſoit à Barbezieux, & qu'elle n'avoit point eu d'Enfans; que ſa Mémoire luy étoit toujours chere, en Conſidération de ſes Vertus & Mérites ; qu'il l'avoit miſe en Etat de vivre en Femme de ſa Qualite & Condition ; qu'il n'avoit eu qu'une Sœur; qu'il avoit été Gouverneur de Metz & Pays Meſſin, en l'Abſence du Maréchal de Vieilleville, ſon Grand-Pere ; & qu'il étoit

Fils

Fils unique de haut & puiſſant Seigneur Jean, Sire & Marquis d'Eſpinay, Vicomte de Blaiſon, Baron de Mathefelon, Seigneur de Seigre, Sérigné, la Marche, Eſcures, Saudecourt, Vieilleville, Maumuſſon, d'Auneau, & de la Rocheguyon en Partie, Chevalier de l'Ordre du Roy, & Chambellan ordinaire de Sa Majeſté; & de Dame Marguerite de Scepeaux.

ELLE choiſit ſa Sépulture ſans aucune Pompe dans l'Egliſe de Saint-Pierre ſous Archiac, ſi elle décédoit en ſa Maiſon de Barret; ou dans celle de Saint-Pierre de Bourdeille, ſi elle mouroit à Richemont; ou enfin dans celle de Sainte Julie de Boüere, ſi elle décédoit à la Vezouziere, en Conſéquence de la Promeſſe que luy avoit faite feu le Maréchal de Schomberg, Pere du Maréchal de ce Nom alors vivant, & de la Marquiſe de Liancourt, qu'elle appelle ſes Beau-Fils & Belle-Fille, Héritiers par leur Mere des illuſtres Maiſons d'Epinay & de Duretal, de la faire inhumer en ce Lieu.

ELLE avoua, que la Peſanteur de ſes Affaires qui avoient toutes couru à ſa Ruine en foule, la privoit des
Moyens

Moyens de donner suivant ses bons
Sentimens. Cependant, elle fit beaucoup de Legs pieux, & à tous ses
Domestiques. Elle donna aux Reco-
lets & Cordeliers de Périgueux, de
Nontron, & de Thiviers, la Part
qui luy devoit revenir du Repaire
noble de la Garde, de Saint-Crespin,
qui étoit en Litige, & sur lequel il
y avoit eu des Sentences des Juges
de Périgueux, & Arrêt du Parlement
de Bourdeaux.

Elle légua à Marguerite de Bourdeille, sa Niéce & Filleule, Dame
de Saint-Marc de Broc en Anjou,
Fille aînée de feu Claude de Bourdeille, Frere de la Testatrice, avec
des Arrerages de Rentes, & du Bétail
tous les Meubles à elle appartenant
dans le Château de la Vezouziere,
Boüere, & Gré, qu'elle tenoit en
Douaire, au lieu de ce qui luy avoit
été assigné sur la Comté de Duretal,
&c.; au Comte de Mastas, son Neveu,
une Chemise de Chartres (de la Vierge;) prise sur le Lieu, de la Valeur
de 20 Livres, pour la porter sur luy
à la Guerre ; 8000 Livres une fois
payée à Marie de Bourdeille, Demoiselle de Mastas, la plus jeune, sa
Niéce, qu'elle avoit élevée près
d'elle

d'elle depuis le Mois de Décembre 1624, que Madame de Thiembrune, Mere de cette Demoiselle, la laissa à l'Age de deux Ans à la Testatrice, lorsque cette Dame conduisit la Dame de Saint-Marc de Broc, sa Fille aînée, au Lieu de Lizardiere en Anjou, pour y faire sa Résidence avec son Mary. La Comtesse de Duretal assigna ce Legs de 8000 Livres sur les Châtellenies & Paroisses de Barret & de la Garde, & y ajouta encore sa Vaisselle d'Argent, ainsi que tout ce qui étoit dans le Cabinet près de sa Chambre à coucher, y compris un Portrait de feue Madame de Bourdeille, Mere de la Testatrice, avec ce qu'elle auroit dû recevoir pour l'Entretien de la-dite Demoiselle de Mastas, & dont elle n'avoit jamais rien eu.

ELLE légua à Madame de Bourdeille, sa Belle-Sœur, un Pavillon de Damas Cramoisy, brodé d'Or; à Madame de Thiembrune, aussi sa Belle-Sœur, un Chapelet d'*Agnus*, avec une Médaille de la Vierge en Parfum, garnie d'Or; une Somme de 200 Livres à Monsieur le Vicomte d'Aubeterre, son Petit-Neveu, Fils du Maréchal d'Aubeterre; un Chapelet de 200

Livres

Livres à Dame Marie d'Esparbez, de
Lussan, d'Aubeterre, Comtesse de
Jonzac, sa Filleule, & Sœur du Vicomte d'Aubeterre.   Elle fit plusieurs
autres petits Legs à Monsieur d'Ambleville, Claude de Jussac; à Monsieur de Saint-Preuil, François de
Jussac, Gouverneur d'Arras, Maréchal de Camp; à Monsieur le Chevalier d'Ambleville, Nicolas de Jussac;
à Monsieur de Sainte-Maure de Fougeré; à Mademoiselle d'Ambleville;
tous ses Neveux & Niéces : donna à
Claude de Sainte-Maure, son Filleul,
& Petit-Neveu, qu'elle avoit élevé
près d'elle depuis l'Age de deux Ans
jusqu'à celuy de dix, sa Maison de
Barret avec les Meubles & Acquets;
une Somme de 2000 Livres à Isabelle
de Sainte-Maure de Fougeré, sa Petite-Niéce; pareille Somme de 2000
Livres à Guy Joumard de Chabans,
son Filleul & Petit-Neveu, avec Subftitution de ce Legs en Faveur d'Isabelle de Joumard, sa Petite-Niéce,
Sœur de ce Guy : item 2000 Livres à
Monsieur le Comte de Saint-Bonnet
d'Escars, son Neveu & Filleul, déclarant que cet Argent luy venoit
d'un Legs qu'avoit fait Dame Madelaine de Bourdeille, Tante de la Teftatrice,

tatrice, & elle luy fubftitua pour ce Legs Jeanne d'Efcars, fa Petite-Niéce & Filleule. Elle fit Remife à Monfieur de Saint-Ybar, fon Neveu, de ce qu'il pourroit luy devoir : légua en outre à Madame de Saillan, Ifabelle d'Efcars, fa Niéce, le Portrait qui repréfentoit en Veuve feue Madame de Bourdeille, Mere de la Teftatrice.

ELLE inftitua Héritier univerfel pour les deux Tiers haut & puiffant Seigneur François-Sicaire de Bourdeille, fon Neveu, Chef de fa Maifon, & pour l'autre Tiers Monfieur le Comte de Montréfor, fon autre Neveu ; leur donnant Permiffion de racheter fous trois Ans les Biens qu'elle avoit léguez. Elle leur fubftitua le feul Fils qui reftoit de feu Monfieur de Maftas, fon Frere ; chargea fes Exécuteurs Teftamentaires de remettre fa Maifon de la Vezouziere entre les Mains de qui voudroit Monfieur le Maréchal de Schomberg ; le Château de Richemont, à Meffieurs de Bourdeille & de Montréfor ; & fa Maifon de Barret, à Madame de Sainte-Maure de Fougeré.

LA Comteffe de Duretal reconnut ce Teftament le 12 de Novembre de la même Année 1641, devant les Notaires

taires Royaux de Richemont. On
ignore le Tems de sa Mort (*).

Apre's tous les Actes cy-dessus rapportez, on ne sçauroit douter de la
Réalité du Mariage passé le 8 Novembre 1584 au Château d'Archiac,
insinué à Rennes, à Xaintes, & à Angoulême, en 1585, de Jeanne de
Bourdeille avec Claude d'Epinay,
Comte de Duretal, quoy qu'il n'en
soit fait aucune Mention dans les
différents Ouvrages qui ont parlé de
la Maison d'Epinay, tels que sont
l'*Histoire Généalogique des Maisons de
Bretagne par du Pas*, les diverses Edi-
tions du *Dictionnaire de Morery*, &c.

On observera seulement, que le
Maréchal de Vieilleville, Ayeul du
Comte de Duretal, & Gouverneur
de Metz mourut en 1572 (†); que,
pendant qu'il posséda ce Gouvernement, Monsieur de Thevale y commanda en son Absence; & qu'aussitôt
après la Mort de ce Maréchal, sa
Place de Gouverneur de Metz fut
donnée au Comte de Retz de la
                                    Mai-

(*) C'*est en* 1642,
(†) Histoire des Évêques de Metz, *in
Fol. pag.* 640. &c.

Tome XV.   K

Maiſon de Gondi ; de ſorte qu'on ne
voit pas en quel Tems le Comte de
Duretal a poſſédé ce Gouvernement,
ni quand il y a commandé. Il faudroit avoir recours à Monſieur le Duc
de la Rochefoucault, Héritier & Poſ-
ſeſſeur de la Comté de Duretal,
dont les Titres donneroient là-deſſus
des Eclairciſſemens.

Ce Comte de Duretal avoit épouſé en premieres Nôces Françoiſe de
la Rochefoucault de Barbezieux. La
Qualité de Seigneur de Barbezieux
qu'il prend dans ſon Contract de Mariage du 8 Novembre 1584, avec
Jeanne de Bourdeille, en fait la Preuve. Il en eut deux Enfans ; Charles
Marquis d'Epinay mort ſans Poſtérité, qui avoit épouſé Marguerite de
Rohan de Guemené ; & Françoiſe
d'Epinay, Heritiere de la Branche
aînée de ſa Maiſon, laquelle fut mariée avec Henry de Schomberg, Comte de Nanteuil, depuis Maréchal de
France, dont vint entre autres Enfans
Jeanne de Schomberg, qui épouſa en
ſecondes Nôces Roger du Pleſſis-Lian-
court ; & c'eſt par cette derniere Alliance, que la Comté de Duretal a
paſſé aux Ducs de la Rochefoucault,
Hé-

Héritiers de la Maifon de Liancourt.

La Maifon d'Epinay eft une des grandes & illuftres Maifons de la Province de Bretagne.

G

RENE'E DE

BOURDEILLE,

Vicomtesse d'Aubeterre.

REne'e de Bourdeille, feconde Fille d'André Vicomte de Bourdeille, née vers la Fin de l'Année 1562, n'eut qu'un Legs de la Somme de 15 mille Livres pour tous fes Droits, par le fecond Teftament de fon Pere, du 13 Novembre 1567.

Elle fut mariée avec David Bouchard, Vicomte d'Aubeterre, que le Vicomte de Bourdeille avoit pris Soin d'élever près de luy, après l'avoir fauvé du Naufrage dont la Maifon d'Aubeterre étoit ménacée. Leur Contract de Mariage, paffé au Châ-

K 2　teau

teau de Bourdeille le 16 de Février 1579, donne la Qualité de *haut & puiffant Seigneur* au Vicomte d'Aubeterre. Il porte, que Renée de Bourdeille fut dotée par fes Pere & Mere de la Somme de 10 mille Ecus, outre fes Habillemens nuptiaux, felon la Grandeur & Qualité des Parties; & cette Dot affignée fur la Paroiffe de Roffignol & autres, fituées en la Châtellenie de la Tour blanche.

COMME elle fe trouva bien pourvûe, fon Pere ne luy donna par fon dernier Teftament, du 25 Décembre 1581, qu'un Legs de 10 Ecus feulement: & la Vicomteffe de Bourdeille, fa Mere, la pria auffi, par fes Teftamens & Codicille des Années 1594 & 1595, de fe contenter de fa Dot, montant alors à la Somme de 11333 Ecus $\frac{1}{3}$.

ON a vû cy-devant, à l'Article d'ANDRE' *Vicomte de Bourdeille*, toutes les Attentions qu'il avoit eues pour empêcher que ce Vicomte d'Aubeterre ne fe reffentît des mauvaifes Impreffions que la Conduite de feu fon Pere, fur le Fait de la Religion, avoit infpirées aux Rois Charles IX, & Hen-

ry

ry III. Ces Sollicitations réiterées au-près du Roy Henry III procurérent au Vicomte d'Aubeterre l'Etat de Gentil-Homme ordinaire de la Chambre de Sa Majesté en 1580, & la Charge de Sénéchal de Périgord, dans laquelle le Vicomte d'Aubeterre succéda à son Beau-Pere en 1582.

Ces Emplois fournirent les Moyens nécessaires au Vicomte d'Aubeterre de soutenir le Crédit dont il étoit redevable au Vicomte de Bourdeille & à ses Amis après la Mort de ce Beau-Pere. Sa Faveur devint si rapide, que le Roy le comprit dans la Promotion du 31 Décembre 1585 de l'Ordre du Saint-Esprit, dont Sa Majesté le fit Chevalier, quoy qu'il n'eût encore atteint que l'Age de 31 Ans (*). Il fut aussi Capitaine de cinquante Hommes d'Armes des Ordonnances du Roy, Conseiller en son Conseil privé, & jouissoit de 800 Ecus d'Appointemens annuels, pour sa Charge de Sénéchal & Gouverneur de Périgord, comme le prouvent les trois Quittances originales qu'on a de luy sur le Payement de ses

(*) Régîtres des Ordres du St. Esprit V. 25. f. 2818. 2822.

fes Gages , toutes dattées de Périgueux le 15 Novembre 1586 , 20 Janvier 1588 , & dernier Septembre 1589 , fignées AUBETERRE , & fcellées de fon Sceau en Placard.

Aux Qualitez cy-deffus , le Contract de Mariage d'Ifabeau Bouchard, fa Sœur , avec Ifaac de Grimoard de Taille-Fer, Seigneur de Mauriac, paffé au Château d'Aubeterre le 28 Août 1587 , luy ajoute celle de *Lieutenant-Général pour le Roy en Périgord*, qui fe trouve auffi dans le Contract de Mariage de fa Fille Hipolitte Bouchard de l'Année 1597, & dans d'autres Actes poftérieurs à fa Mort.

Le Vicomte d'Aubeterre, profitant de l'Exemple, & peut-être auffi des Confeils du feu Vicomte de Bourdeille, fit auffi fa Réfidence ordinaire à Périgueux : & comme la Politique obligeoit, en ces Tems de Troubles, toute la Nobleffe du Royaume à garder l'Equilibre entre le Roy regnant, qui n'avoit point d'Enfans mâles, & l'Héritier préfomptif de la Couronne de France, il fut un de ceux, qui, à l'Occafion du Siége de Monfegur en 1586 (*), avertirent le Roy de Navarre

(*) Hiftoire d'Aubigné, *Tom. III, pag.* 27.

varre du Deſſein qu'avoient les Li-
gueurs de l'aſſiéger en quelque Place
qu'ils le rencontreroient. Mais, ces
Ménagemens pour le Roy de Navarre ne l'empêchérent point de pourvoir à la Sûreté & à la Conſervation
de ſon Gouvernement ; & comme le
Tréſorier de l'Extraordinaire des
Guerres n'y avoit point envoyé de
Commis pour payer les Troupes , il
chargea de cette Commiſſion le Receveur des Tailles de ce Pays , pour
faire près de luy les Fonctions de
Tréſorier Provincial des Guerres. Son
Mandement à ce Sujet eſt datté d'Aubeterre le dernier Mars 1589 , ſigné
AUBETERRE , & plus-bas par Mgr.
ſigné *Binault* , & ſcellé du même
Sceau que cy-deſſus.

ENFIN après l'Avénement du Roy
Henry IV à la Couronne, le Vicomte d'Aubeterre, étant allé reconnoître la Place de l'Iſle en Périgord, il
y reçut un Coup de Mouſquet, le 1
Août 1593 , & mourut de cette Bleſſure , le 10 du même Mois, en ſon
Château d'Aubeterre, à l'Age de 39
Ans.

LE Mépris , que le Seigneur de
Brantoſme a affecté par-tout, & mê-

me

me dans son Testament, de témoigner à ce Vicomte d'Aubeterre, ne sçauroit faire Tort à sa Mémoire, parce que ce Mépris n'avoit pour Fondement, que la grande Amitié qu'avoit eu le feu Vicomte de Bourdeille pour son Gendre, la Préférence qu'il avoit obtenue sur le Seigneur de Brantosme pour la Charge de Sénéchal de Périgord, & l'Envie que portoit naturellement le Seigneur de Brantosme à tous ceux qu'il voyoit s'élever au-dessus de luy.

La Vicomtesse d'Aubeterre regretta fort son Mary, & ne le survecut pas long-tems ; car, elle étoit morte dès le Tems que sa Fille unique, Hipolitte Bouchard, fut mariée en 1597. Le Seigneur de Brantosme fait de cette Niéce un assez grand Eloge, tant sur sa Beauté, que sur les Qualitez du Cœur & de l'Esprit, & dit qu'elle ressembloit fort à la Reine Marguerite (*).

Elle soupçonna d'avoir été empoisonnée avec son Oncle Brantosme,

&

____

(*) Dames Galantes, *Tome III*, *pag.* 348 & *suiv.* Ci-dessus, *Tome XIII, Opuscules XIII & XIV*, *pag.* 114 & 123.

& fa Sœur la Comteſſe de Duretal, ſans cependant oſer en accuſer perſonne. Mais, comme c'eſt Brantoſme qui en fait le Recit, cette triſte Avanture mériteroit d'être mieux prouvée; d'autant plus que la Vicomteſſe d'Aubeterre demanda qu'on l'ouvrît après ſa Mort, pour découvrir la Vérité de ſa Maladie inconnue aux Médecins: & Brantoſme a obmis d'ajouter ce qui s'enſuivit ; d'où on peut conclure, que c'eſt qu'il ne ſe trouva point d'Indices favorables à l'Opinion du Poiſon. Au reſte, il faut bien que ce Poiſon prétendu n'ait pas fait grand Effet ni ſur Brantoſme, ni ſur la Comteſſe de Duretal, ſa Niéce, puiſque tous deux ſont morts dans un Age fort avancé.

APRE'S la Mort des Vicomte & Vicomteſſes d'Aubeterre, Hipolitte Bouchard, leur Fille unique & Héritiere, fut mariée, par le Baron de Maſtas, ſon Oncle, avec haut & puiſſant François d'Eſparbez de Luſſan, Baron de la Serre, Capitaine de cinquante Hommes d'Armes des Ordonnances du Roy, Gouverneur de Blaye, & depuis Maréchal de France, connu ſous le Nom du Maréchal d'Aubeterre.

K 5.

PAR

PAR leur Contract de Mariages
passé au Château d'Aubeterre, le 12
Avril 1597, le Baron de la Serre
Pere se chargea d'aquitter les Dettes de la Maison d'Aubeterre, jufqu'a la Concurence de 100 mille
Ecus, Somme alors très-confidérable:
& il y fut ftipulé, que l'aîné des Enfans mâles, qui naîtroit de ce Mariage, feroit obligé de porter les
Noms & Armes de la Maison d'Aubeterre, pour en être l'Héritier univerfel. C'eft par cette Alliance, que
la Terre d'Aubeterre, l'une des plus
diftinguées de l'Angoumois, a paffée
dans la Maison d'Efparbez, dont
l'Ancienneté & l'Illuftration eft fuffi
famment connue par la Généalogie
rapportée dans l'*Hiftoire des Grands
Officiers de la Couronne*, Tome VII,
page 448.

ISA-

H

ISABELLE DE BOURDEILLE,

Baronne d'Ambleville.

ISABELLE DE BOURDEILLE, née depuis l'An 1562, légataire de son Pere en 1567, de la Somme de 15 mille Livres, & réduite comme ses autres Sœurs pour tous ses Droits à celle de 3333 Ecus ⅓, revenant à 10 mille Livres, par son dernier Testament de l'An 1581, n'étoit point encore alors mariée.

Quelques Années après la Mort de son Pere, elle épousa François de Jussac, Chevalier, Seigneur & Baron d'Ambleville, dont il sera fait un Article particulier après celuy de sa Femme. Elle vivoit avec luy en 1594 & 1595, que la Vicomtesse de Bourdeille, sa Mere, par ses Testamens & Codicille faits dans ces Années, la pria de se contenter de la Dot qu'elle avoit eu en Mariage, montant à la Somme de 11333 Ecus ⅓ ; &

K 6

char-

chargea son Héritier universel d'a-
quitter ce qui se trouveroit être dû
de cette Dot.

ELLE assista, en Qualité de *haute
& puissante Dame* ISABEAU DE BOUR-
DEILLE, *Dame d'Ambleville*, au Contract de Mariage, passé à Aubeterre,
le 12 Avril 1597, d'Hipolitte Bouchard,
Vicomtesse d'Aubeterre, sa Niéce, a-
vec François d'Esparbez, de Lussan,
Baron de la Serre.

LE Seigneur de Brantosme, Oncle
de la Dame d'Ambleville, la nomma
l'une de ses Héritieres universelles;
& Mademoiselle Madelaine de Bourdeille, sa Tante, luy fit un Legs de
la Somme de 4000 Livres par ses Testamens & Codicilles des Années 1611
& 1617.

ELLE donna aussi son Consentement
au Contract de Mariage passé à Aubeterre le 20 Février 1629, d'Isabelle
d'Esparbez d'Aubeterre, dite Mademoiselle de la Serre, sa Petite-Niéce,
avec Pons de Salagnac, Baron de Magnac, dans lequel elle est qualifiée
très haute & puissante Dame ISABELLE
DE BOURDEILLE, *Dame d'Ambleville*,
paroissant alors Veuve.

ENFIN, se trouvant alitée par Maladie,

ladie, elle fit son Testament chez le Seigneur de Fougeré, son Gendre, en la Paroisse d'Oriole en Xaintonge, le 21 Novembre 1630. Par cet Acte, elle demanda d'être inhumée dans la Chapelle du Lieu d'Ambleville, où reposoit le Cœur de feu son Mary, légua la Terre de Richemont, qui luy appartenoit en Propre, à François de Jussac, Seigneur de Saint-Preuil, son Fils puîné ; substitua cette Terre à François de Sainte-Maure, Fils du Seigneur de Fougeré, & exclut totalement de cette Substitution Claude de Jussac, son Fils aîné ; mais, elle recompensa ce Fils aîné, en luy transportant le Legs de 4000 Livres que luy avoit fait feue Mademoiselle de Bourdeille, & qui n'avoit point encore été aquitté par Monsieur de Bourdeille, Frere de la Testatrice. De plus, elle institua le même Claude de Jussac, pour l'un de ses Héritiers universels, conjointement avec Nicolas & Hipolitte de Jussac, ses autres Fils & Fille : donna en outre à ce Nicolas de Jussac des Terres, nommées d'Arloz & les Vieilles Fouges, situées dans les Paroisses d'Oriole & de la Garde, & fit aussi un Legs de

la

la Somme de 6000 Livres à Henriette de Juſſac, Dame de Chabans, Fille puînée de la Teſtatrice. Elle nomma pour Exécuteur de ce Teſtament Monſieur de Bourdeille, ſon Frere, Chevalier des Ordres du Roy, & chargea la Comteſſe de Duretal, ſa Sœur, du Soin de remettre cet Acte entre les Mains de Monſieur de Bourdeille. Il y a Apparence, qu'elle mourut de cette Maladie ; car, les Titres domeſtiques depuis ce Tems ne font plus Mention d'elle.

FRANÇOIS DE JUSSAC, Baron d'Ambleville, ſon Epoux, étoit, avant ſon Mariage, déja en Liaiſon avec Meſſieurs de Bourdeille. Il fut l'un des Témoins du Contract de Mariage de Jeanne de Bourdeille, Comteſſe de Duretal, paſſé au Château d'Archiac le 8 Novembre 1584, dans lequel il eſt qualifié *Meſſire & Chevalier Seigneur de Saint-Marſault & d'Ambleville.*

IL contribua à ſauver le Duc d'Eſpernon (Jean-Louis de Nogaret) de l'Aſſaſſinat formé contre ſa Perſonne à Angoulême en 1588 (*). Cependant,

____

(*) Hiſtoire d'Aubigné, *Livre III, Chap. IV, pag.* 117.

dant, il ne paroissoit avoir encore aucune Dignité Militaire, du moins considérable en 1594 & 1597, quoy que dès-lors il se trouve qualifié *haut & puissant Seigneur Messire &c. Baron d'Ambleville*. Mais, il étoit Capitaine de cinquante Hommes d'Armes des Ordonnances du Roy, & Gouverneur des Villes & Château de Cognac en 1602. A ces Qualitez il joignoit celle de *Chevalier de l'Ordre du Roy* en 1604, comme le prouvent les Contracts de Mariage du Baron de Mastas & du Vicomte de Bourdeille, ses Beaux-Freres. Il paroît depuis ce Tems avoir fait sa Résidence ordinaire à Cognac, d'où il écrivit plusieurs Lettres au Roy, & aux Ministres, en 1610 & 1612, pour leur rendre Compte des Affaires de son Gouvernement (*). Ces Lettres sont scellées du Cachet de ses Armes.

En 1614, à l'Occasion des Troubles des Religionnaires, il proposa à l'Evêque de Poitiers de luy donner telle Assistance qu'il désireroit, pourvû qu'il eût le Commandement des Trou-

____

(*) Meslanges, *V.* 73, *f.* 539. 74, *f.* 849.

Troupes. Cette Proposition fut envoyée au Roy ; mais , on ignore ſi elle eut ſon Exécution. Ce qui eſt certain, c'eſt que, par le Contract de Mariage d'Henriette de Juſſac ſa Fille, avec Gaſpard Joumard de Chabans, Seigneur de la Chapelle-Faucher, du 26 Janvier 1615 , il y eſt qualifié *Chevalier, Seigneur d'Ambleville, Conſeiller du Roy en ſes Conſeils d'Etat & privé , Capitaine de cinquante Hommes d'Armes de ſes Ordonnances , Lieutenant - Général pour Sa Majeſté ès Pays d'Angoumois, Xaintonge, Aunis, Ville & Gouvernement de la Rochelle.*

Cette même Année , au Mois d'Octobre, dans le Voyage de Leurs Majeſtez en Guyenne, il vint au-devant d'elles à Barbezieux, à la Tête d'une très belle Troupe : & , pendant le Séjour qu'elles firent en ce Lieu, le Duc d'Eſpernon , y étant tombé malade, à la Suite d'un Emportement qu'il eut contre le Comte de Candale, ſon Fils, dont l'Attachement pour le Parti des Princes ne luy étoit que trop connu , Monſieur d'Ambleville fut chargé du Soin d'accompagner & conduire ce Duc à Angou-

lême ; & il y demeura avec luy, jufqu'à ce qu'ayant été averti des mauvais Deffeins des Religionnaires de
Cognac, il fut obligé de laiffer à Angoulême le Duc d'Efpernon , dont
la Santé commençoit à fe rétablir , &
il s'en revint malade à Cognac, d'où
il écrivit à Monfieur de Popchartrain,
Secrétaire d'Etat, le 14 du même
Mois d'Octobre , pour l'informer de
tous ces Mouvemens (*).

Par la même Occafion, il pria ce
Miniftre de repréfenter à la Reine ,
qu'il n'avoit encore rien reçu de fes
Gages & Penfions de cette Année,
non plus que ce qui étoit dû de l'Entretien de la Compagnie de cinquante
Hommes commandée par fon Fils
pour la Garde de la Ville de Cognac ;
qu'il étoit fort pauvre Gentil Homme ; & que, fans les Bienfaits du
Roy, il ne luy feroit pas poffible de
foutenir la Dépenfe à laquelle fa
Charge l'obligeoit. Cette Charge
étoit fans doute celle de Lieutenant-
Général en Xaintonge & Angoumois,
dont le Duc d'Efpernon , auquel il
étoit particuliérement attaché, avoit
le Gouvernement. La Preuve, qu'en
four-

(*) Meflanges, V. 77, f. 3087.

fournit la Lettre cy-deſſus, eſt encore fortifiée par celle qu'il écrivit de Cognac au Roy le 28 Novembre 1617 (*), pour ſupplier Sa Majeſté de rétablir les Penſions qui luy avoient été retranchées, & de le diſpenſer de ſe rendre à la Cour, attendu la Néceſſité de ſa Preſence dans ſon Gouvernement, afin d'y maintenir toutes Choſes en l'Etat où les avoit laiſſées le Duc d'Eſpernon à ſon Départ.

En 1618, il fit dreſſer par le Vice-Sénéchal de Xaintonge un Procès verbal des Ravages nouvellement faits dans un Bénéfice par le Seigneur de Jarnac du Parti des Religionnaires (†), & il l'envoya au Roy le 11 Août de cette Année : mandant à Sa Majeſté, qu'il ſe trouveroit heureux qu'elle eût découvert la Vérité ſur les Plaintes portées contre luy ; qu'à l'égard de la Faute commiſe par le Maire de la Ville de Xaintes, ſur le Fait des Etrangers, pour avoir mal compris ſa Déclaration, il auroit Soin d'y pourvoir à l'avenir, &c. Cette Lettre eſt encore une nouvelle Preuve du

(*) Meſlanges *V.* 85, *f.* 7825.
(†) Meſlanges *V.* 85, *f.* 8847.

du Commandement qu'il avoit en Xaintonge, & dont le Roy luy témoigna sa Satisfaction dans la Réponse que Sa Majesté luy fit le 1 de Septembre suivant, en le priant d'employer sa Dexterité & Prudence accoutumée à faire observer ses Edits par ses Sujets, tant Catholiques que Religionnaires, pour les maintenir en Paix.

Il avoit été nommé Chevalier des Ordres pendant la Minorité du Roy Louis XIII. Le Rôle de ceux qui se trouvoient dans le même Cas que luy, fut rapporté au Chapitre de l'Ordre du Saint-Esprit tenu le 5 Décembre 1619. Mais, sa Nomination ne paroît point avoir eu d'Effet: on a même douté, si elle ne regardoit pas Jean de Mornay, Seigneur d'Ambleville, en Normandie, qui étoit son Contemporain parce que les Noms de Batême & de Famille ne sont point spécifiez dans ce Rôle. Mais, quoyqu'ils fussent tous les deux de Naissance à mériter cet Honneur, il est cependant plus probable, que cette Nomination à l'Ordre du Saint-Esprit étoit uniquement pour François de Jussac, attendu ses Services & ses Emplois distinguez dans le Militaire;

au lieu que ce Jean de Mornay semble n'avoir jamais suivi le Parti des Armes : & même après sa Mort, le Contract de Mariage de Bertin de Mornay, Seigneur d'Ambleville, son Fils aîné, de l'An 1623, ne donne à Jean de Mornay pour Qualification d'Emplois ou de Dignité, que celle de Gentil-Homme ordinaire de la Chambre du Roy.

Au reste, si François de Jussac n'a point été reçu Chevalier des Ordres, deux Raisons peuvent bien l'en avoir privé, ainsi qu'il est arrivé à beaucoup d'autres Seigneurs : 1. l'Eloignement de la Cour, n'ayant point quitté son Commandement pour s'y rendre : 2. c'est que, depuis la Promotion de 1619, il n'y eut point de Chevaliers des Ordres reçus par le Roy jusqu'à celle de 1633 ; & François de Jussac étoit certainement mort avant 1630. D'ailleurs, si l'Esperance de voir effectuer cette Grace ne luy avoit pas été continuée, un pareil Changement luy auroit été assez sensible pour s'en plaindre. Cependant, on ne voit aucun Vestige de Plaintes sur cet Article dans ses Lettres (*). Il écrivit,
tou-

(*) Meslanges V. 32, f. 661 - 819.

toujours de Cognac, au Roy, le 10 May 1620, & par conséquent après la Cérémonie de la Reception des nouveaux Chevaliers qui s'étoient trouvez à la Cour, pour luy témoigner la Joye que luy avoit causé la Lettre de Sa Majesté du 8 du même Mois, par laquelle elle luy avoit fait part de la Résolution qu'elle avoit prise de s'approcher de ces Quartiers, pour y maintenir son Autorité, & la Tranquillité publique. Il luy manda, en même Tems, la Destination que les Religionnaires, dans leur Assemblée de la Rochelle, avoient faite de Messieurs de Rohan, de la Tremouille, de Soubise, & de Jarnac, pour remplir les Commandemens des Pays qu'ils occupoient ; & pria Sa Majesté d'ordonner à Monsieur d'Auriac, Commandant pour elle en Poitou, de luy envoyer quelques Troupes. Il faudroit voir cette Lettre du Roy, du 8 May 1620, parce qu'elle pourroit donner plus d'Eclaircissement sur la Nomination de François de Juffac à l'Ordre du Saint-Esprit.

Quoyque la Résidence ordinaire de Monsieur d'Ambleville fut à Cognac,

gnac, il ne laiſſoit pas de faire quelques Séjours dans les autres Villes de ſon Commandement. Il étoit revenu d'Angoulême depuis deux Jours le 23 May 1621, qu'il écrivit de Cognac au Roy, & manda à Sa Majeſté, qu'il aſſembloit des Troupes pour empêcher les Religionnaires de ſe jetter dans Saint-Jean d'Angely ; que la Nobleſſe de Xaintonge, & Partie de celle d'Angoumois, étoit allé joindre Monſieur d'Eſpernon. Il paroît par une autre Lettre du 21 Juillet de cette Année, qu'il adreſſe ſimplement à Monſeigneur (apparemment le Connêtable de Luynes) qu'il étoit alors occupé à la Démolition d'une Place de Guerre : car, il mande, qu'il a preſque abbattu le Baſtion du Côté de la Porte de Niort, & qu'il eſt actuellement au Baſtion de la Porte de Maſtas ; mais il ne nomme point cette Place (*). Cette Lettre eſt le dernier Titre qu'on ait vû de luy. Toutes ces Lettres ſont ſcellées du même Cachet cy-devant noté.

Il étoit mort avant le Teſtament fait en 1630 par la Dame d'Ambleville, ſa Veuve, qui le qualifie *Lieutenant*

(*) *C'eſt Saint-Jean d'Angely.*

tenant *Général pour le Roy en Xaintonge, Angoumois, & Aunis*; & qui apprend, qu'il avoit été inhumé en la
Chapelle de Saint-Crespin dans la
grande Eglise de Cognac. Aux Qualitez ci-dessus le Testament de la Comtesse de Duretal, sa Belle-Sœur, de
l'An 1641, luy ajoute celle de *Gouverneur de la Rochelle*; mais, on n'en
a point d'autres Preuves.

Le Seigneur de Brantosme a témoigné, pour le Seigneur d'Ambleville, son Neveu, moins de Mépris
personnel, que pour le Vicomte
d'Aubeterre: mais, cet Oncle, peu
favorable à tous ses Parens, n'en a
pas moins satisfait sa mauvaise Humeur
par d'autres Moyens; car, il déclare
dans un *Etat de ses Neveux & Niè-
ces*, qu'il fit en 1602, qu'il ne mettoit
guéres en Compte Monsieur d'Ambleville, depuis que, de Gayeté de Cœur,
ce Neveu s'étoit distrait de son A-
mitié, & sans Sujet (*). Ensuite, par
son dernier Testament de 1609, il
accuse Monsieur d'Ambleville d'avoir
soutenu contre luy Guillaume Malet,
Seigneur de la Barde Saint-Crespin,
dans un Procès qui duroit entre eux
de

(*) Voïez ci-devant, *Tome XIII, Opuscule XV, page* 126.

depuis douze Ans au Parlement de Bordeaux, & qui luy tenoit si fort au Cœur, qu'il chargea ses Héritiers de le poursuivre à toute Outrance, sous Peine d'Exhérédation. Il ajoutoit malignement, que cette Déférence de Monsieur d'Ambleville pour le Seigneur de la Barde venoit de ce que le-dit Seigneur de la Barde avoit pour Grand Pere un Notaire, portant le Nom Mallety en Périgord, lequel avoit épousé la Grande Tante de Monsieur d'Ambleville. L'Idée desavantageuse, que le Seigneur de Brantome a voulu donner, par ce Trait méchant, de la Noblesse de Messieurs d'Ambleville & de la Barde, mérite qu'on leur rende la Justice qui leur est dûe.

Messieurs de la Barde Saint Crespin, du Nom de Mallet, en Périgord, ont prouvé en 1667, devant l'Intendant de Guyenne, leur Noblesse, sur Titres, depuis & compris l'An 1520; ce qui suffit pour faire voir qu'ils étoient Gentils Hommes, & que leur Alliance n'étoit point deshonorable pour Messieurs d'Ambleville.

A L'EGARD de la Maison de Jussac, voicy ce qu'on en a pu connoître par
les

les Extraits de Titres qu'on a vûs, &
par les Preuves de plufieurs Chevaliers de Malthe qu'elle a produites.
Cette Maifon étoit établie il y a plus
de 300 Ans dans le Périgord, l'Angoumois, & autres Pays voifins. Mahieu de Juffac fervit dans les Années
1413 & 1415, en Qualité de Capitaine de cinquante Arbaleftriers à
Cheval, fous Charles Duc d'Orléans,
Neveu du Roy Charles VI, & Petit-
Fils du Roy Charles V. Pierre de
Juffac, defcendu de ce Mahieu, eut,
entre autres Fils, Jean de Juffac,
Seigneur de Marafin, Ecuyer du
Roy François I, & François de Juffac, Seigneur de Ciré, & de Bou-
teille, lefquels ont formé les différentes Branches de cette Maifon. Ce
François de Juffac fut l'Ayeul du Seigneur d'Ambleville, qui a donné
Occafion à cet Article. La Branche
d'Ambleville, comme derniere Cadette, brifoit fes Armes d'un Lambel
de cinq Pendants. Elle s'eft éteinte
dans le Siécle dernier, & les Terres
d'Ambleville, de Richemont, de
Barret, qu'elle poffédoit, ont paffées
dans les Maifons de Sainte-Maure &
de Chabans. Le plus célébre des

Enfans de ce dernier Seigneur d'Ambleville a été François de Juſſac, Seigneur de Saint Preuil , Maréchal de Camp, & Gouverneur d'Arras , qui, après avoir ſervi pendant pluſieurs Années avec beaucoup de Diſtinction & de Fidélité , eut la Tête tranchée à Amiens, le 9 de Novembre 1641 (*), moins pour le Crime qu'on luy fit d'avoir attaqué la Garniſon Eſpagnole ſortant de Bapaume après la Priſe de cette Place ſous la ſimple Eſcorte d'un Trompette, que pour ſatisfaire l'Inimitié qu'avoient pour luy le Maréchal de la Meilleraye , & Monſieur des Noyers , Secrétaire d'Etat.

Jean de Juſſac, Seigneur de Maraſin , cy deſſus nommé, Aîné de ſa Maiſon, eſt l'Auteur des Branches connu s ſous les Titres de Marquis de la Moriniere , des Seigneurs de la

(*) Mémoires de Roger Comte de Buſſi Rabutin, *imprimez in* 12. *en* 1698, *Tom. I, pag.* 92 & 93. Gazette de France, *Art. d'Arras du* 14 *Avril* 1691. p. 226. &c. & les ſuivantes &c. Idem p. 715. à 725, 840. Et le Journal du Card. de Richelieu, *imprimé in* 12. à Amſterdam *en* 1664. *chez Abraham Welfgank, page* 168, II. *Partie.*

la Folaine, des Comtes de Juffac, qui portoient leurs Armes pleines, & des Seigneurs d'Antraigues & de Beaufort, qui, comme Cadets, brifoient d'un Lambel de trois Pendants.

J

ADRIENNE

DE BOURDEILLE,

DAME DE SAINT-BONNET.

ADRIENNE DE BOURDEILLE, derniere Fille d'André Vicomte de Bourdeille, née depuis l'An 1562, fut légataire de fon Pere de la Somme de 15 mille Livres par fon Teftament de 1567, & réduite comme fes autres Sœurs à la Somme de 3333 Ecus $\frac{1}{3}$, revenant à celle de 10 mille Livres.

PAR le dernier Teftament du Vicomte de Bourdeille, de l'An 1581, elle portoit le Nom de Demoifelle

de

de Maftas , fous lequel la Vicomteffe de Bourdeille , fa Mere , luy légua la Somme de 11333 Ecus $\frac{1}{3}$, par fes Teftament & Codicille de 1594 & 1595 , pour luy tenir lieu de tous Droits paternels & maternels , & de Dot pour fe marier.

ELLE étoit encore Fille en 1597 , qu'elle affifta au Mariage de l'Héritiere & Vicomteffe d'Aubeterre , fa Niéce , avec le Baron de la Serre. Enfin , fe trouvant dans un Age affez avancé , elle époufa , par Contract du 19 Février 1602 , noble Leonard d'Efcars , Seigneur de Saint-Bonnet , de Saint-Ybar , Fils aîné de feu noble Leonard d'Efcars , Seigneur de Saint-Bonnet , de Saint-Ybar , & de Phialez , & de Catherine de Jougnac de Forfac. Les Seigneur & Dame d'Ambleville furent les feuls Parens de la Demoifelle de Maftas , qui affiftérent à fon Mariage.

LE Seigneur de Saint-Bonnet étoit beaucoup plus jeune que la Demoifelle de Maftas , fa Femme. Le Contract de Mariage des Seigneur & Dame de Saint-Bonnet , fes Pere & Mere , datté du 14 Novembre 1570 , en donne la Preuve. Il avoit été déclaré

ré Héritier universel par le Testament de son Pere du 24 Avril 1595, après la Mort duquel s'étant trouvé impliqué dans le Duel où Jacques de Rabenne, Seigneur d'Usson, fut tué en 1598 , par Charles de Sédieres , Seigneur de Montamart , il fut obligé de prendre des Lettres de Pardon. Ces Lettres luy furent expédiées le 27 May 1598, & enterinées le 24 Novembre suivant à la Prévôté de l'Hôtel du Roy. En Conséquence, il sortit des Prisons du Fort-l'Evêque de Paris, où il étoit détenu Prisonnier, après avoir payé 100 Ecus d'Or au Soleil à la Veuve du feu Seigneur d'Usson pour Intérêts civils.

Quoyque les Qualifications , qu'il prend dans ces différents Actes , ne soient pas aussi relevées que celles des Epoux des autres Sœurs de la Demoiselle de Mastas , il ne leur cédoit pas pour cela en Naissance , comme on le peut voir par la Généalogie de la Maison d'Escars rapportée dans l'*Histoire des Grands Officiers de la Couronne* de la derniere Edition, Tome II , page 227. &c.: mais, il étoit d'une Branche cadette;

L 3 &,

& , n'ayant d'ailleurs ni Charge, ni Employ Militaire , il se renfermoit dans les Bornes qu'observoit encore alors sur les Qualifications l'ancienne Noblesse , qui , depuis, s'est trouvée dans la Nécessité de les porter jusqu'à l'Abus , pour ne pas paroître inférieure à le nouvelle Noblesse qu'ont produite les Charges vénales de différentes Espéces.

L'HEREDITE' universelle, qu'il tenoit de son Pere, luy fut confirmée par le Testament de sa Mere du 11 Juin 1610, dans lequel il est qualifié *Messire Leonard d'Escars , Chevalier , Seigneur de Saint-Bonnet.* Peu de tems après il fut appellé à une Succession plus considérable, par le Testament du 3 Décembre 1612 de haut & puissant Seigneur Messire Jacques Comte d'Escars, son Cousin, Aîné de la Maison. Ce Comte, se voyant sans Enfans , luy légua la Jouïssance de la Moitié de ses Biens, & substitua le Fonds à Jacques d'Escars , son Filleul , Fils aîné du-dit Seigneur de Saint-Bonnet, pour conserver les Noms & Armes de cette Maison.

EN 1614, il étoit en Querelle parti-
ticu-

ticuliere avec Meſſieurs d'Autfort ,
qui formoient des Aſſemblées pour
l'aller attaquer les Armes à la Main;
mais, il fut ſoutenu par le Vicomte
de Bourdeille, ſon Beau-Frere , qui
appaiſa cette Affaire.

Le Seigneur de Brantoſme , dans
le *Dénombrement* qu'il fit *de ſes Neveux*
en 1602 (*), ſe contenta de le reconnoître pour tel , ſans en parler
d'ailleurs ni en bien , ni en mal ;
& luy continua la même Grace, qu'il
n'avoit pas faite à ſes autres Neveux ,
dans ſon dernier Teſtament de
1609, par lequel il inſtitua la Dame
de Saint-Bonnet pour l'une de ſes
Héritieres univerſelles.

La Dame de Saint-Bonnet habitoit en Limouſin. Elle eſt qualifiée
haute & puiſſante Dame ADRIENNE DE
BOURDEILLE, *Dame de Saint-Bonnet*,
dans une Procuration qu'elle paſſa le
28 Septembre 1624, pour donner ſon
Conſentement au Mariage de Henry de
Bourdeille, Baron de Maſtas , ſon
Neveu , avec Demoiſelle Claude
Rouault de Thiembrune, qui fut con-
trac-

(*) Voïez ci-devant , *Tome XIII*,
Opuſcule XV, *page* 126.

L 4

tracté à Paris le 9 Janvier 1625. Elle paroiſſoit alors Veuve.

DEPUIS ce Tems, les Titres de Famille ne font plus Mention d'elle.
Il eſt certain, que, ni ſon Mary,
ni elle, ne vivoient plus, lorſque la
Comteſſe de Duretal, par ſon Teſtament de l'An 1641, fit des Legs à leurs
Enfans & Petits-Enfans.

CETTE Branche des Seigneurs de
Saint-Bonnet s'éteignit, à la troiſiéme Génération, dans la Perſonne de
Jeanne d'Eſcars, Filleule & Petite-
Niéce de la Comteſſe de Duretal. Elle fut mariée avec Charles d'Eſcars,
Baron de Caubon, & auſſi Comte
d'Eſcars, ſon Parent, qui a laiſſé
Poſtérité actuellement exiſtante, ſous
les Titres de Comtes d'Eſcars, Marquis de Pranzac, &c.

K

HENRY DE BOURDEILLE,

I. Comte de ce Nom.

HENRY DE BOURDEILLE est le premier de sa Maison qui a porté le Titre de *Comte de Bourdeille*. Il naquit le Jour de la Fête de l'Apôtre St. Thomas, au Mois de Décembre 1570 ou 1571, & fut tenu sur les Fonds de Batême par le Duc d'Anjou, depuis Roy sous le Nom de Henry III.

Son Pere l'institua son Héritier universel par son dernier Testament de l'An 1581 ; & ne pouvant, à cause de son bas Age, luy procurer sa Charge de Sénéchal & Gouverneur de Périgord, il aima mieux la faire tomber au Vicomte d'Aubeterre, son Gendre, qu'au Seigneur de Brantosme, son Frere ; persuadé, que le Vicomte d'Aubeterre la remettroit dans la Suite à Henry de Bourdeille,

L 5

com-

comme effectivement cela arriva.

Après avoir appris les Exercices dans lesquels on élevoit alors les jeunes Seigneurs, il voyagea avec son Frere en Italie; & sa Mere emprunta de l'Argent du Seigneur de Brantofme pour ce Voyage. Ce Prêt, non rendu, est un des Griefs de cet Oncle contre son Neveu, ainsi qu'il a été dit ci-devant à l'Article du Seigneur de Brantofme.

Il embraffa le Parti des Armes, auquel sa Naiffance le destinoit; &, quoy qu'il eût beaucoup perdu à la Mort du Roy Henry III, fon Parrein, il retrouva dans Henry IV, dont il avoit l'Honneur d'être Parent, par fa Mere, du 8e. au 9e. Degré, la même Faveur qu'il auroit pu attendre du feu Roy. Cette Parenté a été rapportée fous l'Article de fes Pere & Mere. Mais, il n'eut cependant jamais le Traitement de Coufin, accordé à fes Ancêtres.

Il n'avoit encore que 20 à 21 Ans, lorfque Henry IV luy donna la Compagnie de fes Ordonnances vacante par la Mort de Monfieur de Sanfac. Dans ces Provifions, dattées du Camp devant Chartres le 25 Mars 1591, le Roy

Roy le traite de Vicomte de Bourdeille. Il en préta Serment entre les
Mains du Maréchal de Matignon ,
(grand Amy de feu son Pere,) au
Camp devant Villandreau , le 27
Août 1592. A cette Grace le Roy
ajouta celle de luy confier le 9 de Novembre de cette Année un Pouvoir
de Commandant en Périgord.

Aprés la Mort du Vicomte d'Aubeterre, son Beau-Frere, il luy succéda conformément à l'Intention du
feu Vicomte de Bourdeille, dans les
Charges de Sénéchal & Gouverneur
de Périgord. Les Provisions de ces
deux Charges sont dattées de Man-
tes les 23 & 24 d'Octobre 1593. Elles portent, que le Roy les luy accorda , tant en Considération de ses
Services, que de ceux des feus Seigneurs de Bourdeille : & il est dit dans
celles de Gouverneur, qu'il ne com-
mandera qu'en Abfence du Maréchal
de Matignon, Lieutenant-Général en
Guyenne ; & ce, tant qu'il plaira à
Sa Majesté. Il en préta Serment,
le 14 Décembre suivant , au Parlement de Bourdeaux.

Il fut accompagné, dans le Voyage
qu'il fit à Bourdeaux , par le Sei-
L 6   gneur

gneur de Brantofme, qui prétend avoir encore prêté de l'Argent pour les Fraix de cette Reception, & s'être donné beaucoup de Peines en cette Occafion: ce qui fait foupçonner, qu'en effet il eut Part à la Compofition de l'Arrêt de Reception de fon Neveu; car, on y a avancé des Faits, dont on n'a point encore vû de Preuves, comme par Exemple, que, dès l'Inftitution de l'Ordre du Saint-Efprit, la Maifon de Bourdeille en avoit été honnorée, & qu'elle avoit poffédé les Gouvernemens de Bourdeaux, de la Rochelle, & de Blaye.

A PEINE fut-il en Poffeffion de ce Gouvernement, qu'il eut Occafion de fe fignaler (*). Des Payfans, fous le Nom de Croquans, fe foulevérent en 1593. Leur Révolte dura pendant deux Ans. Il contribua beaucoup à leur Défaite, & enfin il les diffipa.

IL donna fon Confentement au Contract de Mariage, paffé au Château d'Aubeterre le 12 Avril 1597, de la Vicomteffe d'Aubeterre, fa Niéce,

avec

____

(*) Journal de Henry III, *in* 12. *Tome* II, *pag.* 137.

avec le Baron de la Serre, qui depuis a été le Maréchal d'Aubeterre. Cet Acte le qualifie *haut & puissant Seigneur Messire* Henry de Bourdeille, *Seigneur, Vicomte du - dit Lieu, Chevalier, Capitaine de cinquante Hommes d'Armes des Ordonnances du Roy, Séneschal & Gouverneur de Périgord.* À ces Qualitez les Testament & Codicille des Années 1594 & 1595 de Jacquette de Montberon, sa Mere, qui l'institua son Héritier universel, y ajoutoient alors celle de *Lieutenant-Général pour le Roy en Périgord.* Il acquiesça, avec son Frere, aux Clauses de ce Testament, le 16 Novembre 1598.

En Vertu de la Nomination de l'Evéché de Périgueux, accordé à feu son Pere, il avoit joüi comme luy d'une Partie du Revenu de cet Evéché. Pour perpétuer dans sa Famille, autant qu'il le pourroit, cette Grace du Roy, il obtint de Sa Majesté, dès le 25 Octobre 1594, un Brevet datté de Paris, portant, qu'en Considération des grands & signalez Services rendus à l'Etat par la Maison de Bourdeille, & particuliérement par luy-même, Sa Majesté acceptoit la Résignation que l'Evêque de Péri-

gueux

gueux, François de Bourdeille, projettoit de faire de son Evêché, pour en pourvoir telle Personne capable que nommeroit le Vicomte de Bourdeille. Cet Evêque ayant donné sa Démission, Monsieur de Bourdeille nomma à sa Place, en 1599, Jean Martin, Official de Périgueux.

MONSIEUR de Brantosme a prétendu, que c'étoit luy, qui avoit déterminé François de Bourdeille à se démettre de son Evêché, comme devant avoir toute Autorité sur l'Esprit de cet Evêque ; & il a fait un Crime d'Ingratitude à Monsieur de Bourdeille d'avoir dit qu'il n'étoit redevable de la Démission de l'Evéché de Périgueux, qu'à Monsieur de Maroüate, du Nom de Montagrier. Cette Plainte de Monsieur de Brantosme a été rapportée au long dans son Testament, & ne mérite pas qu'on y fasse beaucoup d'Attention, par le Plaisir qu'il a toujours pris à se déchaîner contre ses plus proches Parens.

MONSIEUR de Bourdeille, après la Mort de sa Mere, entra en Possession de la Vicomté de Bourdeille, de la Baronie d'Archiac, & de la Tour-blanche. Le Titre de Seigneur de ces Ter-

Terres luy eſt donné, par le Contract de Mariage du Baron de Maſtas, ſon Frere, de l'An 1602, & par le ſien.

Il épouſa, en Qualité de *haut & puiſſant Seigneur Meſſire* Henry de Bourdeille, *Vicomte de Bouraeille, Baron de la Tour-blanche & d'Archiac, Conſeiller du Roy en ſes Conſeils, Capitaine de cinquante Hommes d'Armes de ſes Ordonnances, Séneſchal & Lieutenant-Général pour Sa Majeſté en Périgord,* par Contract paſſé à Montréſor le 14 de Janvier 1604 (*), Madelaine de la Chaſtre, Fille de haut & puiſſant Seigneur Meſſire Gaſpard de la Chaſtre, Seigneur de Nançay, Chevalier de l'Ordre du Roy, Capitaine de l'ancienne Garde Françoiſe du Corps de Sa Majeſté, & de Dame Gabrielle de Batarnay, ſa Veuve, & Niéce du Maréchal de la Chaſtre.

Les plus proches Parens du Vicomte de Bourdeille aſſiſtérent tous à ce

Ma-

(*) Dans une Expédition de ce Contract de 1604, on luy a donné la Qualité de Chevalier des Ordres, qu'il n'avoit point alors. Il faudroit en voir une plus exacte. NB. *Cette Qualité eſt dans l'Orignal.*

Mariage, excepté le Seigneur de Brantofme, dont il n'eft fait aucune Mention, quoyqu'il vecût encore. Entre les principaux Parens fe trouvent le Prince Henry de Bourbon, Duc de Montpenfier, & la Princeffe Henriette de Savoye, Ducheffe du Maine, Coufin & Coufine des Parties contractantes. On verra plus aifément leurs Degrez de Parenté par les Tables fuivantes (*).

OUTRE la Somme de 75 mille Livres, dont la Demoifelle de la Chaftre fut dotée, les Terres & Seigneuries de la Foreft, d'Ailly, de Clery, d'Argy, de Saint-Romain, & autres, fituées au Bailliage d'Amiens, luy furent affurées par Françoife de Batarnay, fa Tante, Vidame d'Amiens, & Dame de Montréfor, Veuve de François d'Ailly, Vidame d'Amiens. Cette Tante, qui l'appelloit fa Fille adoptive, luy légua encore par fon Teftament, fait à Montréfor le 29 Octobre 1616, une Dette fur le Roy, qui luy venoit du Duc d'Efpernon, Frere puîné du feu Seigneur de la Valette, Amiral de France, lequel avoit époufé Anne ou Jeanne de Batarnay, Sœur de la Vidame d'Amiens, fans en avoir laiffé Poftérité.   MA-

PARENTEZ DE HENRY VICOMTE DE BOURDEILLE, ET DE MADELAINE DE LA CHASTRE, SA FEMME, AVEC LES DUCS ET DUCHESSES DE MONTPENSIER ET DU MAINE.

GUY DE MAREUIL, Baron du-dit Lieu, &c. épousa, 1. PHILIPPE PAINEL, Dame d'Ollonde; 2. CATHERINE DE CLERMONT.

RENE' Bâtard légitimé DE SAVOYE, Comte de Villars, Grand-Maître de France. ANNE DE LASCARIS, Comtesse de Tende, sa Femme.

1. Lit.

JEANNE DE MAREUIL, Femme de GUY DE MONTPEZAT, Baron du-dit Lieu.

2. Lit.

GABRIELLE DE MAREUIL, Femme de NICOLAS D'ANJOU, Marquis de Mézieres.

HONORAT DE SAVOYE, Marquis de Villars, Maréchal & Amiral de France, épousa FRANÇOISE DE FOIX.

ISABELLE DE SAVOYE, Femme de 1. RENE' DE BATARNAY, Comte du Bouchage.

FRANÇOISE DE MONTPEZAT, épousa, 1. ALAIN DE FOIX, Vicomte de Cailillon; 2. FRANÇOIS DE MONTBERON, Baron d'Archiac & de Mastas.

RENE'E D'ANJOU, Marquise de Mézieres, épousa FRANÇOIS DE BOURBON, Duc de Montpensier, Prince du Sang.

HENRIETTE DE SAVOYE, Marquise de Villars, Femme de CHARLES DE LORRAINE, Duc du Maine.

MARIE DE BATARNAY, Femme de GUILLAUME Vicomte de Joyeuse, Maréchal de France.

FRANÇOISE DE BATARNAY, Femme de FRANÇOIS D'AILLY, Vidâme d'Amiens.

GABRIELLE DE 2. BATARNAY, Femme de GASPARD DE LA CHASTRE, Seigneur de Nançay, Capitaine des Gardes du Corps du Roy.

1. Lit.

JEANNE aliàs FRANÇOISE DE FOIX, épousa HONORAT DE SAVOYE, Marquis de Villars, Maréchal & Amiral de France.

2. Lit.

JACQUETTE DE MONTBERON, Femme D'ANDRE' Vicomte de Bourdeille.

HENRY DE BOURBON, Duc de Montpensier, Prince du Sang, épousa HENRIETTE-CATHERINE, Duchesse de Joyeuse.

HENRY, Duc de Joyeuse, Pair & Maréchal de France, épousa CATHERINE DE NOGARET, Sœur du Duc d'Epernon.

MADELAINE DE LA CHASTRE, Femme 3. de HENRY, Vicomte de Bourdeille.

HENRIETTE DE SAVOYE, Marquise de Villars, Femme de CHARLES DE LORRAINE, Duc du Maine.

HENRY Vicomte de Bourdeille, épousa MADELAINE DE LA CHASTRE.

MARIE DE BOURBON, Duchesse de Montpensier, 1e. Femme de GASTON Duc d'Orléans, Frere du Roy Louis XIII.

HENRIETTE-CATHERINE, Duchesse de Joyeuse, Femme de HEN- 4. RY DE BOURBON, Duc de Montpensier, Prince du Sang; 2. de CHARLES DE LORRAINE, Duc de Guise.

MADELAINE de la Chaître avoit d'abord été mariée avec François de Châtillon, Baron d'Argenton : & , l'ayant trouvé impuiffant, elle fit caffer ce Mariage par Sentences de l'Official de Sens, Député de l'Archevêque de Lion, & du Pape, des 19 Janvier, 15 Mars, & 14 Août 1599. Le Baron d'Argenton appella de ces Sentences. Il obtint même le 13 Octobre fuivant un Brevet du Pape : & prétendant qu'il avoit toutes les Facultez néceffaires au Mariage, quoy qu'elles ne fuffent pas apparentes, & qu'il en avoit fait l'Ufage ordinaire pour la Confommation du Mariage, il préfenta au Parlement de Paris une Requête de Congrès ; mais, il fut débouté, & condamné à l'Amende, par Arrêt du 16 Janvier 1601.

OUTRE la Parenté cy-deffus, Monfieur de Bourdeille en avoit encore une autre avec les Ducs & Ducheffes de Montpenfier & du Maine, par Catherine de Mareuil, fa Bifayeule paternelle, mais dans un Degré plus éloigné.

PENDANT que la Paix regna en France, Monfieur de Bourdeille fit fon principal Séjour à Paris. Madame
de

de Bourdeille y tint fur les Fonds de Batême, à Saint André des Arcs, le 15 Mars 1606, Madelaine de Thou, fa Niéce, laquelle, dans la Suite, époufa Jacques d'Anet, Seigneur de Marly, Préfident de la Chambre des Comptes, mort Evêque de Thou-ln.

Les Raifons de Parenté formoient une Liaifon particuliere entre Monfieur de Bourdeille, & le Préfident de Thou, fon Beau-Frere. Ce fut chez ce Préfident que, le 6 Avril de cette Année, la Converfation ayant roulé fur les Servitudes de Vaffaux qui fubfiſtent encore en France, Monfieur de Bourdeille fe donna pour, Exemple, en difant qu'il avoit en Périgord 60 Places ou Terres toutes d'une Tenuë, dans lefquelles fes Sujets étoient obligés de luy payer double Rente, pour fe racheter en quatre Occafions : 1. la premiere Année de fon Mariage ; 2. à la Naiffance de fon premier Enfant mâle ; 3. lors du Mariage de la premiere de fes Filles ; 4. à chaque Mutation de Seigneur par Vente, ou par Succeffion.

Sa Baronie d'Archiac, mouvante du Comté de Xaintonge & Pont de Xaintes,

Xaintes , fut érigée en Marquifat, pour luy & fes Defcendans mâles & femelles , par Lettres patentes dattées de Paris au Mois de May 1609. Le Roy, dans ces Lettres , le traite de fon *ame & feal Confeiller d'Etat, Chevalier de fon Ordre , Senefchal & Gouverneur de Périgord* ; ce qui prouve qu'il fut Chevalier de l'Ordre de Saint-Michel , avant de l'être de celuy de Saint-Efprit. Ces Lettres furent régiftrées au Parlement de Bourdeaux le 1 Juin 1609.

Après la Mort du Roy Henry IV, Monfieur de Bourdeille fe retira dans fon Gouvernement de Périgord; & il fe rendit à Bourdeaux , pour affifter à l'Entrée que Henry de Bourbon, Prince de Condé , Gouverneur de la Guyenne , y fit le Samedi 2 de Juillet 1611. Monfieur de Themines, comme Sénéchal du Quercy, y voulut difputer le Pas dans cette Cérémonie à Monfieur de Roquelaure, qu'il prétendoit ne devoir jouïr des Honneurs de Lieutenant de Roy, qu'en l'Abfence du Gouverneur qui fe trouvoit prefent. Monfieur de Bourdeille demanda , qu'on obfervât les Rangs que les Sénéchauffées avoient entre elles.

elles. Un autre Sénéchal voulut aufſi intervenir dans cette Diſpute. Monſieur le Prince décida, que Monſieur de Roquelaure marcheroit ſeul devant le Poiſle ſous lequel ſeroit Son Alteſſe, que ces trois Sénéchaux la ſuivroient de front; mais, que Monſieur de Themines précéderoit les deux autres ſeulement de la Longueur de la Tête de ſon Cheval.

QUOYQUE Monſieur de Bourdeille ait été cy-devant qualifié Conſeiller d'Etat, cependant ſon Brevet n'eſt datté de Paris que du 10 Janvier 1612. Il en préta Serment le 17 du même Mois entre les Mains du Chancellier de Sillery.

CETTE même Année, ayant été nommé Chevalier de l'Ordre du Saint-Eſprit, il fut expédié le 21 Mars une Commiſſion adreſſée à Meſſieurs de Château-vieux & de Liancourt, Chevaliers des Ordres du Roy, pour examiner ſes Preuves de Nobleſſe. Ces Commiſſaires les vérifiérent & admirent, à Paris, le 23 Janvier 1613. Ils reconnurent dans leur Certificat, que le Vicomte de Bourdeille étoit Gentil-Homme de Nom & d'Armes de 12 Générations, & qu'il avoit produit

des

des Titres depuis & compris l'Année 1249. Voicy les Qualitez que luy donnent ses Preuves : *Messire* HENRY DE BOURDEILLE , *Vicomte du - dit Lieu, Marquis d'Archiac , Baron de la Tourblanche , Séneschal & Gouverneur pour le Roy au Pays de Périgord.* Sa Reception fut suspendue jusqu'à la premiere Cérémonie de l'Ordre , qui ne se fit qu'à la Fin de l'Année 1619.

PENDANT cet Intervalle Monsieur de Bourdeille résida presque toujours dans son Gouvernement de Périgord. Sa Presence s'y trouva fort nécessaire pour appaiser une Querelle particuliere arrivée en 1613, qui auroit allumé le Feu dans une grande Partie de la Guyenne. Le Prieuré de Trémolat, près de Limeuil en Périgord, étoit disputé entre Monsieur de Boesse , du Nom d'Escodeca, apparenté avec Messieurs de Caumont-la Force, & Monsieur de Giverzac. Les Comtes de Gurson, de Lauzun, de Ribeirac, & autres Seigneurs de ce Pays, entroient dans cette Affaire, qui devoit mettre sous les Armes 7 à 8000 Hommes avec deux Piéces de Canon. Ces Troupes étoient prêtes à marcher Enseignes déployées, &

à

à défoler le Peuple. Monfieur de Bourdeille fut chargé de diffiper les Affemblées qui fe formoient fur ce Sujet, de s'emparer au Nom du Roy de ce Lieu de Trémolat, & de le mettre en Séqueftre. Il y fut fecondé par le Parlement de Bourdeaux, qui rendit un Arrêt contre les Factieux.

MONSIEUR de Bourdeille eut un Succès fi heureux dans cette Commiffion, que la Reine-Mere Régente fe fervit de fon Exemple pour faire une Leçon à Monfieur de Roquelaure, Lieutenant Général en Guyenne, au Sujet des Entreprifes que le Comte de Saint-Paul (François d'Orléans Longueville) faifoit dans cette Province. Elle manda à Monfieur de Roquelaure, par une Lettre dattée de Fontainebleau le 7 d'Octobre 1613, que, puifque la Prefence feule du Seigneur de Bourdeille avoit eu affez de Force pour diffiper & faire retirer par Autorité du Roy les Gens affemblez fur l'Affaire de Trémolat, la Prefence du dit Seigneur de Roquelaure, & fa Charge, auroient dû prévenir les Entreprifes du Comte de Saint Paul, & autres Affaires ; & qu'ainfi elle eftimoit,

moit, qu'il ne devoit pas demeurer plus long-tems éloigné de cette Province (dont il étoit apparemment alors abſent).

Ces Querelles particulieres, malgré la Paix générale, devenoient fréquentes dans la Guyenne. Monſieur de Bourdeille ſe trouva même obligé d'y prendre Parti, pour ſoutenir Monſieur de Saint-Bonnet, ſon Beau-Frere, contre lequel Meſſieurs d'Autfort ſe préparoient à prendre les Armes. Il en écrivit de Bourdeille le 13 Avril 1614 à Monſieur de Ponchartrain, Secrétaire d'Etat, le priant de repréſenter à Leurs Majeſtez le Danger où elles expoſoient cette Province, pour ne pas mettre Ordre à ces Querelles : que d'ailleurs, ſi on ne luy donnoit des Troupes entretenues, ou les Moyens de les entretenir, il luy ſeroit impoſſible de faire ſon Devoir.

Ces Diviſions devinrent encore plus ſérieuſes, par le Bruit qui ſe répandit, qu'on vouloit donner à Monſieur de Roquelaure deux Lieutenans de Roy ſous luy, dont l'un commanderoit en deçà de la Garonne, & l'autre en delà. Il paroît, que Monſieur de Roquelaure n'avoit point eu de Part à ce Projet : car,

car, il fit affembler, à l'infçu de Mr.
de Nefmond, Premier Préfident du
Parlement de Bourdeaux, les principaux Commandans & Sénéchaux de
la Province, & les engagea à figner
un Acte, par lequel ils s'obligeoient
d'employer leurs Vies à foutenir les
Droits de leurs Charges ; réfolus,
qu'après avoir fait leurs Remontrances à la Reine, s'ils n'étoient écoutez,
ils s'oppoferoient à l'Exécution des
Provifions de ces nouvelles Charges.
Monfieur de Bourdeille fe trouva à
cette Affemblée, & ne s'en cacha
pas. Monfieur de Nefmond en rendit
Compte à Monfieur de Ponchartrain
par une Lettre dattée de Bourdeaux le 10 Juin de cette même
Année. Cette Affaire fut appaifée en
partie par les Graces que Sa Majefté
répandit fur quelques-uns des Mécontens. Monfieur de Roquelaure
obtint enfin la Dignité de Maréchal
de France, qui luy avoit été promi-
fe. Monfieur de Themines eut Affu-
rance du même Honneur, qui luy
fut conféré un An après ; mais, Monfieur de Bourdeille ne fe reffentit
point de ces Bienfaits. Cependant fa
Fidélité n'en fut point altérée, &

i

il en donna de nouvelles Preuves à
Leurs Majeſtez dans le Voyage qu'elles firent en Guyenne l'An 1615, par
les Soins qu'il prit pour la Sûreté de
leurs Paſſages , & par les Reſpects
qu'il vint leur rendre.

Cet Evénement, diminuant ſa Faveur, l'obligea d'employer les Sollicitations d'autruy. Monſieur de Luſſan , ſon Neveu , Gouverneur de
Blaye, connu depuis ſous le Nom de
Maréchal d'Aubeterre, prit doublement Part à la Querelle ſur cette nouvelle Création de Lieutenans de Roy.
Le Marquis d'Aubeterre , ſon Fils,
comme Sénéchal d'Agenois, ſe trouvoit dans le même Cas que Monſieur
de Bourdeille. Monſieur de Luſſan en
écrivit de Blaye au Roy, le 12 Janvier & 16 Février 1616 ; luy mandant
qu'il ſe croyoit obligé d'avertir Sa
Majeſté du Nombre de Mécontens
que cette nouvelle Création avoit
produit ; qu'il étoit néceſſaire d'y
pourvoir; & que, ſi elle vouloit bien
accorder ce Titre de Lieutenant de
Roy au Marquis d'Aubeterre, ſon
Fils , & à Monſieur de Bourdeille,
pour leurs Sénéchauſſées , il répondroit de leurs Perſonnes ſur ſa Tête;

& que le seul Moyen de mettre en bonne Intelligence les Sénéchaux, les uns avec les autres, étoit de leur conférer ce même Titre.

LES Remontrances de Monsieur de Lussan firent Effet ; car, au Mois d'Avril 1617, Monsieur de Bourdeille reçut du Roy un Pouvoir de Commandant au Défaut de Monsieur le Maréchal de Roquelaure, pour forcer Jean de Gontaud, Baron de Biron, Frere du Duc de Biron décapité en 1602, de remettre la Place de Badefol, dont ce Baron s'étoit emparé sur le Prétexte des Prétentions qu'il avoit dans les Biens de feue Jacqueline de Saint-Geniés, sa Femme, Dame de Badefol, morte sans Enfans, Sœur de Judith de Gontaud de Saint-Geniés, Dame de Navailles, laquelle revendiquoit la Terre de Badefol, comme seule Héritiere de la feue Baronne de Biron.

MONSIEUR de Bourdeille eut recours aux Voyes de Douceur pour exécuter cette Commission. Il envoya par trois fois vers le Baron de Biron des Gens qui ne purent, ni luy parler, ni le joindre ; ce qui obligea Monsieur de Bourdeille d'en rendre Compte au Roy par une Lettre dattée de Bourdeille

deille le 4 May 1617. Il propofa en même tems d'affiéger le Baron de Biron dans le Château de Badefol, pourvû qu'on luy donnât 4000 Hommes d'Infanterie, 1000 Chevaux , & 4 Piéces de Canon; ou que la Dame de Navailles fit un Fonds pour ce Siége, attendu que cette Place étoit capable d'arrêter pendant trois Mois une Armée de Province (c'eft-à-dire des Troupes de Milices.)

Par cette Lettre, il fe plaignit au Roy de ce qu'on ne luy avoit pas fait Part, ainfi qu'on avoit fait aux autres , de la Réfolution que Sa Majefté avoit prife de gouverner dorenavant par elle même : ajoutant , que cet Oubly l'auroit déterminé à prendre la Pofte pour fe rendre près d'elle, s'il avoit ofé entreprendre ce Voyage fans fa Permiffion ; mais , qu'il fe faifoit une Loy d'obferver fes Commandemens au Hazard de fon Bien & de fa Vie. Il écrivit fur le même Sujet à Mr. de Pontchartrain, Secrétaire d'Etat.

Le Projet du Siége de Badefol ne fut pas exécuté ; parce que le Baron de Biron remit bientôt ce Château entre les Mains du Sieur de la Sourdiere , Exempt des Gardes du

M 2

Corps

Corps du Roy ; & son Procès avec la Dame de Navailles fut continué au Conseil du Roy.

CETTE même Année 1617, Mademoiselle de Bourdeille, (Madelaine) confirma par un Codicille à Monsieur de Bourdeille, son Neveu, l'Hérédité universelle de ses Biens, à laquelle elle l'avoit déja appellé par son Testament de l'An 1611.

MONSIEUR de Bourdeille étant rentré en Grace auprès du Roy, en recut un Témoignage avantageux par le Brevet de Maréchal de ses Camps & Armées, dont le Roy le gratifia le 3 Juillet 1619 ; Employ qui n'étoit pas encore devenu commun : &, comme il se trouva alors à la Cour, il fut reçu Chevalier des Ordres dans la Cérémonie faite par Sa Majesté en l'Eglise des grands Augustins de Paris le 31 Décembre suivant. Ses Preuves n'avoient été rapportées qu'au Chapitre tenu le 20 de ce Mois, quoy qu'elles eussent été admises par ses Commissaires dès l'Année 1613.

A son Retour en son Château de Bourdeille, il tomba malade. Le Roy étoit alors à Cazenaue, d'où Sa Majesté luy écrivit le 9 Octobre 1620, qu'elle qu'elle étoit très-fâchée de sa Maladie ; qu'elle étoit bien persuadée de la Douleur qu'il avoit de ne se point trouver en Etat de la servir si l'Occasion s'en présentoit ; mais, qu'il ne devoit songer seulement qu'à sa Guerison, parce qu'elle n'avoit pas besoin, pour le présent, de plusieurs de ses Serviteurs ; qu'au reste, il pouvoit compter sur sa Bienveillance. La Suscription de cette Lettre est *à Monsieur DE BOURDEILLE, Chevalier de mes Ordres, Conseiller en mon Conseil d'Etat, Capitaine de cinquante Hommes d'Armes de mes Ordonnances, Gouverneur & Seneschal de Périgord.*

LE Duc de Luynes ayant été fait Connêtable de France, le Roy fit Part de cet Evénement à Monsieur de Bourdeille, qui en remercia Sa Majesté par une Lettre dattée de Bourdeille le 30 Avril 1621, dans laquelle il luy témoigna, que le Choix, qu'elle avoit fait de la Personne de Monsieur le Duc de Luynes pour cette Dignité, étoit approuvé de tous les bons Sujets ; & que, pour luy éviter l'Ennuy d'une longue Dépêche, il envoyoit à Mr. de Pontchartrain le Détail des Affaires de sa Province.

Au

Au Mois de Janvier 1622, les Troubles de Religion subsistants toujours, Monsieur de la Force (Jacques Nompar de Caumont, depuis Duc de la Force, Pair & Maréchal de France,) l'un des Chefs des Religionnaires, incommodoit par ses Courses la Garnison de Bergerac (*). Le Duc d'Elbœuf, qui commandoit en ce Pays, résolut de se rendre Maître du Château de la Force. Sur l'Avis qui en fut donné à Monsieur de la Force, il partit de Sainte-Foy, où il étoit alors avec ses Troupes, pour venir au Secours de son Château. Le Duc d'Elbœuf s'avança pour le prévenir, & le 30 de ce Mois il rangea dans la Plaine ses Troupes en Battaille. Ce Duc avoit avec luy, entre autres Seigneurs, Monsieur de Bourdeille, qui commandoit un Escadron, & le Régiment de Bourdeille. Ce Régiment eut Ordre de se saisir d'un Pont, & fit plus qu'on ne luy avoit commandé; car, il passa le Pont, & s'étant en-

(*) Mercure François, *in* 8. Tome *VIII*, *p.* 449, 451.

engagé avec l'Ennemy dans un Combat qui dura jusqu'au Jour, cette Action obligea les autres Régimens de soutenir des Escarmouches pendant toute la Nuit, qui fut très-obscure. Cependant, Monsieur de la Force fut obligé de se retirer avec Perte. On accusa Monsieur de Bourdeille de n'avoir point mené son Escadron à la Charge, quelque Commandement qu'il en eût reçu; d'avoir préferé, dans cette Occasion, à son Devoir, la Parenté qu'il avoit avec Monsieur de la Force; &, non seulement d'avoir empêché le Duc d'Elbœuf de prendre d'Assaut le Château de la Force après la Retraite du Seigneur de ce Lieu, mais même d'avoir déterminé le Duc à accepter l'Offre que Monsieur de la Force luy fit faire par un Gentil-Homme de remettre son Château entre les Mains de Monsieur de Bourdeille, qui en répondroit. Quelques dangereuses que soient en Apparence ces Accusations contre Monsieur de Bourdeille, les Circonstances de cet Evénement ont effacé la mauvaise Impression qu'avoient pu faire ces Accusations. Il est vray que, suivant l'Arrêt prononcé par le Parlement de Bourdeaux le Château de la Force devoit être rasé. Mais, comme Monsieur de la Force, & ses Enfans occupoient plusieurs Places fortes, & qu'ils pouvoient user de Représailles sur toutes les Maisons de Campagne, & Terres des Environs, appartenant aux Catholiques, la Noblesse en général y ayant un Intérêt commun, se joignit à Monsieur de Bourdeille, pour engager le Duc d'Elbœuf à se contenter, comme il fit, de l'Offre de Monsieur de la Force de remettre son Château, lequel resta neutre. Voicy ce qu'a dit de toute cette Affaire un Historien de Louis XIII.

„ Le Duc d'Elbœuf, qui comman-
„ doit les Armées du Roy dans la
„ Basse Guyenne, se préparoit à
„ prendre le Château de la Force
„ d'Assaut, lorsque le Marquis de
„ Bourdeille, & plusieurs Gentils-
„ Hommes distinguez du Périgord,
„ vinrent luy représenter, que la
„ Prise du Château seroit infaillible-
„ ment suivie de l'Exécution d'un
„ Arrêt du Parlement de Bourdeaux,
„ par lequel le Marquis de la For-
„ ce, Fils aîné de la Force, &
„ Mont-

,, Montpouillan un de ſes Cadets,
,, eurent l'Année derniere la Tête
,, tranchée en Effigie : leurs Mai-
,, ſons devoient être raſées par le
,, même Arrêt, leurs Bois coupez,
,, leurs Biens confiſquez, & leur
,, Poſterité devenoit roturiere. Mon-
,; ſieur de Bourdeille dit de fort
,, bon Sens au Duc d'Elbœuf :
,, *Il faut avoir Egard au Mérite de*
,, *Monſieur de la Force, & aux Services*
,, *importans qu'il a rendus au feu Roy,*
,, *afin de luy aſſurer la Couronne. La*
,, *Maiſon de Caumont, dont Monſieur de*
,, *la Force ſe trouve maintenant le Chef,*
,, *eſt une des plus anciennes & des*
,, *plus illuſtres de la Province.*
,, *Il a pluſieurs Enfans, capables de*
,, *bien ſervir le Roy. Eſperons, que*
,, *ces Meſſieurs feront leur Devoir*
,, *dans les Guerres Etrangeres. On*
,, *a toujours quelque Reſpeſt pour les*
,, *anciens Châteaux des premieres Mai-*
,, *ſons du Pays. A plus forte Raiſon*
,, *devons-nous les épargner dans une*
,, *Guerre Civille. Si Monſieur de la*
,, *Force eſt indigne que vous épargniez*
,, *ſon Château, voicy la principale*
,, *Nobleſſe du Périgord, & de la*
,, *Guyenne, qui demande Grace pour*

M 5

,, *luy.*

„ luy. *La Maniere franche & gé-*
„ *nereuse, dont nous servons le Roy, mé-*
„ *rite bien cette légere Recompense*(*).„

MONSIEUR de Bourdeille, après cette Expédition, s'en retourna en Périgord. Au reste, la Conduite de Monsieur de Bourdeille est pleinement justifiée par le Traitement honorable que le Roy fit à Monsieur de la Force, en le créant Maréchal de France, quatre Mois après le Siége de son Château.

DANS la même Année, & par les Lettres patentes de Sa Majesté, dattées de Paris au Mois de Février 1627, portant Création de la Terre de Montrésor en Comté, dans lesquelles elle déclare, *que, mettant en Considération les bons, fideles & a-gréables Services, que Messire* HENRY COMTE DE BOURDEILLE, *Marquis d'Archiac, Seigneur de Montrésor, Chevalier de ses Ordres, Conseiller en ses Conseils d'Etat & privé, Mareschal de ses Camps & Armées, Séneschal & Gouverneur de Périgord, luy a rendus pendant les Mouvemens derniers, & en plusieurs grandes Commissions im-*
en

(*) Histoire de Louis XIII, par Mr. le Vassor, *page* 388, *l'An* 1622, *Livre* 18.

portantes, où il a été employé, & dont il s'est si dignement acquitté, voulant luy donner des Marques de sa Reconnoissance, elle a uni & incorporé les Terres & Seigneuries de Liége, la Hutiere, & Biard, à celle de Montrésor, & érigé le tout en Comté, sous la Dénomination de Comte de Montrésor, pour luy & ses Descendans masles.

La Terre de Montrésor, située en Touraine, après avoir été longtems possédée par la Maison de Batarnay, avoit passée de cette Maison dans celle de Joyeuse, par le Mariage de Marie de Batarnay avec Guillaume Vicomte de Joyeuse, Maréchal de France. Henriette-Catherine de Joyeuse, Duchesse de Joyeuse, leur Petite-Fille, & unique Héritiere, qui fut d'abord Duchesse de Montpensier, & ensuite Duchesse de Guise, la vendit, par Contract du 23 May 1623, à Monsieur de Bourdeille, lequel dans cet Acte est qualifié *haut & puissant Seigneur Messire* Henry de Bourdeille, *Seigneur, Comte, Vicomte, & Baron de Bourdeille, Marquis d'Archiac, Chevalier, des Ordres du Roy, Conseiller en ses Con-*

seils

seils , Capitaine de cent Hommes d'Armes , Seneschal , Gouverneur & Lieutenant Général pour Sa Majesté en Périgord. Cette Qualité de *Comte de Bourdeille* luy est encore donnée par le Contract de Mariage du Baron de Mattas , son Neveu , de l'Année 1625 , auquel il avoit consenti par Procuration de l'Année précédente , dattée de Périgueux. On a vû cy devant la Parenté & Alliance, que Monsieur de Bourdeille avoit avec cette Duchesse de Guise , à laquelle il écrivit une Lettre de Compliment le 9 Juin 1627 , sur la Mort de Madame Duchesse d'Orléans , Fille du premier Mariage de cette Princesse.

Le Séjour , que Monsieur de Bourdeille fit cette Année en son Château de Montrésor , luy fournit Occasion de connoître plus particuliérement le célébre Abbé Michel de Miroles , nommé depuis peu de tems à l'Abbaye de Villelouin , Diocese de Tours (*). Il assista même à la Prise de Possession de cette Abbaye , le 6 Juillet 1627. Au reste , leur Liaison n'étoit fondée que sur l'Amitié , & non sur aucune Pa-

(*) Mémoires de Maroles , *in Fol.* pag. 74 a 339.

Parenté, comme le déclare cet Abbé dans ses *Mémoires*.

MONSIEUR de Bourdeille étoit revenu en Périgord l'An 1629, qu'il fut présent au Contract de Mariage, passé à Aubeterre le 20 Février de cette Année, de Mademoiselle d'Aubeterre (Esparbez) la Serre, sa Petite-Niéce, avec le Baron de Magnac de la Maison de Salagnac. Cet Acte luy donne le Titre de *très-haut & puissant Seigneur, Gouverneur & Lieutenant-Général pour le Roy en Périgord.*

AU Mois de Février 1630, le Roy le gratifia d'une Pension de 3000 Livres, & la Dame d'Ambleville, sa Sœur, le nomma Exécuteur du Testament qu'elle fit le 21 Novembre de cette Année. Comme il habitoit alors sa Terre de Montrésor (*), elle déposa son Testament à la Comtesse de Duretal, sa Sœur, pour le luy remettre.

MONSIEUR de Bourdeille semble avoir passé le Reste de ses Jours, alternativement, dans ses Terres de Touraine & de Périgord. Les Procès, qu'elles luy occasionnérent, ne luy laissérent pas manquer d'Occupations.

(*) **Mémoires de Maroles**, *pag.* 83.

M 7

tions. Il en eut un confidérable contre Charles d'Abzac, Seigneur de la Douze, fon Parent, pour l'Hommage des Terres & Seigneuries de la Douze, de la Crotte, & de la Mothe. Monfieur de Bourdeille prétendoit qu'elles relevoient directement de fa Peigneurie de la Maifon noble de Périgueux, & feulement en Arriere-Fief de la Comté de Périgord.

On a vû cy-devant, que la Maifon de Bourdeille avoit hérité de cette Seigneurie de Périgueux par fon Alliance avec la Maifon de Vigier, & que les Terres de la Crotte, & de la Mothe, avoient été aliénées par Meffieurs de Bourdeille en Faveur de la Maifon de Salagnac, qui les avoit portées dans celle d'Abzac.

Ce Procès avoit commencé en 1614, & continuoit encore en 1625, que Monfieur de Bourdeille obtint du Roy des Lettres patentes contre toutes les Prefcriptions qui luy feroient objectées par fes Vaffaux & Amphitéotes.

Le *Factum*, fait fur ce Procès, le qualifie *Meffire* HENRY DE BOURDEILLE, *Seigneur, Comte du-dit Lieu, & de Montréfor, Marquis d'Archiac, Seigneur*

gneur de la Tour-blanche, de la Maison de Périgueux, & autres Places, Chevalier des Ordres du Roy, Capitaine de cent Hommes d'Armes de ses Ordonnances, son Séneschal & Gouverneur de Périgord. On y a seulement cité quantité d'Actes concernants les premiers Seigneurs de cette Maison de Périgueux, & les Seigneurs de Bourdeille, qu'on n'a pas vû plus au long, & qui cependant donneroient bien des Eclaircissemens.

On ignore quelle fut la Fin de ce Procès, ainsi que de celuy que luy suscita sa Terre d'Archiac contre le Sieur Goute, chargé par le Roy de la Liquidation des Droits & Domaines de Sa Majesté en la Province de Guyenne, sur l'Hommage de la Terre de Saint-Mégrin, prétendu par le Roy, à cause de sa Comté de Xaintonge, & par Monsieur de Bourdeille, à cause de sa Terre d'Archiac. Le Sr. Goute présenta une Requête le 16 Mars 1635, contre Monsieur de Bourdeille. Il y eut aussi des *Factums* sur cette Affaire.

On ne connoît de même, que par Citation, les Hommages des Terres de Sorges & de Coustures, rendus en en 1620 & 1621 à la Comté de Bourdeille. Aprés de longs Procés entre Henry de Bourdeille, & l'Evêque de Périgueux, il y eut Sentence homologuée en 1628, & donnée à cause des Hommages de Sorges & de Couflures, produits par le-dit Evêque, & que le Seigneur de Bourdeille rendoit au-dit Evêque depuis 1044, comme on la vû cy devant, dont on n'a jamais vû les Titres d'Erection, quoy que Henry de Bourdeille en ait toujours pris le Titre.

Il donna son Consentement au Mariage de Barthelemy de Bourdeille, Comte de Maslas, son Neveu, en 1639, étant revenu habiter le Périgord.

Monsieur de Bourdeille jouït pendant le Cours de sa Vie de l'Abbaye de Brantosme sous des Noms de Confidentiaires, & de la Conseigneurie de ce Lieu, que luy avoit légué le Seigneur de Brantosme, en l'instituant l'un de ses Héritiers universels, comme on l'a dit à l'Article du Seigneur de Brantosme, dont le Testament a été suffisamment détaillé pour n'avoir pas besoin d'en rappeller les Clauses peu honorables à la Mémoire du Seigneur de Brantosme.

HENRY

HENRY de Bourdeille mourut en sa Maison de la Feuillade en Périgord, le 14 Mars 1641, âgé de 70 Ans (*), & fut inhumé dans l'Eglise de St. Pierre de Bourdeille.

ON ne sçait point en quel Tems mourut Madelaine de la Chastre, sa Femme; mais, il y a lieu de croire qu'elle ne survécut pas long-tems; car, elle fit un Testament Olographe dans la même Maison de la Feuillade en Périgord (†), le 22 Février 1642, par lequel elle déclare, que son Contract de Mariage avoit suffisamment partagé FRANÇOIS DE BOURDEILLE, son Fils aîné; & qu'ainsi, elle léguoit à CLAUDE DE BOURDEILLE, son Fils puîné, tout ce que les Coutumes des Lieux où ses Biens étoient situés, permettoient de luy donner.

La Généalogie de la Maison de la Chastre est imprimée dans l'*Histoire des Grands Officiers de la Couronne*, Tome VII, page 364.

(*) Gazette de France, *Art. de Paris*, du 30 *Mars* 1641, *page* 175.

(†) La Feuillade est la Maison de Plaisance de la Terre de la Tour-blanche, & en dépendant.

NB. CLAU-

NB. CLAUDE DE BOURDEILLE, *Comte de Maftas*, Frere de HENRY, *Comte de Bourdeille*, fe trouvera, avec fes Defcendans, ci-deffous à la Lettre N, après les Defcendans de
HENRY DE BOURDEILLE
& de
MAGDELAINE DE LA CHASTRE,
qui vont fuivre.

FRANC,OIS-SICAIRE DE BOURDEILLE, appellé *le Marquis de* BOURDEILLE, qui va fuivre à cette Lettre. **L**	CLAUDE DE BOURDEILLE, Comte de MONTRESOR, fuivra à cette Lettre **M**

FRAN-

L

FRANCOIS-SICAIRE

DE BOURDEILLE,

Marquis de Bourdeille.

FRançois - Sicaire de Bourdeille, appellé le *Marquis de Bourdeille*, se trouve employé avec la fimple Qualité de *Messire*, & celles de *Marquis d'Archiac & de Bourdeille*, dans
le Contract de Mariage, du 9 Janvier 1625, de Henry de Bourdeille
de Maftas, fon Coufin germain, qui
époufa Mademoifelle Claude Rouault
de Thiembrune.

Il ne paroît pas avoir eu Part
aux Intrigues du Comte de Montréfor, fon Frere, ni aux autres Cabales
de Cour. Il eft vray, que la *Vie du
Duc d'Efpernon* (*) le taxe d'avoir
été

______
(*) Vie du Duc d'Efpernon, *in Folio*,
pag. 549.

été envoyé sous le Nom de Comte de Bourdeille, en 1637, avant son Frere, vers ce Duc, pour l'engager de donner Retraite dans son Gouvernement au Duc d'Orléans, & au Comte de Soiſſons, après que leur Projet contre le Cardinal de Richelieu eut été découvert. Mais, c'eſt le ſeul Endroit où il en ſoit fait Mention; car, il n'y en a nul Veſtige, ni dans les *Mémoires du Comte de Montréſor*, ni dans pluſieurs autres Ouvrages qui parlent des Affaires de ce Tems;

Il faut bien néceſſairement, qu'il ne fût pas coupable, & qu'au contraire il eût les Grace du Cardinal de Richelieu, puiſqu'après la Mort de ſon Pere en 1641, il luy ſuccéda dans ſes Employs. Il étoit même alors Conſeiller d'Etat, & Capitaine de cinquante Hommes d'Armes des Ordonnances du Roy. Les Proviſions des deux Charges de Gouverneur & de Sénéchal de Périgord, qui luy furent expédiées ſous le Nom de *Marquis de Bourdeille*, à Saint-Germain en Laye le 6 & 10 Avril 1641, portent, qu'elles luy ſont accordées, non ſeulement en Conſidération des Services de ſon Pere pendant une lon-

longue Suite d'Années ; mais aussi par la Confiance qu'a Sa Majesté dans sa Fidélité , en ayant reçu des Preuves particulieres en différentes Occasions. Le Roy, par les Provisions de Gouverneur de Périgord, luy donna Pouvoir de commander ses Armées dans son Département, comme avoit fait feu le Marquis de Bourdeille, son Pere. Ces Provisions furent régistrées au Parlement de Bourdeaux les 7 & 8 Août de la même Année, après que le Marquis de Bourdeille y eut prêté le Serment accoutumé. Quoy que dans tous ses Actes le Marquis de Bourdeille y soit qualifié Conseiller d'Etat, le Brevet ne luy en fut cependant expédié, que le 21 May de cette Année 1641.

Par la Mort de son Pere la plus grande Partie des Biens de la Maison de Bourdeille luy paroissoit dévolue ; en vertu de la Substitution formée par André Vicomte de Bourdeille & Jacquette de Montberon , ses Ayeux ; par les Reprises qu'il avoit à repéter sur les Biens libres de son Pere pour le Remplacement des Dégradations faites aux Biens substituez ; & par les Avantages

spé-

spécifiez en sa Faveur dans le Contract de Mariage de sa Mere. Il
avoit d'ailleurs hérité des deux Tiers
de la Succession de la Comtesse de
Duretal, sa Tante, qui, par son
Testament du 12 Août 1641, en
l'instituant son Héritier pour les deux
Tiers, luy avoit aussi donné la Permission de retirer sous trois Ans
les Biens fonds d'Acquets qu'elle
avoit léguez à ses autres Héritiers, &
avoit seulement exigé de luy, qu'il
leur payât le Prix de l'Acquisition
qu'elle en avoit faite: Testament, qui
le qualifie *haut & puissant Seigneur*
FRANÇOIS SICAIRE DE BOURDEILLE,
Chef de sa Maison.

Quoy qu'il eût fait reconnoître, &
approuver, par une Consultation
signée de plusieurs Avocats de Périgueux, le 12 Novembre 1641, les
Prétentions que luy donnoit la Substitution de ses Ayeux, & le Contract de Mariage de sa Mere; cependant, il n'en profita pas. Au contraire, il se contenta de faire un
Partage avec le Comte de Montrésor,
son Frere, suivant les Coutumes des
Lieux & du Droit écrit. On ne connoît ce Partage, que par la Citation
qu'il

qu'il en fait luy même dans son Testament cy-après, de l'Année 1668. On pourroit présumer, qu'il ne fut pas fait par l'Avis de Madelaine de la Chastre, sa Mere, ni même de son Vivant, attendu qu'elle déclara dans son Testament Olographe du 22 Février 1642, qu'elle ne luy laissoit rien, parce qu'il avoit été suffisamment avantagé dans son Contract de Mariage avec le feu Marquis de Bourdeille, son Mary, suivant les Coutumes des Lieux où ses Biens étoient situez. Il n'y a donc, que la Teneur de ce Partage, qu'on n'a pas vû, qui puisse faire connoître les Raisons pour lesquelles il abandonna si aisément ses Droits en Faveur de son Frere.

IL n'est fait aucune Mention du Marquis de Bourdeille dans les Intrigues du Comte de Montrésor avec Monsieur, Duc d'Orléans, sur l'Affaire de Monsieur d'Effiat-St. Mars, qui eut la Tête tranchée en 1642 : & continuant de vivre dans un Etat paisible, il assista, comme Parent, au Mariage contracté à Paris, en Présence du Roy & de la Reine, le 26 Avril 1646, entre François de

Roche-

Rochechouart, Marquis de Champdenier, premier Capitaine des Gardes du Corps du Roy, & Mademoiselle Marie de Bellenave. Il y est nommé *Comte de Bourdeille, Marquis d'Archiac.*

VERS la Fin de l'Année 1647, il fut retirer le Comte de Montréfor, fon Frere, du Château de Vincennes, où il étoit Prifonnier depuis 14 Mois: mais, il ne put l'accompagner à la Cour, qui étoit alors à Amiens; parce qu'il luy furvint une Indifpofition qui l'en empêcha.

QUOYQUE fes Services Militaires jufqu'alors ne foient pas manifeftez, il falloit cependant bien qu'il en eût de méritoires & fignalez: car, le Roy le fit Lieutenant-Général de fes Armées, par un Pouvoir datté de Bourg, le 12 Septembre 1650, pour en faire les Fonctions dans l'Armée de Sa Majefté en Guyenne, commandée par le Maréchal de la Meilleraye. L'Employ de Lieutenant-Général étoit d'autant plus diftingué, qu'il n'étoit accordé qu'à bien peu d'Officiers. Cette Armée fut deftinée à reprimer la Révolte du Duc de Bouillon, du Prince de Marfiliac, &

au-

autres leurs Adhérans, qui avoient pris les Armes , & avoient fait soulever la Ville de Bourdeaux.

IL s'aquitta de cette Commission avec assez de Succès pour mériter l'Approbation de la Cour. Il fut même nommé Chevalier des Ordres, par un Brevet datté de Paris le 25 Septembre 1651, pendant la Minorité du Roy Louis XIV: & le 17 de Novembre de cette Année, le Roy luy écrivit de Poitiers, pour luy ordonner de lever en toute Diligence quatre Régimens de Cavalerie, de quatre Compagnies chacun, & deux Régimens d'Infanterie, chacun de douze Compagnies; luy mandant, que les deux premiers, sçavoir un d'Infanterie, & un de Cavalerie, porteroient le Nom de Bourdeille; que Sa Majesté luy permettoit de choisir pour commander les autres tels Gens de Qualité & de Crédit qu'il voudroit; qu'en attendant qu'elle luy donnât des Assignations sur les Élections de Périgueux & d'Angoulême, il pourroit prendre, pour l'Armement de ces Régimens, les Fonds des Tailles de Périgord, à compter depuis l'Année 1647 jusqu'à ce Jour, à raison de 10800 Livres pour chaque Régiment d'Infanterie, & 30 mille Livres pour chaque Régiment de Cavalerie ; qu'après avoir affemblé ces Troupes dans l'Etenduë de fon Gouvernement, il les logeroit chez ceux qui avoient pris les Armes contre Sa Majefté, & les employeroit à ce qu'il jugeroit à propos, jufqu'à ce qu'il eût été joint par le Comte d'Harcourt (Henry de Lorraine,) fous lequel il feroit fa Charge de Lieutenant - Général, dont il avoit eu le Pouvoir l'Année précédente ; qu'au furplus, Sa Majefté l'affuroit de reconnoître bien volontiers fes Services.

La Retraite du Prince de Condé, dans fon Gouvernement de Guyenne, renverfa tout-à coup la Fortune apparente du Marquis de Bourdeille, par la Faute que commit ce Marquis de ne s'attacher à aucun Party dans ce Tems de Troubles, qui obligeoit toute la Nobleffe de fe déclarer pour la Cour, ou pour les Princes. Son Alteffe arrivant dans Périgueux accompagnée feulement de douze Perfonnes, il eut été fort aifé au Marquis de Bourdeille, Gouverneur de Périgord, de l'arrêter; & il fembloit même, qu'il y étoit obligé, comme

atta-

attaché à la Cour, avec laquelle le Comte de Montréfor avoit des Relations particulieres pour la Cabale de la Fronde, dont il étoit l'un des principaux Partifans. D'ailleurs, cette Entreprife luy fut propofée par le Sieur Vincennot, Receveur des Tailles de Périgueux, & paroiffoit d'autant plus facile à exécuter, que le Sieur d'Andraut, Confeiller au Parlement de Bourdeaux, que Son Alteffe avoit placé Intendant dans cette Ville, y donnoit les Mains. Il y a même tout lieu de croire, que ce fut en cette Occafion qu'on offrit pour Recompenfe, au Marquis de Bourdeille, un Brevet de Duc & Pair, & la Diftraction de fon Gouvernement de Périgord de celuy de Guyenne, pour le poffeder dorenavant en Chef. Mais, toutes ces Raifons ne furent pas capables de le déterminer à arrêter Monfieur le Prince.

D'un autre Côté, il ne fe rendit point aux Prieres & aux Inftances que luy fit Son Alteffe de refter dans Périgueux, où il auroit toujours été le Maître. Il quitta même Monfieur le Prince avec Apparence d'Affection, fous Prétexte d'aller feulement pour

quel-

quelques Jours à Bourdeille, & avec Promesse de revenir le joindre. Cependant, il ne tint point Parole à Son Altesse, & fixa son Séjour à Bourdeille.

QUOYQUE dans le Fond, cette Conduite n'eût pour Principe qu'un Esprit de Paix & de Probité, & un grand Eloignement pour toute Cabale, & sur-tout dans une Querelle de Sang contre Sang de France, il tomba dans le Mépris des deux Partis, leur devenant également inutile; & ses Terres furent ravagées par l'Armée du Comte d'Harcourt, de Façon qu'il luy en couta plus de 100 mille Livres de Pertes & de Dommages. Il ne fit même sa Paix dans la Suite, que par l'Entremise du Comte de Montrésor, son Frere, cent fois plus criminel que luy, comme ayant donné dans toutes les Factions. Voicy la Lettre, que le Cardinal Mazarin écrivit au Comte de Montrésor sur le Rétablissement du Marquis de Bourdeille dans ses Charges.

MONSIEUR,

Ce Mot n'est que pour accompagner
les

les Ordres du Roy pour le Rétabliſſement de Monſieur de Bourdeille, votre
Frere, leſquels je vous adreſſe, pour
les luy faire tenir, s'il vous plaît : &
vous agréerez, que, par même Moyen, je vous prie de vous bien ſouve-
nir des Paroles que vous m'avez données
à ſon Egard, puiſque je n'ay point
héſité enſuite à me rendre ſa Caution
auprès de Sa Majeſté. Je ne doute
point qu'à l'avenir ſa Conduite ne ſoit
telle que le Roy aura tout Sujet d'en
être ſatisfait. Néanmoins, j'ay cru
qu'il n'y avoit point de Mal d'uſer de
cette Précaution. Je ſuis,

MONSIEUR,

Votre très-affectionné Serviteur,

LE CARDINAL MAZARIN.

Datté de Paris le 12 Janvier 1655.

La Suſcription eſt à Monſieur le
Comte de Montréſor.

Il y a lieu de croire, que, depuis ce Tems, le Marquis de Bourdeille ſe borna à jouïr d'une Vie
paiſible, conforme à ſon Caractere.

 En

EN 1662, ayant apparemment perdu l'Espérance de voir effectuer la Promesse, qu'on luy avoit faite en 1651, de luy conférer l'Ordre du Saint-Esprit, il rendit le Collier des Ordres qu'avoit porté feu son Pere : du moins ne le trouve-t-on ainsi employé comme rendu, que dans le Compte de l'Ordre de cette Année 1662.

APRE's la Mort du Comte de Montréfor, son Frere, arrivée en 1663, dont il avoit été institué Héritier universel par son Testament du 23 Septembre 1652, il ne voulut se porter Héritier seulement que par Bénéfice d'Inventaire, regardant cette Succession comme obérée : mais, pour en tirer un Parti plus avantageux, il se proposa de prendre des Lettres de Récision contre la Vente, faite en 1653 par Monsieur de Montréfor, de ses Terres de Montréfor, & de Biards, au Profit de Mademoiselle de Guise. Il alléguoit pour ses Raisons dans ces Lettres, dont on n'a vû qu'un Projet, que ces Terres, du Revenu de 12 mille Livres de Rentes, & composées de sept Paroisses, & de plus de 300 Fiefs, avoient été vendues

dues feulement pour le Prix de 243
mille Livres, dont le Défunt avoit
reconnu avoir reçu comptant la
Somme de 114200 Livres, & le Reste
constitué en Rente au Denier 25 ;
que Mademoiselle de Guise, lors de
cette Acquisition , n'étoit point en
Etat de payer cette Somme ; que
d'ailleurs, depuis cette prétendue Vente, Monsieur de Montréfor avoit toujours paru Propriétaire de ces Terres,
& qu'il en avoit même fait Acte ;
que ce ne pouvoit pas être le Besoin
d'Argent qui eût déterminé Monsieur
de Montréfor à aliéner ces Terres,
puisque, dans ce même Tems , il
venoit de recevoir une Somme de
150 mille Livres pour le Prix de la
Terre d'Argie , qu'il avoit vendue
au Seigneur d'Orival ; & qu'il jouïffoit auffi de plus de 16 mille Livres
de Rentes en Bénéfices & Penfions
du Roy ; que Mademoiselle de Guife
luy avoit fait faire en 1657 une
Obligation de la fusdite Somme de
114200 Livres, fous le Nom de *le
Cocq*, Intendant de cette Princeffe ,
lequel avoit tranfporté cette Obligation la même Année à fa Maî-
treffe ; & qu'il étoit mort infolvable ;

N 4

que

que ces différens Actes n'avoient été connus, qu'après la Mort de Monsieur de Montrésor, quoy qu'il eût langui pendant deux Ans ; qu'ainsi, il étoit aisé de juger, qu'ils n'avoient de Fondement que la trop grande Union de Monsieur de Montrésor avec Mademoiselle de Guise, qui avoit même fait apporter chez elle plusieurs Tableaux de grand Prix, avec les Pierreries du Défunt, & rendu vuïdes deux Cabinets de la Chine remplis de Titres, que le Défunt luy avoit donnez en Dépot pendant le Voyage qu'il fit à Bourbon, peu de Tems avant sa Mort ; que comme luy, Marquis de Bourdeille, par sa Qualité d'Héritier Bénéficiaire, étoit comptable aux Créances du Défunt ; que d'ailleurs il y avoit des Personnes qui se disoient publiquement Enfans de feu Monsieur de Montrésor ; il se trouvoit obligé de prendre les Moyens nécessaires pour récouvrer les Effets de cette Succession, &c.

On ne sçait si ce Projet de Lettres de Récision fut exécuté, ou s'il se fit quelque Accommodement entre Mademoiselle de Guise & luy. Il paroît

roît seulement, que le Marquis de Bourdeille continua de jouïr de la Terre de Montrésor. Son Testament en fournit la Peuve.

Il fit ce Testament à Paris, le 18 Août 1668. Il y est qualifié *Messire* François - Sicaire de Bourdeille, *Chevalier, Marquis du-dit Lieu & d'Archiac, Comte de Montrésor, Baron de la Tour-blanche & de Brantosme, Seigneur des Maisons nobles de Périgueux, de Clery, & de la Forest, d'Ailly, Sénéschal & Gouverneur pour Sa Majesté en Perigord, demeurant à Paris Ruë de la Marche, Marais du Temple Paroisse de St. Nicolas des Champs.* Par cet Acte, il ordonna de transporter & inhumer son Corps en l'Abbaye de Chancellade, à laquelle il fit des Legs considérables, & son Cœur dans une Chapelle qu'il fonda sous le Titre de Saint-Michel & de Saint-Gabriel, dans l'Eglise de Bourdeille, vis-à-vis celle qu'y avoit établie son Pere : déclara, que l'Enoncé du Testament fait par Jacquette de Montberon, sa Grand-Mere, pour former une Substitution, dont Messieurs de Mastas s'étoient vantez, & sur laquelle ils comptoient, étoit faux

dans

dans tous ſes Points ; que cette Dame ne l'avoit ainſi compoſé, que pour éblouïr le Monde, & pour aſſurer par ce Moyen la Terre de Maſtas à Claude de Bourdeille, attendu qu'elle n'avoit payé aucune Dette ; ce qu'il prétendoit prouver, en diſant que le Prix de la Terre de Domeirac avoit été employé à rendre la Dot de Madelaine du Fou, Veuve de René de Montberon tué à la Battaille de Gravelines en 1553 ; que les Paroiſſes de Brie & de Saint-Cieres avoient été vendues avant le Mariage de Jacquette de Montberon avec André de Bourdeille, ſes Ayeux ; que la Vicomté d'Aunay avoit été donnée en Echange à Louiſe de Savoye, Régente du Royaume, (Mere du Roy François I.) pour la Terre de Maſtas ; que feu Henry de Bourdeille, ſon Pere, avoit racheté la Terre de Bourdeille, en payant le Prix du Decret, après la Mort de la même Jacquette de Montberon, à l'Acquit des Dettes dudit feu André de Bourdeille, & que les Rentes de cette Terre aliénées avoient été rachetées par François de Bourdeille, Evêque de Périgueux, & données enſuite par ce Prélat à feu
Hen-

Henry de Bourdeille ; que même la Légitime de feue Madelaine de Bourdeille étoit encore dûe ; qu'ainsi, la Nullité de cette Substitution l'avoit déterminé à faire un Partage avec feu Monsieur de Montréfor, son Frere, suivant les Coutumes des Lieux & du Droit écrit ; &, qu'à present, regardant son Bien comme entierement libre, il instituoit, pour son Héritier universel, Louis de Bailleul, Président du Parlement de Paris, sous la Condition de payer ses Dettes & Legs dans l'Espace de trois Années ; faute de quoy, il luy substitua l'Hôpital général de Paris. Il nomma, pour Exécuteur de ce Testament, Monsieur le Président Nesmond, auquel il donna toute sa Vaisselle d'Argent, son grand Carosse avec les six Chevaux, & tous les Tableaux qu'il avoit eus de la Succession de feu Monsieur de Montréfor.

On a rapporté cy-devant, à l'Article d'André de Bourdeille & de Jacquette de Montberon, les Preuves de la Fausseté des Allégations que le Marquis de Bourdeille à inférées dans son Testament, pour annuller la Substitution de son Ayeule ; & la Consultation d'Avocats, qu'il fit faire luy même en 1641, est nouvelle Preuve qu'il ne composa ce Testament, que par Animosité contre Messieurs de Mastas, c'est-à dire contre son propre Sang.

Les Sentimens peu favorables du Marquis de Bourdeille pour Messieurs de Mastas, Cadets de sa Maison, que naturellement il auroit dû avantager pour en soutenir le Nom, ne l'empêchoient pas d'être avec eux en Relation d'Affaires de Famille ; car, il donna son Consentement au Mariage de CLAUDE DE BOURDEILLE, Comte de Mastas, avec Mademoiselle Colbert du Terron, dont le Contract de Mariage, du 18 Novembre 1670, le qualifie *haut & puissant Messire* FRANÇOIS-SICAIRE DE BOURDEILLE, *Chevalier, Seigneur, Vicomte de Bourdeille, Marquis d'Archiac, Comte de Montrésor, Baron de la Tour-blanche, Gouverneur & Lieutenant Général pour le Roy en Périgord, Oncle du futur.*

QUOYQUE le Marquis de Bourdeille eût d'abord paru fort animé contre Mademoiselle de Guise, il y a bien Apparence, qu'il changea de Sentimens à son Egard, puisqu'il luy fit
une

une nouvelle Vente de la Terre de Montréfor , le 20 Novembre 1671. On ignore les principales Clauses de cet Acte , dans lequel il prit seulement les Qualitez de *Marquis de Bourdeille, Comte de Montréfor, Gouverneur de Périgord, feul Héritier par Bénéfice d'Inventaire du feu Comte de Montréfor.*

ENFIN, il mourut au Mois de May 1672, sans avoir jamais voulu se marier, quoyque jouïssant de 70 mille Livres de Rentes. Il eut pour Successeur dans sa Charge de Sénéchal de Périgord, le Marquis de Lauriere (*).

LA Terre de Montréfor a depuis passé de Mademoifelle de Guise à Mademoifelle d'Orléans Montpensier , & de cette derniere, à feu Monsieur Duc d'Orléans , qui la vendit en 1697 à Monsieur le Duc de Beauvilliers , dont Monsieur le Duc de Saint-Aignan a hérité.

APRE's la Mort du Marquis de Bourdeille, la Subftitution de Jacquette de Montberon fut déclarée ouverte
en

(*) Gazette de France , *du 28 May 1672, Art. de Saint-Germain en Laye , du 26 May, page 504.*

N 7

en faveur de Meſſieurs de Maſtas ; mais, les Procedures qu'elle a entraînées avec elle, par les Dettes dont la Maiſon de Bourdeille s'eſt trouvé ſurchargée de toutes Parts, ont fait paſſer par Ventes dans d'autres Maiſons les principales Terres qu'elle poſſédoit, telles que celles de Bourdeille, d'Archiac, de la Tour-blanche, & autres. Il n'eſt reſté que celle de Maſtas à la Branche de ce Nom, qui en jouït encore actuellement, comme on le verra cy-après à ſon Article, qui ſuivra à la Lettre N.

M

CLAUDE DE

BOURDEILLE,

COMTE DE MONTRESOR.

CLAUDE DE BOURDEILLE, *Comte de Montréſor*, n'a pas moins mérité d'occuper une Place dans l'Hiſtoire de ſon Siécle, par les Mémoires donnez ſous ſon Nom au Public en deux Volu-

Volumes *in 12*, & un troifiéme, intitulé *Recueil de plufieurs Piéces fervant à l'Hiftoire moderne*, imprimé *à Cologne en 1663*, que par le Rôle qu'il a rempli dans les différentes Cabales formées contre les Minifteres des Cardinaux de Richelieu & de Mazarin, fous les Regnes des Rois Louis XIII & Louis XIV (*). L'Ambition, avec laquelle il étoit né, le porta volontiers dans toutes ces Factions. Il a été accufé d'avoir eu un Air de Caton, fans en avoir le Jeu, & plus de Difpofition pour le Confeil dans les Affaires périlleufes, que pour l'Exécution.

IL étoit encore en bas Age, lorfque Monfieur de Brantofme, fon Grand-Oncle, par fon dernier Teftament fans Datte, luy fit Don de fon Château de Richemont, dans l'Efpérance que cet Enfant, qu'il trouvoit fi bien élevé & fi joly, auroit grand Soin d'entretenir cet Edifice, qui étoit fon Ouvrage, & qu'il célébreroit fa Mémoire, en difant un Jour, *voilà un Préfent que mon Grand-Oncle m'a fait.*

(*) Mémoires de Montréfor, *Tom. II,* pag. 73. Mémoires du Cardinal de Retz, *Tom. I,* *pag.* 65 116.

fait. Ce font les Termes de ce Teſtament. Cependant, cette Deſtination du Château de Richemont n'eut pas lieu, comme on la vû cy-devant.

MONSIEUR de Montréſor, dès ſon Enfance (*), qu'il faut interpréter par le Mot de Jeuneſſe, ſe donna à S. A. R. Monſieur Gaſton Duc d'Orléans, Frere du Roy Louis XIII. Il ne paroît avoir été d'abord auprès de ce Prince, que ſur le Pied de Courtiſan. Par le Contract de Mariage de Henry de Bourdeille, Baron de Maſtas, ſon Couſin, auquel il aſſiſta en 1625, ne le qualifia encore alors que *Meſſire* CLAUDE DE BOURDEILLE, *Comte de Montréſor.* Ainſi, il y a lieu de croire, qu'au reſte on ne s'étonnera pas, que cet Acte luy donne la Qualité de Comte, quoyque la Terre de Montréſor n'ait été érigée en Comté qu'en 1627, en faiſant Attention à l'Uſage, pratiqué dans toutes les grandes Maiſons, de transporter les Titres de Marquis, de Comtes, &c., ſous des Noms de Terres diffé-

____

(*) Mémoires de Montréſor, *Tom. II,* pag. 4.

différentes de celles auxquelles ces mêmes Titres ont été unis.

La Liaison de Monsieur de Montréfor avec Son Alteſſe Royale devint plus étroite par le premier Mariage que ce Prince contracta en 1626 avec Marie de Bourbon-Montpenſier; dont Monsieur de Montréfor avoit l'Honneur d'être doublement Parent. Cette Parenté a été cy-devant rapportée ſous l'Article de ſes Pere & Mere; mais, la Mort de cette Princeſſe, arrivée l'Année ſuivante, ne luy donna pas le Tems de profiter des Avantages qu'auroit pu luy procurer cette Alliance.

La Proximité de la Terre de Montréfor avec la Ville de Blois, où Monsieur faiſoit par intervalle quelques Séjours, avoit bien pu contribuer à cet Attachement.

Apre's la Mort de Guillaume de la Palu, Seigneur du Meſnil-Hubert en Normandie, Meſtre-de-Camp d'un Régiment d'Infanterie, & premier Veneur de Son Alteſſe Royale, Monsieur de Montréfor luy ſucceda dans cette Charge de premier Veneur, pour laquelle il donna une Recompenſe aſſez

fez confidérable aux Héritiers du Défunt (*).

Vers l'Année 1632, le fecond Mariage de Son Alteffe Royale avec
Marguerite de Lorraine luy donna Occafion d'augmenter fon Crédit fur l'Efprit de fon Maître, en
l'entretenant dans la Réfolution de
ne point rompre ce Mariage, quoyqu'il ne fût point agréable à la Cour,
& fur-tout au Cardinal de Richelieu,
qui avoit des Vûës différentes pour l'E-
tabliffement de Monfieur.

Ce ne fut cependant, qu'après la
Prifon & la Mort du Duc de Puy-
laurent (Antoine de Láge,) arrivée
en l'Année 1635, que Monfieur de
Montréfor devint le principal Favory
du Duc d'Orléans. La Foibleffe de
ce Prince le réduifit dans la Néceffité
de fe laiffer toujours gouverner par
quelqu'un. Il écrivit alors à Monfieur de Montréfor, qui fe trouvoit
abfent de fe rendre en Diligence à
Paris près de fa Perfonne. A fon
Arri-

____

(*) Mémoires de Montréfor, *Tome I,*
pag. 59 *à* 73. *Voyez auffi un* Recueil de
plufieurs Piéces fervant à l'Hiftoire moderne *imprimé in* 12. *à Cologne en* 1663.

Arrivée, Son Alteſſe Royale luy témoigna la Réſolution qu'elle avoit priſe de ſe livrer entiérement à ſes Conſeils.

CETTE Faveur fut dans la Suite pour Monſieur de Montréſor une Source de Diſgraces. Le Cardinal de Richelieu l'avoit déja employé dans une Liſte de ceux qu'il projettoit de bannir ; & ſon Animoſité augmenta par l'Attention qu'eut Monſieur de Montréſor d'écarter d'auprès de Son Alteſſe Royale les Gens ſoupçonnez d'être livrez à ce Miniſtre.

LA Mort de Pierre Habert de Montmor, Evêque de Cahors, & premier Aumônier de ce Prince, arrivée au Mois de Février 1636, fournit Matiere à Diviſion dans la Maiſon de Son Alteſſe Royale, parce que l'Abbé de la Riviere, qui commençoit d'avoir quelque Crédit, s'imagina en avoir aſſez pour emporter cette Place de premier Aumônier, ſur Monſieur de Chavigny-Bouthellier, Chancelier de Monſieur le Secrétaire d'Etat, qui la demandoit pour l'Evêque de Boulogne, ſon Oncle. Cette Affaire finit par la Diſgrace de l'Abbé de la Riviere ; & le Cardinal de Richelieu pro-

profita de cette Occasion, pour faire
congédier d'auprès de Son Alteffe Royale quelques-uns des Officiers de ce Prince, comme Gens à Cabale. Mr. d'Elbene, connu pour Agent du Miniftre
auprès de Monfieur, fut chargé
de l'Iniquité de cette Expulfion : &
Monfieur de Montréfor appuyant
ceux qui parloient contre d'Elbene,
détermina Son Alteffe Royale, peu
de tems après, à luy donner fon Congé abfolu.

Monsieur de Montréfor avoit pour
Coufin germain Henry d'Efcars de
Saint-Bonnet, Seigneur de Saint-Ybar,
attaché au Prince Louis de Bourbon,
Comte de Soiffons (*). L'un & l'autre travaillérent chacun de leur Côté à former une Union étroite entre
ces deux Princes, également mécontens du Cardinal de Richelieu :
& ils y réuffirent fi bien, que
Son Alteffe Royale, ayant été déclarée Général de l'Armée deftinée à reprendre la Ville de Corbie fur les
Efpagnols dans cette Année 1636, elle

(*) Mémoires de Montréfor, *Tome I,*
pag. 80 a 127. Voyez auffi le Recueil *in-*
12. cité cy-deffus.

le s'aboucha à Péronne avec le Comte de Soiſſons, pour réſoudre de quelle Maniere le Projet formé entre eux & quelques autres Seigneurs de détruire l'Autorité & la Fortune du Miniſtre, ſeroit exécuté.

MONTRÉSOR, quoyque malade, ne manqua pas de ſuivre ſon Maître en ce Voyage; & comme ce Projet conſiſtoit en deux Moyens; l'un, de faire au Cardinal de Richelieu le même Traitement autre fois pratiqué contre Meſſieurs de Guiſe ſous le Regne de Henry III; & l'autre, de former un Parti dans le Royaume aſſez fort pour le chaſſer du Miniſtere; il fut réſolu d'éprouver d'abord le premier Moyen.

LE Secret de cette Affaire ne fut confié principalement qu'à Meſſieurs de Montréſor & de Saint-Ybar (*); & Montréſor fait trop entendre, que tous deux furent auſſi chargez de l'Exécution, & de prendre des Adjoints. Le Bonheur du Cardinal le préſerva de ce Péril (†) par la Timidité de Monſieur, & peut-être auſſi par

(*) Mémoires de Montréſor, *Tome I, p.* 8.
(†) Mémoires du Card. de Retz, *Tome I,* pag. 21 & 22.

par le trop de Déférence qu'avoit le Comte de Soiſſons pour Son Alteſſe Royale. Aucun de ces deux Princes n'oſa donner le Signal pour autoriſer ceux qui devoient terminer cette Affaire à la Sortie d'un Conſeil tenu à Amiens après le Départ du Roy.

Le Coup manqué fit recourir au ſecond Moyen. Monſieur de Montréſor prit le Prétexte d'aller en Périgord chez le Marquis de Bourdeille, ſon Pere, qu'il n'avoit vû depuis du Tems. Il eut Ordre des deux Princes d'engager le Duc d'Eſpernon de ſe déclarer pour eux, & à leur donner Rétraite dans ſon Gouvernement de Guyenne. Le Duc de la Valette, quoy qu'intéreſſé dans cette Entrepriſe, ne put obtenir de ſon Pere de prendre Parti en cette Affaire : & Monſieur de Montréſor, malgré toutes ſes Sollicitations & Remontrances, fut obligé de ſe contenter, pour toute Marque d'Amitié du Duc d'Eſpernon, de n'être point arrêté.

Pendant ces Négociations, les Princes, avertis que le Cardinal avoit découvert leur dernier Projet,

le

le Duc d'Orléans se retira à Blois & le Comte de Soissons à Sedan. Monsieur de Montrésor, en ayant eu Avis, revint joindre Monsieur à Blois. Son Altesse Royale, après avoir perdu quatre Mois de Tems dans l'Incertitude de prendre un Parti, & n'avoir pas profité des Offres des Ducs de Vendosme & de Beaufort, fit sa Paix avec le Cardinal, sans stipuler les Conditions nécessaires pour l'Honneur & la Sûreté du Comte de Soissons & de Monsieur de Montrésor ; & elle se contenta d'ordonner au dernier de ne point sortir du Royaume. (*).

Monsieur de Montrésor obéit aux Ordres de son Maître, quoy que sa Vie fût toujours en Danger restant en France ; & il se retira dans une Maison à la Campagne, où il passa 6 ou 7 Ans dans une Espéce de Solitude, pour prouver au Ministre, qu'il étoit totalement détaché de toute Intrigue. Cependant, il ne laissoit pas de voir, mais avec Précaution, Son Altesse Royale, lorsqu'elle venoit dans son Appanage.

Dans

(*) Mémoires de Montrésor, *Tome II*, pag. 11, 12. &c.

Dans cet Intervalle, l'Abbé de la Riviere rentra en Grace, auprès de Monsieur.

EN 1641, la Mort du Comte de Bourdeille, son Pere, luy procura l'entiere Possession de la Terre de Montrésor. Il hérita, dans cette Année, du Tiers des Biens de la Comtesse du Duretal, sa Tante; & la Comtesse de Bourdeille, sa Mere, par son Testament du 22 Février 1642, luy légua tout ce que les Coutumes des Lieux où ses Biens étoient situés, permettoient de luy donner.

IL ne tarda pas à retomber dans les mêmes Dangers qu'il avoit déja courus. Monsieur ayant conclu avec le Duc de Bouillon & Monsieur de Saint-Mars, Grand-Escuyer de France, Favory du Roy Louis XIII, de traiter avec l'Espagne, toujours contre le Cardinal de Richelieu, Son Altesse Royale vint à Blois, & manda à Monsieur de Montrésor de la venir trouver (*). Montrésor, qui continuoit de vivre en Retraite, s'excusa d'abord de ce Voyage, sur ce

(*) Mémoires de Montrésor, *Tome II*, pag. 14 à 26. Recueil de plusieurs Piéces servant à l'Histoire moderne, *imprimé in 12*, en 1663, *pag.* 208, 216.

ce que depuis peu il s'étoit démis les Jambes. Mais, enfin, ne pouvant tenir contre les Ordres réïtérez de Monsieur, il se rendit à Blois. Son Altesse Royale luy découvrit son nouveau Projet, auquel il n'acquisça, qu'après luy avoir fait connoître toute la Répugnance qu'il avoit d'y entrer. Monsieur partit pour Bourbon, & Monsieur de Montrésor revint chez luy, assuré d'être averti en cas que l'Affaire fût éventée ; ce qui arriva bientôt. L'Abbé de la Riviere, qui avoit repris son Crédit sur l'Esprit de Monsieur, luy persuada, que le Comte de Béthune, intime Ami de Monsieur de Montrésor, avoit découvert ce Projet, & profita de cette prétendue Trahison, pour perdre totalement Monsieur de Montrésor (*).

CELUY-CY avoit pris la Route de Sedan, sur la Promesse qu'avoit fait Son Altesse Royale de se refugier en cette Ville, en cas d'Accident : &, ayant reconnu que ce Prince n'avoit pas tenu sa Parole, il se sauva en Périgord, persuadé d'y trouver un Asile assuré, par la Bienveillance de cette Province pour sa Maison ; son

Frere aîné en poſſédant d'ailleurs le Gouvernement.

MONSIEUR ſe raccommoda en peu de tems avec le Miniſtre, & abandonna totalement Monſieur de Montréſor, ayant même fait une Déclaration en forme à Aigueperce, le 7 Juillet 1642, que s'il ſe trouvoit quelques Négociations faites ſur ce Sujet entre Meſſieurs de Montréſor & de Thou, Son Alteſſe Royale les deſavouoit, comme faites à ſon Inſçu. A cet Abandon elle ajouta de nouvelles Charges, en avouant l'extrême Paſſion que Monſieur de Montréſor avoit toujours eue à la porter dans les Factions.

CETTE Affaire fut pourſuivie à toute Rigueur, & fit perdre la Vie à Meſſieurs de Saint-Mars & de Thou. Sur l'Ordre que Monſieur de Montréſor reçut de Monſieur de ſortir du Royaume, il paſſa en Angleterre. Il y trouva pluſieurs Exilez, & entre autres les Ducs de Vendoſme & de Beaufort. Leurs Malheurs communs les lia d'autant plus aiſément, qu'ils étoient également regardez à la Cour comme Complices de même

Fait

Fuit (*); parce que des faux Monnoyeurs avoient accufé Monfieur de Montréfor d'avoir eu Part à un prétendu Projet formé par le Duc de Vendofme de fe défaire du Cardinal de Richelieu ; Projet qui femble n'avoir eu aucun autre Fondement, que la Déclaration de ces faux Monnoyeurs, dont le Duc de Vendofme a été foupçonné de s'être fervy feulement pour l'Ufage de leurs Métiers. Monfieur de Montréfor, pendant fon Abfence de France, y fut crié à Son de Trompe, & fes Biens faifis. Son Alteffe Royale luy fit écrire, qu'elle defiroit qu'il fe reconciliât avec l'Abbé de la Riviere (†). Montréfor répondit, que, quand il feroit en France, il auroit l'Honneur d'entretenir Son Alteffe Royale, & fuivroit les Ordres que produiroit cet Entretien.

Apre's la Mort du Cardinal de Richelieu en 1642, fuivie de celle du Roy Louis XIII en 1643 (§), tous

(*) Mémoires du Cardinal de Retz, *Tom. I, pag.* 52.

(†) Mémoires de la Roche - Foucault, *pag.* 320.

(§) Mémoires de Montréfor, *Tom. II,* *pag.* 14 à 26. *p.* 73.

tous les Exilez furent rappellez. Le Comte de Montréfor étant revenu en France comme les autres (*), Son Alteſſe Royale chargea Monſieur de Bellegarde de l'engager de donner du moins des Marques extérieures de Civilité à l'Abbé de la Riviere, qui poſſédoit alors tout le Cœur de ce Prince. Montréfor ne put jamais s'y réſoudre. Cette Conduite luy attira, de la Part du Duc d'Orléans, des Receptions ſi froides, qu'il ſe crut obligé de demander à Son Alteſſe Royale la Permiſſion de vendre la Charge de premier Veneur qu'il occupoit auprès d'elle. Le Duc d'Orléans luy donna 15 Jours pour y faire ſes Réflexions; mais, le Comte de Montréfor perſiſta dans ſa premiere Réſolution, par Animoſité contre l'Abbé de la Riviere, & ſe retira totalement d'auprès de Son Alteſſe, après luy avoir été attaché pendant 22 Ans.

Le Duc de Beaufort, depuis ſon Retour d'Angleterre, s'étoit perſuadé de gouverner la Reine Régente, par les bons Traitemens qu'il en avoit

re-

(*) Mémoires de la Roche - Foucault, pag. 331 à 366.

reçus (*). Plufieurs Seigneurs, dans cette Idée, s'étoient attachez à luy. On donnoit à ceux de cette Efpéce de Cabale le Nom d'Importans. Quoy-que, dans le fond, il n'ait paru au-cun Projet formé entre eux, le Car-dinal Mazarin en prit Ombrage ; & pour la détruire, fit arrêter le Duc de Beaufort, le 2 Septembre 1643, fous le Prétexte que ce Prince avoit voulu attenter fur fa Vie. Le Com-te de Montréfor continuoit fa Liai-fon avec le Duc de Beaufort, mais avec moins de Vivacité qu'en Angle-terre : &, s'il en faut croire les *Mé-moires du Cardinal de Retz* (Jean François Paul de Gondy, alors feule-ment Coadjuteur de Paris), il avoit follicité ce Prélat de s'affocier au Duc de Beaufort. Cependant, le Comte de Montréfor affure n'avoir point prit Part aux Intrigues de ce Duc; ce qui ne paroît pas poffible, par les Marques d'Amitié que luy témoi-gnoit le Duc de Beaufort, jufqu'à re-fufer en fa Confidération le Salut à l'Ab-

(*) Mémoires de Montréfor, *Tome II,* *pag.* 27 *à* 38. Mémoires de la Roche-Fou cault, *p.* 365. &*c.* Mémoires du Cardinal de Retz, *Tome I, p.* 63 *à* 65.

l'Abbé de la Riviere.   Quoy qu'il en foit, il eut Ordre, ainfi que plufieurs Amis de ce Duc, de fortir de Paris. Sa Retraitte du Service du Duc d'Orléans ne contribua pas peu à cette nouvelle Difgrace; d'autant plus que ce Prince étoit vivement piqué d'avoir été obligé de prendre un Commandement du Roy pour le forcer d'ufer de Politeffes extérieures à l'égard de l'Abbé de la Riviere.

PENDANT cet Exil, il fut paffer les Fêtes de Noël à Beaumont, chez Monfieur de Harlay, fon Amy: & comme ils fe trouvérent en ce Lieu plufieurs Amis enfemble, on voulut de cette Vifite luy faire un nouveau Crime. Mais, fon Innocence fut bientôt reconnue par le Moyen du Comte de Charots (Louis de Béthune;) & il revint à la Cour au Mois d'Avril 1644. Il y fit un Séjour de deux Mois, après lequel il partit pour fa Terre de Montréfor.

LA Ducheffe de Chevreufe, Marie de Rohan, Femme de Claude de Lorraine, Duc de Chevreufe, fe trouvant à Tours, où elle étoit exilée, le Voifinage de fa Terre luy donna Occafion de quelques Vifites à cette Dame.

Dame.   Elle fortit alors du Royaume, & luy revint à Paris ; mais, ne pouvant trouver d'Employ en France, il arrangea fes Affaires, en vendant une Partie de fon Bien, & paffa en Hollande, dans le Deffein d'y fervir.

PEU de Tems après qu'il y fut arrivé, la Mort des Comte & Comteffe de Nançay, fes Coufin & Coufine (Edme de la Chaftre, Comte de Nançay & Anne de Pugnac, fa Femme,) l'obligea de retourner à Paris, pour y prendre Soin de leurs Enfans mineurs, qu'ils luy avoient recommandez en mourant.   Il fut nommé Tuteur honoraire de ces Mineurs, par Sentence du Lieutenant Civil de Paris du 1 Décembre 1645, dans laquelle il eft qualifié *Meffire* CLAUDE DE BOURDEILLE, *Chevalier, Comte de Montréfor.*

LA Ducheffe de Chevreufe, en quittant la France avec précipitation, avoit confié fes Pierreries au Marquis de Coëtquen.   Elle écrivit deux Lettres au Comte de Montréfor pour le prier de les recevoir des Mains de celuy qui les luy apporteroit, & de les remettre à celuy qui

reviendroit les luy demander (*). Ce
Commerce de Lettres avec une Dame
exilée de France, & nourrie dans
les Intrigues, le rendit si suspect à
la Cour, que, comme il se préparoit
en 1646 à retourner en Hollande, il
fut arrêté dans sa Maison à Paris,
par le Prévôt de l'Isle, qui le conduisit au Château de la Bastille. Il
y fut interrogé diverses fois par le
Lieutenant Criminel, & ensuite trans-
féré dans le Château de Vincennes.

Un Historien de Louis XIV racon-
te ainsi les Motifs de cet Emprisonne-
,, ment. ,, Au Commencement de
,, May, Chavigny ne fut pas le
,, seul que le Cardinal Mazarin aban-
,, donna pour complaire à l'Abbé de
,, la Riviere: il luy sacrifia encore
,, Montrésor, nouvellement revenu
,, d'Angleterre, où il s'étoit refugié,
,, depuis la Disgrace de la Duchesse
,, de Chevreuse qu'il aimoit. Cette
,, Passion luy fut toujours fatale. De
,, Retour en France, où on avoit
,, oublié la Part qu'il avoit eue aux
,, Intrigues de cette dangereuse Fem-
,, me, il se trouva favorisé des Bonnes,
,, Gra-

(*) Mémoires de Montrésor, *Tome II,*
pag. 38 *à* 55.

„ Graces du Cardinal, qui souhaita
„ de l'engager dans ses Intérêts.
„ L'Abbé de la Riviere, qui sça-
„ voit qu'il étoit Ami de Chavigny,
„ empêcha cette Liaison, & contri-
„ bua à le perdre de nouveau. Il
„ faut pourtant avouer, que rien ne
„ luy fit plus de Tort, que son Amour
„ pour la Duchesse de Chevreuse,
„ dont il ne pouvoit se défaire, & à
„ qui on le trouva écrivant lorsqu'on
„ vint pour l'arrêter. Tout ce qu'il
„ put faire, pour empêcher que la
„ Lettre ne tombât entre les Mains
„ de leurs communs Ennemis, ce
„ fut d'en déchirer & d'en jetter au
„ Feu une Partie, & de manger l'au-
„ tre. Étrange Effet de cette fu-
„ rieuse Passion, quand elle s'est
„ une fois rendue Maîtresse d'un
„ Cœur trop tendre ou trop volup-
„ tueux! Le Comte de Montréfor fut
„ mis en Prison : mais, le Cardinal dit
„ à ses Parens, qui vinrent luy de-
„ mander la Permission d'en solliciter
„ la Liberté, que, ne le croyant
„ pas Criminel d'Etat, il ne s'oppo-
„ soit pas à leurs Sollicitations, & qu'il
„ ne pensoit pas que son Affaire pût
„ avoir une Fin plus funeste que son
O 5   „ Em-

,, Emprifonnement. On le tenoit pour-
,, tant fort ferré, & on refufoit même
,, de luy donner aucun de fes Domefti-
,, ques pour le fervir. Peu de tems
,, après, on le transféra de la Baf-
,, tille au Bois de Vincennes (*). ,,
CETTE Prifon, qu'il garda pendant
14 Mois, le fit beaucoup fouffrir. Il
paffa même 4 Mois fans pouvoir entendre la Meffe. Enfin, les Sollicitations
de Louis de Lorraine, Duc de Joyeufe,
& fur-tout celles de Marie de Lorraine, appellée Mademoifelle de Guife,
dont il étoit Parent, luy procurérent
la Liberté. Il fut élargi d'une Façon
honorable. Car, le Cardinal Mazarin luy envoya dans la Prifon l'Evêque de Coutances (Claude Auvry,)
& l'Abbé Hugon, attachez à fon Eminence, pour l'en faire fortir, luy demander fon Amitié, luy offrir la
fienne, & l'affurer qu'il alloit jouïr
d'une pleine & entiere Liberté.

LE Marquis de Bourdeille, fon Frere, & le Comte de Maftas, fon Coufin, préfens à cette Entrevûë, l'emmenérent à Paris. Il y paffa quelques jours à recevoir des Vifites :

&,

(*) Larrey, Hiftoire de Louis XIV,
Année 1646, pag. 216.

&, comme le Marquis de Bourdeille
fe trouvoit alors indifpofé, le Comte
de Maftas fe chargea d'aller à la Cour,
qui étoit à Amiens, pour remercier
le Cardinal Mazarin, & le preffentir
fur la Reception qu'on y feroit au
Comte de Montréfor. Son Eminence luy dit, que Monfieur de Montréfor y feroit le très-bien venu.
Sur cette Réponfe, le Comte de
Montréfor, accompagné du Comte
de Béthune, fon Ami (Hipolite
de Béthune), & du Préfident de
Thou, partit pour fe rendre à la
Cour.

En Chemin il rencontra à Clermont Monfieur, Duc d'Orléans,
& fe borna feulement à luy préfenter
fes Refpects, fans luy faire de Re-
mercimens fur fa Délivrance, perfuadé que Son Alteffe Royale n'y
avoit eu aucune Part. Dans la même
Route, il joignit auffi le Duc de
Joyeufe: &, tous enfemble arrivant
à la Cour, ils furent defcendre chez
le Cardinal Mazarin. Cette premiere
Vifite fe paffa en Complimens. Le
Lendemain, Son Eminence le retint
à dîner avec elle; &, après le Dîner, elle paffa dans fa Chambre, où

O 6

elle

elle le fit introduire. Alors, la Conversation devint sérieuse. Le Cardinal luy fit des Excuses sur sa Prison, & luy représenta, que son Commerce de Lettres avec Madame de Chevreuse en avoit été le Motif ; parce qu'on s'étoit persuadé, qu'il s'agissoit entre eux d'Affaires plus importantes que de Pierreries. Son Eminence luy témoigna aussi des Sentimens avantageux sur le Compte de Monsieur de Saint-Ybar, son Cousin, retiré en Hollande : & elle le pressa fortement de se reconcillier, du moins en Apparence, avec l'Abbé de la Riviere ; luy remontrant, que cette Démarche, desirée par la Reine, & par Monsieur le Duc d'Orléans, faciliteroit sa Fortune.

Le Comte de Montrésor luy déclara, qu'il ne pouvoit se résoudre à la moindre Apparence de Reconcilliation avec l'Abbé de la Riviere ; parce qu'il le regardoit comme l'un des principaux Auteurs de la Mort de Monsieur de Thou ; comme l'Inventeur du faux Bruit qui avoit couru sur le Comte de Béthune, à l'Occasion de l'Affaire de Monsieur de Saint Mars cy-devant rapportée ; & qu'il ne pou-

pouvoit attribuer qu'à luy l'Abandon où l'avoit laiſſé Son Alteſſe Royale. Il finit par le Portrait de cet Abbé, en le traitant d'Homme très - ambitieux, peu ſecret, d'un Talent médiocre, infidele & ingrat.

APRE's cet Entretien, le Comte de Montréſor ſuivit le Cardinal chez la Reine, dont il fut fort bien reçu. Le Maréchal d'Eſtrées, qui s'intéreſſoit pour l'Abbé de la Riviere, ſollicita le Cardinal d'engager Monſieur de Montréſor à cette Reconcilliation. Son Eminence fit de nouvelles Inſtances le troiſiéme Jour ſur ce Sujet, mais toujours inutilement. Le quatriéme Jour, le Comte de Montréſor ſe préſenta avec le Comte de ßéthune dans l'Appartement de Son Alteſſe Royale ; & , pendant qu'ils attendoient qu'elle parût, l'Abbé de la Riviere paſſa, ſans recevoir de Salut, ni de l'un, ni de l'autre ; ce qui fit , que quand Monſieur le Duc d'Orléans ſe montra , Son Alteſſe Royale ne témoigna pas les reconnoître.

TOUTES ces Menées les déterminérent à partir le Lendemain , qui étoit le cinquiéme Jour. Ils prirent

Con-

Congé du Cardinal, sans que Son Eminence, malgré toutes ses Instances réïterées, eût pu obtenir du Comte de Montrésor ce qu'elle luy demandoit pour l'Abbé de la Riviere. Cependant, elle assura le Comte de Montrésor de son Estime & de son Amitié, & luy promit de luy en donner des Preuves. Le Comte de Montrésor luy répondit, qu'il ne s'en alloit, que pour luy éviter toutes les Importunitez que son Démêlé avec l'Abbé de la Riviere causoit à Son Eminence.

Quelque Obligation, que Monsieur de Montrésor ait reconnue avoir de sa Délivrance au Duc de Joyeuse, & à Mademoiselle de Guise, sa Sœur, elle ne sçauroit diminuer celle qu'il avoit aussi dans cette même Occasion au Comte de Béthune, & qui se manifeste par la Lettre suivante que le Cardinal Mazarin écrivit à ce Comte.

LETTRE DU CARDINAL MAZARIN A MONSIEUR DE BETHUNE.

MONSIEUR,

J'AY une double Satisfaction du Service que j'ay rendu à Monsieur de Montréfor, parce que j'ay contribué à fa Liberté ; puifque je fçay que cela vous a donné de la Joye. J'ay remarqué en ce Gentil-Homme toutes les bonnes Qualitez que vous luy attribuez, qui m'ont fait concevoir autant d'Eftime que d'Affection pour luy ; & je m'affure, que la Façon, dont je l'ay traité, l'aura rendu perfuadé de cette Vérité. Mais, quand je ne connoîtrois pas fi bien ce qu'il vaut, ce feroit affez de voir qu'il a votre Approbation & votre Amitié pour me faire naître le Defir de le fervir. Auffi ne s'en préfentera-t-il point d'Occafion dont je ne profite avec Soin, comme de toutes

cel-

celles où je vous pourray témoigner que je suis parfaitement,

MONSIEUR,

V tre très-affectionné Servi-teur, & très-véritable,

LE CARDINAL MAZARIN.

Dattée d'Amiens le 14 Juillet 1647 (*).

MALGRE' les Protestations d'Amitié du Cardinal & les Promesses qu'il avoit faites au Comte de Montréfor de luy en donner des Preuves; ce Comte, ne pouvant oublier le Traitement de sa Prison, & ayant d'ailleurs une Espéce de Mépris pour Son Eminence, qu'il regardoit comme un Homme foible & incapable de grandes Choses, résolut aisément de n'être point de ses Courtisans assidus; &
il

(*) Manuscrits de Monsieur de Thou Vol. 246 aliàs cotté *Titres depuis l'An 1287, jusqu'en 1647*, appartenant à Mr. Joly de Fleury, Procureur-Général du Parlement de Paris, communiqué par Monsieur l'Abbé de Targny en 1735.

il se contenta de le voir seulement une fois tous les deux Mois. Cependant, l'Esprit de Cabale regnoit toujours à la Cour.

En 1648, la Liaison commencée entre le Comte de Montrésor & le Coadjuteur de Paris devint plus étroite (*). Ce Prélat qui avoit déja quelque léger Mécontentement du Cardinal Mazarin, & qui d'ailleurs pouvoit envier sa Place, recevoit chez luy tous les Mécontens. Le Comte de Montrésor le sollicita de se faire Chef de Parti contre le Cardinal ; & la Journée des Barricades de Paris, arrivée en Janvier 1649, acheva de l'y déterminer. Comme il falloit un Chef au-dessus de la Condition du Coadjuteur, sur le Refus que fit Monsieur le Prince de Condé d'occuper cette Place, le Comte de Montrésor fut d'Avis de traiter avec l'Espagne ; mais, le Coadjuteur, ne voulant point avoir Recours à l'Etranger, engagea Monsieur le Prince de Conty, à se mettre

(*) Mémoires du Cardinal de Retz, *Tome I, p.* 116. 131. 132. 182. 184. 223. 239. 313. 376. 381. Mémoires de Joly, *I. Partie, pag.* 15.

tre à la Tête de ce Parti, & forma aussi une Liaison étroite avec le Duc de Beaufort, par l'Entremise du Comte de Montréfor. Pour appaifer ces Troubles, le Roy accorda, vers la Fin du Mois de Mars 1649, une Aminiftie générale, dans laquelle le Comte de Montréfor fut compris nommément.

MALGRE' cette Paix, il fe forma encore une Cabale fous le Nom de la Fronde (*). Le Coadjuteur s'en fit le Chef, & prit le Duc de Beaufort pour luy fervir d'Ombre. La Ducheffe de Chevreufe, que le Comte de Montréfor avoit unie avec le Coadjuteur, s'y joignit auffi : & ce Parti éclata au Mois de Décembre de cette Année, par des prétendus Affaffinats exécutez en Apparence contre le Sieur Joly, Confeiller au Châtelet de Paris, Sindic des Rentiers de l'Hôtel de Ville, & contre le Prince de Condé. Le premier étoit de l'Invention du Comte de Montréfor, afin d'obliger le Parlement de s'affembler, & de profiter de cette Occafion pour engager ce Corps

(*) Mémoires de Joly, *I. Partie*, *pag.* 63 à 83.

Corps dans la même Cabale : & le
second produisit, de la Part du Mi-
nistere , des Perquisitions si vives,
qu'elles intimidérent les Frondeurs
au Point que la plus grande Partie
d'entre eux auroit quitté Paris, sans
les Exhortations du Comte de Montrésor, qui les arrêta.   L'Assemblée
des Chambres du Parlement sur ces
Affaires les rassura davantage,   par
le Crédit que les Frondeurs reconnurent avoir en ce Lieu sur le Parti de
la Cour ; ce qui obligea aussi le Mi-
nistere de s'unir aux Frondeurs , pour
se délivrer du Joug dont le Prince de
Condé commençoit à menacer : &
cette Union fomenta la Prison de
ce Prince , du Prince de Conty , &
du Duc de Longueville , qui furent
arrêtez le 18 Janvier 1650.

MONSIEUR le Duc d'Orléans , ayant
alors disgracié l'Abbé de la Riviere,
son Favory , le Coadjuteur prit sa
Place dans la Faveur de Monsieur (*),
& fut conseillé par le Comte de Montrésor d'occuper aussi au Luxembourg
l'Appartement de cet Abbé , afin d'ê-
tre plus à portée à gouverner Son
                                    Al-

(*) Mémoires du Cardinal de Retz ,
Tom. II. pag. 54, 107. Tom. III, p. 451, 452.

Alteffe Royale, & de fe rendre Maître abfolu dans fon Palais : & ce Prélat avoue dans fes *Mémoires* s'être re-
penti de n'avoir pas fuivi ce Confeil.

CE fut à peu près dans ce Tems,
que le Coadjuteur fit donner au Comte de Montréfor l'Abbaye de Notre-
Dame de Lannoy, Diocefe de Beau-
vaîs, vacante par la Mort de Philippe de Montmorency de Laureffe, du
Revenu de 12000 Livres de Rentes.
Cependant, le Comte de Montréfor
a prétendu n'en avoir eu l'Obligation
qu'au Duc de Joyeufe : & le Cardinal
de Retz l'excufe de ce peu de Re-
connoiffance, qu'il luy pardonne en
faveur de l'Attachement particulier
que ce Comte avoit pour Mademoifelle de Guife, Sœur du Duc de
Joyeufe. Outre cette Abbaye, le
Comte de Montréfor poffédoit auffi
celle de Brantofme, devenue comme
héréditaire dans fa Maifon.

DANS cette Année 1650, la Cabale
de la Fronde fe divifa en deux Ban-
des, dont l'une ne cherchoit que
fes Intérêts particuliers, & l'autre n'a-
voit pour Objet que l'Honneur du
Par-

Parti (*). Le Comte de Montréfor se tint dans cette derniere Claſſe, & il forma avec Meſſieurs de la Vieuville, de Sourdis, de Fieſque, & de Béthune, le Deſſein de faire une Aſſemblée de Nobleſſe, pour le Rétabliſſement de leurs Privileges (†). Ce Projet fut arrêté & ſigné le 4 Février 1651 : &, le 5 de ce Mois, cette Aſſemblée ſe tint chez le Duc de Nemours. Le Comte de Montréfor fut l'un des Commiſſaires nommez pour examiner l'Acte d'Union dreſſé par le Comte de Maure : & comme il avoit repris Crédit ſur l'Eſprit de Monſieur le Duc d'Orléans, il s'en ſervit pour engager ce Prince à prendre cette Aſſemblée ſous ſa Protection.

Le Cardinal Mazarin fut alors obligé de quitter la Cour. Les Princes furent délivrez de leur Priſon, & revinrent à Paris le 16 Février 1651.

Quoyque le Cardinal fût abſent, la Reine, ne ſe gouvernant que par ſes Conſeils, fit un Changement dans les

___

(*) Mémoires du Cardinal de Retz, Tom. II, p. 122. 188. 189. 207. 219. 360.
(*) Mémoires de Joly, I. Partie, pag. 116, 120.

les Miniſtres, ſans en avoir fait Part au Duc d'Orléans, qui avoit la Qualité de Lieutenant-Général de l'Etat. Son Alteſſe Royale tint un Conſeil particulier ſur cette Affaire, le 3 Avril, dans lequel l'Avis du Coadjuteur & du Comte de Montréſor fut d'envoyer démander les Sceaux au premier Préſident Molé, à qui la Reine venoit de les donner. Dans la Suite, le Prince de Condé, qui avoit aſſiſté à ce Conſeil, déclara s'être oppoſé à cet Avis, & en rejetta totalement la Faute ſur le Coadjuteur, & ſur le Comte de Montréſor.

QUOYQUE les Princes de Condé & de Conty fuſſent redevables de leur Délivrance aux Frondeurs, ils ſe brouillérent bientôt avec eux, en n'exécutant point leurs Promeſſes (*). Les Frondeurs ſe reconcilliérent avec la Reine & le Cardinal Mazarin, & obtinrent pour Satisfaction de faire arrêter de nouveau le Prince de Condé (†). Le Projet de cette Entrepriſe fut conclu chez le Comte de Montréſor,

Projet

____

(*) Mémoires de la Roche-Foucault, pag. 166, 172.

(†) Mémoires du Cardinal de Retz, Tome II, pag. 252. 264. 330. 331, 367.

où fe trouvérent le Coadjuteur & Monfieur de Lionne, Secrétaire d'E-tat. Mais, ce dernier revela ce Se-cret au Maréchal de Grammont, qui en fit avertir le Prince de Condé. (*) Sur cet Avis, ce Prince fe retira à Saint-Maur le 6 Juillet 1651.

PENDANT ces Divifions, le Parle-ment tenoit prefque tous les Jours des Affemblées des Chambres, & les Partifans de chaque Faction ne man-quoient pas de fe trouver au Palais. Quelqu'un de ceux de Monfieur le Prince y fit une Infulte, le 13 de ce Mois, à Madame & Mademoifelle de Chevreufe. Elles en furent fi ou-trées, qu'étant revenues à l'Hôtel de Chevreufe, elles déclarérent au Coad-juteur, qu'il falloit du Sang de Bour-bon, pour réparer l'Affront fait à ce-luy de Lorraine. Le Comte de Mon-tréfor voulut, par fes Remontrances, empêcher le Coadjuteur, paffionné pour Mademoifelle de Chevreufe, d'en tirer la Vengeance qu'il projet-toit pour le Lendemain, luy repré-fentant les cruels Inconvéniens que cette Affaire produiroit néceffairement;

&,

(*) Mémoires de Joly, I. *Partie*, *pag.* 133 *&c.* 148. *à* 152. 15. *&c.* 162.

&, heureufement, elle fe termina le Lendemain par des Excufes que le Prince de Conty fit à ces Dames, & par quelques Coups de Bâton diſtribuez à l'un de ceux qui les avoit inſultées.

Mais, comme Monſieur le Prince n'étoit pas plus aimé du Cardinal que des Frondeurs, il y eut au Louvre, le 17 Août fuivant, une Aſſemblée générale des Compagnies fouveraines, dans laquelle fut lû un Manifeſte de la Part de la Reine contre Monſieur le Prince. La Réponſe, qu'y fit Son Alteſſe, obligea de remettre la Diſcuſſion de cette Affaire à une Aſſemblée des Chambres: &, comme Monſieur le Prince chargeoit, non feulement le Coadjuteur, mais même le Comte de Montréſor, d'avoir donné des Avis toujours violents, comme d'ôter les Sceaux au premier Préſident Molé, de faire prendre les Armes aux Bourgeois, & d'aller droit au Palais Royal, le Comte de Montréſor fe crut obligé de fe trouver pour fa Juſtification à cette Aſſemblée des Chambres, qui fut tenue le 21 Août 1651; &, n'ayant point de Charge, ni de Dignité, qui
luy

luy donnât Séance, il resta dans le Parquet des Huissiers, & s'y rencontra fort à propos, pour contribuer à sauver la Vie au Coadjuteur, en soutenant un des Battans de la Porte de la Salle, entre lesquels le Duc de la Roche-Foucault (*), du Parti de Monsieur le Prince, avoit pris la Tête de ce Prélat, dans le Dessein de profiter de cette Posture pour le faire assassiner.

QUOYQUE cette Séance parut d'abord devoir bouleverser l'Etat, elle se termina sans Effusion de Sang, & par une Déclaration de l'Innocence de Monsieur le Prince, qui, cependant, par Méfiance, se retira peu de tems après dans son Gouvernement de Guyenne.

LE Comte de Montréfor ne paroît point avoir eu de Part aux Poursuites faites en cette Année contre le Cardinal Mazarin, & aux autres Intrigues, dans le Commencement de l'Année suivante (†). Cependant, il con-

(*) C'étoit François de la Roche-Foucault, VI du Nom, qui porta le Nom de Marsillac jusqu'en 1650.
(†) Mémoires de Joly, *II. Partie, page 16.*

Tome XV.   P

conſervoit toujours une Eſpéce de Liaiſon avec le Coadjuteur devenu Cardinal, & fut l'un de ceux, qui, après le Péril où ſe trouva cette Eminence dans une Sédition excitée par les Partiſans de Monſieur le Prince de Condé à l'Hôtel de Ville en 1652, luy conſeillérent de ſe retirer à Mézieres, ou Charleville, parce que les Commandans de ces Places luy étoient dévouez.

MONSIEUR de Montréſor eſt qualifié *Meſſire* CLAUDE DE BOURDEILLE, *Chevalier*, *Comte de Montréſor*, dans le Contract de Mariage de la Comteſſe douairiere de Maſtas avec le Baron de Lancome, paſſé à Paris le 17 Avril 1652, auquel il aſſiſta.

IL luy ſurvint une Maladie, qui fut ſi ſérieuſe, qu'elle l'obligea de faire écrire ſon Teſtament par le Pere Théophile d'Andreſſel, Religieux à Paris, le 13 Septembre 1652, dépoſé le même Jour entre les Mains d'Antoine Hachette, Notaire au Châtelet de Paris. Par cet Acte, qui le qualifie *Meſſire* CLAUDE DE BOURDEILLE, *Comte de Montréſor, demeurant Ruë-Neuve Saint-Louis, Paroiſſe Saint-Gervais*, il demanda da d'être inhumé fans aucune Cérémonie : inftitua pour fon unique Héritier François de Bourdeille fon Frere, à la Charge de payer fes Dettes, parmy lefquelles fe trouvoit une Somme de 5000 Livres dûe à Monfieur Joifel, Banquier, pour les Provifions de l'Abbaye de Brantofme : légua une Penfion de 2000 Livres à prendre fur fa Terre de Montréfor, en faveur de fon Prédéceffeur Abbé de Brantofme, qui luy avoit réfigné cette Abbaye : nomma Monfieur du Harlay, fon Ami, pour fon Exécuteur Teftamentaire : donna tous fes Tableaux au Pere Théophile d'Andreffel, & fa Vaiffelle d'Argent, tant de Paris que de Touraine, à l'Hôtel-Dieu de Paris : & fit auffi des Legs à tous fes Domeftiques au Nombre de neuf.

Le Comte de Montréfor, revenu de fa Maladie, recommença fes Intrigues avec le Cardinal de Retz ; luy déclarant cependant, qu'il n'y prendroit Part qu'avec Subordination, pour les Intérêts de la Maifon de Guife (*). Après l'Arrivée du Roy

(*) Mémoires du Cardinal de Retz, Tom.

Roy à Paris, il écrivit le 21 Octobre 1652, sous la Dictée de ce Cardinal, un Discours fait par cette Eminence à Monsieur, Duc d'Orléans, sur le Dessein de chasser le Roy de la Ville de Paris : & la Conclusion de ce Discours fut d'obéïr à Sa Majesté. Le Comte de Montrésor le railla sur les Scrupules que ce Cardinal avoit témoignez dans ce Discours : & luy dit, que Monsieur avoit plus d'Envie d'être à Limours, que la Reine n'en avoit de l'y envoyer. Le Lendemain, 22 de ce Mois, le Roy, en son Lit de Justice, accorda une Aministie générale.

Comme le Comte de Montrésor ne se conduisoit que par la seule Ambition de gouverner, & non par aucune Vûë d'Intérêt particulier, il ne fit aucune Avance du côté de la Cour pour se vendre chérement, suivant l'Usage de ce Tems. Cependant, l'Exemple de plusieurs Frondeurs, qui songeoient réellement à leurs Intérêts personnels, joint à l'Hu-

Tom. III, *p.* 252. 257. 258. 263. 266. 270. *&c.* 301. 312. 364. Mémoires de Joly, *II. Partie*, *pag.* 36. 39. 40. 43. 175. 182.

l'Humeur fâcheuse qui le dominoit souvent, l'excita à dire chez le Cardinal de Retz, dans une Conversation, qu'il falloit regarder comme un *Schelme*, (Mot Allemand, qui signifie un Traître,) quiconque diroit à son Eminence, qu'elle devoit & pouvoit faire son Accommodement avec Honneur, sans y trouver l'Avantage de ses Amis.

Le Cardinal de Retz entra en Négociation avec le Cardinal Mazarin, encore alors absent. Mais, sans attendre la Fin de cette Négociation, il se rendit aux Empressemens qu'on luy témoignoit de le voir aller au Louvre, où il n'avoit pas encore paru devant le Roy; & il y fut arrêté Prisonnier le 18 Décembre 1652. Cet Evénement acheva de dissiper la Cabale de la Fronde, dans laquelle le Discours cy-dessus du Comte de Montréfor avoit déja semé de la Division. Le Sieur Joly, qui n'avoit pas voulu suivre le Cardinal de Retz au Louvre, ayant appris qu'il étoit arrêté, demanda Retraite au Comte de Montréfor, qui la luy refusa, en luy représentant, que sa

Maison alloit être plus observée qu'aucune autre.

Pendant la Prison du Cardinal de Retz à Vincennes, ses Amis s'assemblérent chez la Duchesse de Lesdiguieres, pour traiter de ses Affaires. Le Comte de Montrésor n'osa y paroître, ni se commettre, parce qu'il avoit alors quelque Affaire fâcheuse sur son Compte. Cependant, dans les Propositions que le Cardinal Mazarin fit au Cardinal de Retz en 1653, pour luy procurer sa Liberté, le Cardinal Mazarin luy demanda le Comte de Montrésor, pour l'un des douze Amis & Cautions qui seroient garants de la Parole que le Cardinal de Retz luy donneroit.

Apre's la Disgrace du Cardinal de Retz, le Comte de Montrésor n'eut plus d'Intrigues avec luy; mais, il luy continua son Amitié, & luy en donna des Marques; car, au Mois d'Août 1653, il le fit avertir par une Dame de la Ville de Nantes de se sauver du Château de ce Lieu où il étoit detenu, parce que la Cour avoit pris la Résolution de le faire transférer dans le Château de Brest : & , lorsque

que le Cardinal de Retz, après s'ê-
tre sauvé de Prison, fut arrivé à Rome en 1654, le Comte de Montréfor luy écrivit les Dispositions favorables qu'avoit pour son Eminence
Monsieur de Lionne, Secrétaire d'E-
tat, Ambassadeur Extraordinaire près
les Princes d'Italie, & envoyé à Rome ; & l'exhorta, mais inutilement ,
de profiter de cette Occasion , que
le Cardinal de Retz manqua, & dont
il eut dans la Suite tout lieu de se re-
pentir. Enfin, en 1656, les Affaires de
ce Cardinal, toujours hors du Royaume, étant en plus mauvais Etat que jamais, le Comte de Montréfor luy conseilla de nommer des Grands-Vicaires
agréables à la Cour, & de se servir de
l'Assemblée du Clergé, pour obtenir
la Restitution de son Temporel ; Projet, qui n'eut pas le Succès qu'on
en attendoit, parce qu'il fut mal exécuté.

La Correspondance du Comte de
Montréfor, avec le Cardinal de Retz,
fut toujours soutenue par l'Entremise
du Premier Président de Bellievre, à
qui ce Cardinal avoit laissé un Chiffre,
dont son Eminence se servit pour luy

écrire,

écrire ; & ce Magistrat communiquoit ces Lettres au Comte de Montréfor. La Mort du Premier Préfident Bellievre, en 1657, termina ce Commerce.

IL paroît, que, dès l'Année 1653, le Comte de Montréfor étoit raccommodé avec la Cour , & en pleine Liberté ; car il tint avec Madame de Cucé, Femme du Premier Préfident du Parlement de Bretagne, fur les Fonds de Batême de la Paroiffe de Saint-André des Arcs à Paris, le 11 Octobre de cette Année, Henry Augufte de Thou de Meflay, Fils du Préfident de Meflay (*) : & il jouïffoit paifiblement en 1654 de fon Abbaye de Brantofine. Mademoifelle de Guife, avec laquelle il étoit étroitement uni, pouvoit bien avoir contribué à ce Raccommodement : & la Vente qu'il luy fit à bon Marché de fes Terres de Montréfor & de Biards , en l'Année 1653, donne lieu de le foupçonner ; d'autant plus qu'ayant encore vendu depuis peu la Terre d'Argie pour le Prix de cinquante mille Ecus au Sieur d'Orival, il ne devoit pas être

dans

(*) *Gallia Chriftiana* , Edition de 1720, Tom. II, pag. 1495. B.

dans un grand Besoin d'Argent.

QUOYQU'IL en soit, il eut assez de Crédit pour faire rétablir son Frere aîné dans ses Charges. La Lettre, que luy écrivit à cette Occasion le Cardinal Mazarin, le 19 Janvier 1655, a été cy devant rapportée sous l'Article du Marquis de Bourdeille (1).

IL passa le Reste de ses Jours assez tranquillement, & plus occupé de rendre ses Soins à Mademoiselle de Guise, que de toute autre Chose. Ce qui donna Matiere à des Chansons que voicy.

Chanson sur l'Air de la Fronde.

De Guise la noble Pucelle
Ne sçauroit trouver de Mary.
De Mercœur s'est éloigné d'elle (*),
Pour la Niéce d'un Favory.
De cet Amour elle se moque,
Et dit souvent par Equivoque :
Je te garderay Montrésor
Bien plus chérement que de l'Or.

Chan

(1) *Ci-devant*, page 298.
(*) Le Duc de Mercœur épousa Mademoiselle Mancini en 1651.

P 5

Chanson sur l'Air des contre-Véritez.

La Guise est si sage,
Que son Pucellage
Est tout moisi dedans son Corps.
Et jamais Montrésor
n'entama sa Piéce.
Et tout ce qu'on dit
de Tartuffe (*), & de son Altesse,
N'est rien qu'un faux Bruit.

MONSIEUR de Montrésor avoit un Logement aux Thuilleries, qui communiquoit par la Voliere avec celuy de Mademoiselle de Guise ; &, quelque Tems avant sa Mort, ayant fait un Voyage aux Eaux de Bourbon, il luy confia ce qu'il avoit de plus précieux. Après une Maladie de deux Ans, il mourut au Mois de Juillet 1663. On a rapporté, à l'Article du Marquis de Bourdeille, son Frere aîné, les Discussions que

ce

(*) *Tartuffe* est le Nom sous lequel Gabriel de Roquette, Evêque d'Autun, Homme d'Intrigues, qui gouvernoit la Maison de Mademoiselle de Guise, étoit alors connu dans toutes les Chansons.

ce Marquis eut avec Mademoiſelle de Guiſe.

ON a prétendu, qu'il y avoit eu un Mariage de Conſcience entre le Comte de Montréſor, & cette Princeſſe; que même il en étoit né trois Enfans, dont un Fils & deux Filles; que le Fils, portant le Nom de *La Tour-Bourdeille*, avoit été envoyé en Portugal, & qu'étant revenu en France, il avoit depuis diſparu; que les deux Filles avoient été miſes dans l'Abbaye de Montmartre, & que l'une d'elles ſe nommoit *la Mere des Martirs*; que c'étoit feu Gabriel de Roquette, Evêque d'Autun, qui avoit eu la Direction & Conduite de ces Enfans; mais, il ne s'en eſt trouvé d'autres Preuves que la Voix publique.

LES Défauts du Comte de Montréſor ont été contre-balancez par de bonnes Qualitez. S'il étoit ambitieux, il n'étoit point intéreſſé, & a toujours eu en Recommandation la Sincérité dans l'Amitié & dans l'Attachement. C'eſt la Raiſon pour laquelle Monſieur de Chovigny de Blot, Gentil-Homme Auvergnat, attaché à Gaſton d'Orléans, fit le Cou-

plet

plet suivant lorsque ce Prince l'éloigna de sa Personne. Ce Gentil-Homme est connu par ses Poësies : il mourut en 1656.

> *Ce que je prise plus que l'Or,*
> *Et ce qui fait que je respire,*
> *C'est l'Amitié de Montrésor,*
> *Que j'estime plus qu'un Empire.*
> *Ah le voilà, Ah le voicy,*
> *Celuy qui n'en a nul soucy.*

N

CLAUDE DE

BOURDEILLE,

BARON DE MASTAS,

ET SA POSTERITE':

Extrait du Supplément au Dictionnaire de Morery, *imprimé* à Paris en 173..

„ I. CLAUDE DE BOURDEILLE, Ba-
„ ron de Mastas, d'Aumai-
„ gné,

,, gné, & de Beaulieu, Seigneur de
,, S. Amant en Puifaye, de Tachainvil-
,, le, & Laideville au Pays Chartrain,
,, Capitaine de cinquante Hommes
,, d'Armes des Ordonnances du Roi;
,, Fils puîné d'*André* Vicomte & Ba-
,, ron de Bourdeille, d'Archiac, de
,, Maftas, la Tour-blanche, &c. Che-
,, valier de l'Ordre du Roi, & Capi-
,, taine de cinquante Hommes d'Ar-
,, mes de fes Ordonnances, Confeil-
,, ler en fon Confeil privé & d'Etat,
,, & fon Sénéchal, & Gouverneur de
,, Périgord; & de *Jacquette de Mont-*
,, *beron*, Dame héritiere des Baro-
,, nies d'Archiac, Maftas, Serton-
,. ville, Donnerac, &c; fut inftitué
,, Héritier particulier par la Dame fa
,, Mere, qui lui donna & légua par
,, fon Teftament & Codicille des 22
,, Avril 1594, & 29 Avril 1595, la
,, Terre & Baronie de Maftas en
,, Xaintonge.

,, Il fe trouva dans toutes les
,, Guerres de fon Tems, & étant
,, Meftre-de-Camp d'un Régiment de
,, Pied François, & Penfionnaire du
,, Roi, il fervit au Siége de Royan en
,, Xaintonge, où, après s'être trou-

,, vé

„ vé à la premiere Attaque , il fut
„ bleffé à la feconde , d'abord d'un
„ Coup de Pique au Bras , & enfuite
„ d'un Coup de Canon, dont il mou-
„ rut fur le champ , le 9 Mai 1622,
„ à l'Age de 48 Ans. Il avoit été
„ marié , par Contrat du 22 Avril
„ 1602 , avec *Marguerite du Breuil* ,
„ Dame en Partie de S. Amant en
„ Puifaye, Fille de *Gilles du Breuil* ,
„ Seigneur de Theon , & de *Char-*
„ *lotte de Rochechouart* , Dame de S.
„ Amant. Elle fe remaria avec *Aloph*
„ *Rouault* , Baron de Thiembrune en
„ Picardie , Seigneur de Neufville &
„ de Gambais , & tefta les 24 Juin &
„ 6 Août 1648 , ayant eu de fon pre-
„ mier Mari les huit Enfans fuivans :
„ 1. Claude de Bourdeille, Com-
„ te de Maftas , mort jeune fans Al-
„ liance : 2. Henri-Sicaire de Bour-
„ deille, Comte de Maftas , batifé
„ le 24 Juillet 1610 , qui fut fait Ca-
„ pitaine d'une nouvelle Compagnie
„ au Régiment des Gardes en 1635 ,
„ & qui fut tué la même Année au
„ Paffage du Pont de Brai-fur-Seine à
„ l'Age de 25 Ans. Il avoit époufé ,
„ par Contrat du 9 Janvier 1625,
„ *Clau-*

„ *Claude Rouault*, qui fe remaria le
„ 29 Août 1638 avec *Henri le Ve-*
„ *neur*, Comte de Tillieres & de
„ Carouges, Fille d'*Aloph Rouault*,
„ Seigneur de Thiembrune, de Neuf-
„ ville, & de Gambais, & de *Claude*
„ *Chabot de Jarnac*, fa premiere
„ Femme. Il en laiffa un Fils mort
„ jeune; & *Renée de Bourdeille*, Cha-
„ noineffe & Dame de Remiremont,
„ puis mariée avec *Charles de Bouil-*
„ *lonné*, Seigneur de la Boutonnie-
„ re, Mireville, Malnoyer, Gaulie-
„ re, &c. & morte en 1689 laiffant
„ un Fils, mort fans Poftérité en
„ 1719 : 3. FRANÇOIS DE BOURDEILLE,
„ Seigneur de S. Amant, Comte de
„ Maftas, qui fut fait Capitaine au
„ Régiment des Gardes au lieu &
„ place de feu fon Frere aîné en 1635,
„ & qui, menant les Enfans perdus
„ au Combat & Déroute de Quiers
„ en Piémont en 1639, fut bleffé au
„ Vifage d'un Coup de Moufquet,
„ dont il mourut un Mois après à
„ Briançon, âgé de 26 à 27 Ans, &
„ fans avoir été marié; fon Corps
„ fut porté en l'Eglife de S. Amant
„ en Puifaye, où fa Mere, par fon
„ Tef-

» Teſtament, ordonna qu'il fût éle-
» vé un Tombeau à ſa Mémoire:
» 4. BARTHELEMI DE BOURDEILLE,
» Seigneur de Tachainville, qui ſuit;
» 5. CHARLES DE BOURDEILLE, Mar-
» quis dudit Lieu & d'Archiac, Ba-
» ron de la Tour-blanche & de la
» Feuillade, Comte de Maſtas, Seigneur
» de Brantoſme, S. Pardoux, la Ri-
» viere, des Maiſons - nobles de Pé-
» rigueux, &c. qui fut fait Capitaine
» au Régiment des Gardes, à la pla-
» ce de *Barthelemi de Bourdeille*, ſon
» Frere, tué devant Turin en 1640,
» ayant été le quatriéme de ſes Fre-
» res qui eut le Commandement de
» la même Compagnie, dont il ſe
» démit en 1673 après la Mort de
» *François Sicaire*, Marquis de *Bour-*
» *deille*, ſon Couſin - germain, arri-
» vée en 1672. Il prétendit recueil-
» lir les Subſtitutions faites en faveur
» des Aînez de ſa Maiſon ; mais, il
» mourut à Paris le 14 Juillet 1674,
» & fut inhumé le 16 aux Carmes-
» Déchauſſez. Il avoit épouſé, au
» Mois d'Avril 1641, *Catherine de*
» *Nouveau*, morte le 14 Juillet 1689,
» âgée d'environ 60 Ans, & enter-
            » rée

„ rée le Lendemain auprès de fon
„ Mari, Fille d'*Arnoul de Nouveau*,
„ Seigneur de Frémont, Tréforier
„ des Parties cafuelles, & Maître des
„ Couriers, Surintendant & Contrô-
„ leur général des Poftes de France, &
„ de *Charlotte Barthelemy*, fa premiere
„ Femme. De ce Mariage ne vint
„ que *Louife de Bourdeille*, batifée
„ le 2 Octobre 1642, & morte fans
„ Alliance : 6. *Marguerite de Bour-*
„ *deille*, l'une des Filles d'Honneur de
„ la Reine-Mere Marie de Médicis,
„ & mariée, par Contrat du premier
„ Juillet 1624, avec *Jacques de Broc*,
„ Chevalier, Baron de S. Mars, Li-
„ zardiere, Chemiré, &c. Frere de
„ *Pierre de Broc* de S. Mars, Evêque
„ d'Auxerre : 7. *Louife de Bourdeille*,
„ batifée le 6 Janvier 1615, morte fil-
„ le; & 8. *Marie de Bourdeille*, auf-
„ fi morte fille en 1687.
„ II. Barthelemi de Bourdeille,
„ Comte de Maftas, Seigneur Baron
„ de Tachainville, batifé le 18 Avril
„ 1613, étoit premier Capitaine, &
„ Major d'un Régiment de Cavalerie
„ pour le Service du Roy, lorfqu'il
„ fut fait Capitaine au Régiment des
„ Gar-

„ Gardes, à la place du feu Sei-
„ gneur de Saint-Amant, son Frere, en
„ 1639. Il fut tué au Siége de Turin,
„ au Mois de Juin 1640. Il avoit été
„ marié, par Contrat du 7 Mars
„ 1639, avec *Anne de Coutance*, Fil-
„ le de *Hardouin de Coutance*, Seigneur
„ de Baillou, & de la Selle - Guenant
„ en Vendômois, & Touraine, Che-
„ valier de l'Ordre du Roi, Com-
„ mandant ès Ville & Château de
„ Nantes pour Sa Majesté, sous la
„ Charge du Duc de Montbason, &
„ de *Marie du Bois* ; de laquelle
„ vint celui qui suit.

„ III. Claude de Bourdeille,
„ Chevalier, Marquis du-dit Lieu &
„ d'Archiac, Comte de Mastas, Ba-
„ ron de la Tour-blanche, Seigneur
„ des Maisons-nobles de Périgueux,
„ &c. né posthume au Village de S.
„ Martin de Chenu, au Diocèse d'An-
„ gers, le 16 Juillet 1640, & batisé
„ pour les Cérémonies à Paris en la
„ Paroisse de S. Jean en Grève le 13
„ Septembre 1650. Ayant demandé
„ au Roi la Permission d'aller servir
„ en Qualité de Volontaire sur ses
„ Vaisseaux destinez pour l'Expédi-
„ tion

„ tion de Gigeri en Afrique, Sa Ma-
„ jefté lui fit expédier un Ordre adref-
„ fant au Duc de Vendôme le 29
„ Avril 1664, pour le faire recevoir
„ à Bord de l'un de ces Vaiffeaux.
„ Le Roi, en Confidération des Ser-
„ vices par lui rendus en plufieurs
„ Occafions & Emplois de Guerre,
„ le fit Aide de fes Camps & Armées,
„ par Brevet du 20 Avril 1672, &
„ lui ordonna par une Lettre de
„ Cachet du même Jour d'aller
„ fervir en cette Charge dans fon
„ Armée, qui devoit être comman-
„ dée en Chef par le Duc d'Or-
„ léans. Il mourut fubitement d'u-
„ ne Attaque d'Apoplexie à Blois,
„ en allant de Paris à fa Terre de
„ Maftas, le 14 Novembre 1704,
„ dans la foixante-cinquiéme Année
„ de fon Age. Il avoit été marié, 1°.
„ par Contrat du 18 Novembre 1670,
„ avec *Eutrope-Celine Colbert*, morte
„ fans Poftérité à Paris le 18 Mai
„ 1675, & inhumée le Lendemain à S.
„ Nicolas des Champs, Fille de *Char-*
„ *les Colbert*, Seigneur du Terron,
„ Marquis de Bourbonne & de Tor-
„ cenay, Confeiller ordinaire du Roi
„ en

,, en tous fes Confeils , Intendant gé-
,, néral des Armées navales de Sa
,, Majefté en toutes les Côtes du
,, Ponant, Commiffaire départi pour
,, l'Exécution de fes Ordres ès Gou-
,, vernemens de Brouage, la Rochel-
,, le, Pays d'Aunis, Ifles & Côtes
,, adjacentes, & de *Madelaine Hen-*
,, *nequin*: 2º. le 16 Mai 1681, avec
,, *Marie Boutet*, Veuve de *Pierre O-*
,, *livier*, Ecuyer, Seigneur de Pre-
,, labbé, Confeiller du Roi en fes
,, Confeils, Tréforier général de fon
,, Argenterie, mort le 14 Octobre
,, 1680, & Fille de *Claude Boutet*,
,, Confeiller Secrétaire du Roi Mai-
,, fon Couronne de France, & de
,, *Gabrielle Doujat*. Elle mourut au
,, Pafti, en Anjou, au Mois de No-
,, vembre 1709. De ce dernier Ma-
,, riage font venus HENRI Marquis
,, DE BOURDEILLE, qui fuit; & *Françoi-*
,, *fe de Bourdeille*, mariée par Con-
,, trat du 6 Mars 1712 avec *Gabriel*
,, *de la Cropte de Beauvaix*, Cheva-
,, lier, Comte de Chanterac en Pé-
,, rigord.
,, IV. HENRI Marquis DE BOURDEILLE,
,, Chevalier, Comte de Maftas, Sei-
,, gneur

„ gneur du Pafli en Anjou, né à Paris
„ le 5 Octobre 1682. Après avoir
„ fervi avec Diftinction pendant cinq
„ Années en Qualité de Moufquetai-
„ re du Roi dans la feconde Compa-
„ gnie, il obtint du Commandant de
„ cette Compagnie fon Congé abfolu
„ le 5 Novembre 1703. Le Roi
„ lui ayant donné une Enfeigne dans
„ fon Régiment des Gardes Françoifes,
„ dont depuis il fut fait Sous-Lieute-
„ nant, il quitta le Service , & fut
„ marié, par Contrat du 26 Février
„ 1713 , avec *Marie-Sufanne Prévoft*
„ *de Sanzac* , Dame de Saveilles, &
„ de Touchimbert en Angoumois, Fil-
„ le de *François Prévoft* , Seigneur de
„ Saveilles , & de *Sufanne Chiton*. Il en
„ a eu HENRI JOSEPH DE BOURDEILLE,
„ né le 2 Mars 1715 , qui a été
„ fait Lieutenant de Cavalerie à la
„ Suite du Régiment de Cayeu ,
„ par Brevet du 6 Juillet 1723 ;
„ Gentil-Homme de la Chambre du
„ Duc d'Orléans , aux Appointemens
„ de 4000 Livres par Brevet du 13
„ Décembre 1732; & Cornette de la
„ Compagnie de Ségur dans le Régi-
„ ment de Cavalerie d'Orléans , par
„ au-

„ autre Brevet du premier Juin 1733:
„ *Marie-Susanne de Bourdeille*, née le
„ 28 Avril 1717; Henri-Joseph de
„ Bourdeille, né le 7 Décembre
„ 1720, Clerc tonsuré du 26 Juin
„ 1730: & *Marie Susanne de Bourdeille*
„ *de Mastas*, née le 17 Avril 1733.

TABLE

TABLE
DES
ARTICLES
CONTENUS DANS CE
QUINZIEME TOME.

JEAN-

TABLES DES ART.

F I N.